新·闻·传·播·学·文·库

中国媒体融合转型

Media

Convergence and

Transformation

in China

宋建武 黄 淼 陈璐颖 / 著

中国人民大学出版社
·北京·

总　序

　　自1997年国务院学位委员会将新闻传播学擢升为一级学科以来，中国的新闻传播学学科建设突飞猛进，这也对教学、科研以及学术著作出版提出了新的、更高的要求。

　　继1999年中国人民大学出版社推出"21世纪新闻传播学系列教材"之后，北京广播学院出版社、华夏出版社、南京大学出版社、中国社会科学出版社、新华出版社等十余家出版社纷纷推出具有不同特色的教材和国外新闻传播学大师经典名著汉译本。但标志本学科学术水平、体现国内最新科研成果的专著尚不多见。

　　同一时期，中国的新闻传播学教育有了长足进展。新闻传播学专业点从1994年的66个猛增到2001年的232个。据不完全统计，全国新闻传播学专业本科、专科在读人数已达5万名之多。新闻传播学学位教育也有新的增长。目前全国设有博士授予点8个，硕士授予点40个。中国人民大学新闻学院、复旦大学新闻学院等一批研究型院系正在崛起。北京大学和清华大学的新闻传播学教育以高起点、多专业为特色，揭开了这两所百年名校蓬勃发展的新的一页。北京广播学院（后更名为中国传媒大学——编者注）以令人刮目相看的新水平，跻身中国新闻传播教育名校之列。武汉大学新闻与传播学院等以新获得博士授予点为契机所展开的一系列办学、科研大手笔，正在展示其特有的风采与魅力。学界和社会都企盼这些中国新闻传播教育的"第一梯队"奉献推动学科建设的新著作和新成果。

进入21世纪以来，随着以互联网为突破口的传播新媒体的迅速普及，新媒体与传统媒体的联手共进，以及亿万国人参与大众传播能动性的不断强化，中国的新闻传媒事业有了全方位的跳跃式的大发展。人民群众对大众传媒的使用，从来没有像今天这样广泛、及时、须史不可或缺，人们难以逃脱无处不在、无时不有的大众传媒的深刻影响。以全体国民为对象的新闻传播学大众化社会教育，已经刻不容缓地提到全社会，尤其是新闻传播教育者面前。为民众提供高质量的新闻传播学著作，已经成为当前新闻传播学界的一项迫切任务。

这一切都表明，出版一套满足学科建设、新闻传播专业教育和社会教育需求的高水平新闻传播学学术著作，是当前一项既有学术价值又有现实意义的重要工作。"新闻传播学文库"的问世，便是学者们朝着这个方向共同努力的成果之一。

"新闻传播学文库"希望对于新闻传播学学科建设有一些新的突破：探讨学科新体系，论证学术新观点，寻找研究新方法，使用论述新话语，摸索论文新写法。一句话，同原有的新闻学或传播学成果相比，应该有一点创新，说一些新话，文库的作品应该焕发出一点创新意识。

创新首先体现在对旧体系、旧观念和旧事物的扬弃上。这种扬弃之所以必要，人文社会科学工作者之所以拥有理论创新的权利，就在于与时俱进是马克思主义的理论品质，弃旧扬新是学科发展的必由之路。恩格斯曾经指出，我们的理论是发展的理论，而不是必须背得烂熟并机械地加以重复的教条。一位俄国作家回忆他同恩格斯的一次谈话时说，恩格斯希望俄国人——不仅仅是俄国人——不要去生搬硬套马克思和他的话，而要根据自己的情况，像马克思那样去思考问题，只有在这个意义上，"马克思主义者"这个词才有存在的理由。中国与外国不同，新中国与旧中国不同，新中国前30年与后20年不同，在现在的历史条件下研究当前中国的新闻传播学，自然应该有不同于外国、不同于旧中国、不同于前30年的方法与结论。因此，

"新闻传播学文库"对作者及其作品的要求是：把握时代特征，适应时代要求，紧跟时代步伐，站在时代前列，以马克思主义的理论勇气和理论魄力，深入计划经济到市场经济的社会转型期中去，深入党、政府、传媒与阅听人的复杂的传受关系中去，研究新问题，寻找新方法，获取新知识，发现新观点，论证新结论。这是本文库的宗旨，也是对作者的企盼。我们期待文库的每一部作品、每一位作者，都能有助于把读者引领到新闻传播学学术殿堂，向读者展开一片新的学术天地。

创新必然会有风险。创新意识与风险意识是共生一处的。创新就是做前人未做之事，说前人未说之语，或者是推翻前人已做之事，改正前人已说之语。这种对旧事物旧体系旧观念的否定，对传统习惯势力和陈腐学说的挑战，对曾经被多少人诵读过多少年的旧观点旧话语的批驳，必然会招致旧事物和旧势力的压制和打击。再者，当今的社会进步这么迅猛，新闻传媒事业发展这么飞速，新闻传播学学科建设显得相对迟缓和相对落后。这种情况下，"新闻传播学文库"作者和作品的一些新观点新见解的正确性和科学性有时难以得到鉴证，即便一些正确的新观点新见解，要成为社会和学人的共识，也有待实践和时间。因此，张扬创新意识的同时，作者必须具备同样强烈的风险意识。我们呼吁社会与学界对文库作者及其作品给予最多的宽容与厚爱。但是，这里并不排斥而是真诚欢迎对作品的批评，因为严厉而负责的批评，正是对作者及其作品的厚爱。

当然，"新闻传播学文库"有责任要求作者提供自己潜心钻研、深入探讨、精心撰写、有一定真知灼见的学术成果。这些作品或者是对新闻传播学术新领域的拓展，或者是对某些旧体系旧观念的廓清，或者是向新闻传媒主管机构建言的论证，或者是运用中国语言和中国传统文化对海外新闻传播学著作的新的解读。总之，文库向人们提供的应该是而且必须是新闻传播学学术研究中的精品。这套文库的编辑出版贯彻少而精的原则，每年从中国人民大学校内外众多学者的研究成果中精选三至五种，三至四年之后，也可洋洋大观，可以昂然耸立于新闻传播学乃至人文社会科学学术研究成果之林。

新世纪刚刚翻开第一页，中国人民大学出版社经过精心策划和周全组织，推出了这套文库。对于出版社的这种战略眼光和作者们齐心协力的精神，我表示敬佩和感谢。我期望同大家一起努力，把这套文库的工作做得越来越好。

以上絮言，是为序。

童 兵

2001 年 6 月

前　言

　　媒体融合政策在 2014 年上升为国家战略，标志着中国传统主流媒体自 21 世纪以来的数字化转型探索进入由顶层设计主导的制度化阶段。自此，在一系列政策利好的推动下，各级各类主流媒体单位围绕"移动优先""一体化发展""融媒体中心建设""全媒体传播体系建设"等主题展开了丰富实践。在此过程中，主流媒体所获得的经验和教训不仅具有媒体业务层面的实践价值，更深刻地影响着媒体研究的基础理论的创新及发展。当社会信息传播方式被以互联网为核心的现代信息技术重塑之后，尤其是在移动传播体系全面建立和普及的背景下，以往的大众传播理论正在被中国媒体的融合发展实践所突破。事实上，由于中国互联网产业在全球范围内处于领先地位，加之党和政府对媒体产业的高度重视和大规模投入，中国主流媒体在融合发展中对互联网传播规律的适应性调整及其所呈现出的规律性特征，正在为新闻传播学的理论发展贡献诸多创新案例和新思维。

　　基于以上背景，本书以国家战略及相关部署为指导，以移动传播时代的传播需求为价值取向，面向新时代中国主流媒体的社会角色与历史使命，以近十年来各级各类主流媒体的转型探索作为案例和数据来源，展开对媒体融合实践经验的梳理和探讨及理论体系建构。

新闻传播学作为应用型学科,其研究须始终保持对现实问题的关切。秉持这一理念,在第一作者带领团队所做的大量调研成果基础上产生的本书具有三方面特征。

其一,它是长期观察分析总结中国媒体融合实践的结晶。第一作者在十余年前便开启传统媒体数字化转型研究,此后长期从事媒体融合研究。由第一作者主持的国家社会科学基金重点项目"以媒介融合推动新型传播体系的构建研究"(批准号:14AZD039)已顺利结项。除发表数十篇论文之外,第一作者带领的研究团队还先后与人民日报社、新华社、北京市新闻工作者协会合作,完成2014—2020年共5部《中国媒体融合发展年度报告》、2014—2018年共4部《中国新兴媒体融合发展报告》、2012—2016年共5部《中国媒体融合发展报告》的编撰工作,对中国媒体融合发展过程进行了系统观察和分析。第二、三作者作为主要成员参与上述多项工作,并基于这些调研完成了各自的博士论文、博士后出站报告。

其二,它是在教学一线产生的产学研高度结合的成果。第一作者自2015年始,在中国人民大学新闻学院为硕博士研究生开设专业必修课程"中国媒体融合的理论与实践",第二、三作者在博士后工作期间都曾参与授课。该课程于2018年获评中国人民大学"新闻传播学科核心与特色课程"。在努力将研究成果充分转化为教学资源的过程中,教学团队也发展了更系统、更科学的知识体系和理论架构。教学团队提供的一手行业分析激发出年轻学子对现实问题的研究热情,而"互联网原住民"们的媒体使用方式也激发着教学团队始终保持对知识更新的重视。

其三,它是一个"学而时习之"的成果。本书内容涉及各级各类主流媒体在不同阶段的融合实践,资料大多来自第一作者长期以来带领团队为数十家媒体单位及党和政府各相关部门提供的规划和咨询服务。其中,浙江日报报业集团、湖北广播电视台(集团)"长江云"等单位的实践已成为示范案例。本书所建构的理论体系,已经在媒体融合过程中付诸实践并得到检验。

本书共有五章,"面向实践,解决问题"的宗旨贯穿始终。第一章以现代信息技术的影响为背景，从技术逻辑、政治逻辑、传播逻辑和商业逻辑四个维度阐释中国媒体融合的内在驱动力及发展方向。第二章在回顾主流媒体融合发展的实践历程的基础上，从内容、渠道、平台、经营和管理五个层面呈现主流媒体融合发展实践的特征，并将理论探讨与案例分析交织其中。第三章聚焦"全媒体传播体系建设"这一重要议题，在深入解读"四全媒体"内涵的基础上，剖析全媒体传播体系的背景与意义和功能，并基于实际条件提出建设路径。第四章"专题研究"以话题为导向，分别讨论了"一体化发展""全媒体传播体系与现代治理体系""县级融媒体中心建设""主流价值观的算法实现""主流媒体与互联网商业平台的竞合关系"，这五个话题基于从内到外、从微观到宏观的逻辑顺序，揭示出中国媒体融合发展中面临的实际挑战。第五章通过六个典型案例集中呈现全媒体传播体系的功能、结构和建设路径，将此前四章有关理念与经验的探讨融汇于面向实战的策略分析中，是为本书思想探索的最终落脚点。

本书的顺利完成，有赖于多方支持。首先，感谢人民日报社、湖北广播电视台（集团）、浙江日报报业集团、浙江省安吉县融媒体中心、湖南省浏阳市融媒体中心、江苏省江阴市融媒体中心为我们提供来自一线的实践经验。其次，感谢中国人民大学媒体融合实验室的同学们在实地调研、材料整理和初稿撰写中付出的努力。其中，博士生乔羽、王枢、王决、宋梦茜参与了本书部分章节的写作。最后，感谢人大出版社的翟江虹老师、于蕾老师、胡颖老师在本书出版过程中给予的全方位帮助。

目　录

第一章 媒体融合的本质及其内在逻辑

2014年8月18日，中央全面深化改革领导小组第四次会议审议通过了《关于推动传统媒体和新兴媒体融合发展的指导意见》。该文件指出："推动媒体融合发展，要按照积极推进、科学发展、规范管理、确保导向的要求，推动传统媒体和新兴媒体在内容、渠道、平台、经营、管理等方面深度融合，着力打造一批形态多样、手段先进、具有竞争力的新型主流媒体，建成几家拥有强大实力和传播力、公信力、影响力的新型媒体集团，形成立体多样、融合发展的现代传播体系。"[①]以此为标志，媒体融合上升为我国国家战略，并成为此后一段时期内我国主流媒体转型改革的核心指引。

2019年1月25日，中共中央政治局举行第十二次集体学习时提出了"全媒体传播体系"，并指出："要形成资源集约、结构合理、差异发展、协同高效的全媒体传播体系。"[②]经过三年多的融合转型探索，各级各类主流媒体通过资源整合、机制变革及模式创新等手段，取得了不同程度的实践成果。而媒体融合国家战略的本质理念及其内在逻辑也在实践发展的过程中逐渐清晰起来，进而敦促着新闻传播学界对媒体融合这一时代性命题的理解。

本章将以理论层面的分析为主，探讨媒体融合的社会及产业背景，并在此基础上阐释其现实逻辑。首先，媒体融合是在以互联网为代表的现代信息技术深刻改变我国社会的背景下提出来的。快速发展的技术颠覆着社会结构及其运行方式，在此基础上蓬勃生长的互联网产业则显现出平台化、移动化和智能化的趋势性特征。当互联网成为社会基础连接，商业互联网平台通过技术赋能聚集用户，并以其丰富多元的服务实际影响着用户的生活，客观上形成了影响社

---

① 推动传统媒体和新兴媒体融合发展指导意见审议通过［EB/OL］．（2014－08－21）［2021－05－23］．http：//culture.people.com.cn/n/2014/0821/c172318－25511854.html.

② 加快推动媒体融合发展 构建全媒体传播格局［EB/OL］．（2019－03－15）［2021－05－24］．http：//www.qstheory.cn/dukan/qs/2019－03/15/c_1124239254.htm.

会运转的能力，也改变了社会的信息传播方式和媒体运营逻辑，对党和国家建设主流舆论阵地和主流媒体发展带来了巨大挑战。综合政策导向和社会现实，不难做出判断：作为国家战略的媒体融合的本质是传统主流媒体的互联网化，要求主流媒体建设基于互联网的新型传播平台，以掌握互联网空间的舆论引导主动权。

在明确媒体融合的社会及产业背景后，接下来的四节内容，我们从技术、政治、传播和商业四个维度阐释媒体融合的内在逻辑。技术逻辑指的是主流媒体应如何顺应互联网技术发展趋势，通过采用恰当的新兴技术提升生产及分发的效率；政治逻辑指的是主流媒体应如何把握融合转型的政策导向，将国家政策的宏观方向贯彻到具体的改革目标中；传播逻辑指的是主流媒体应如何适应互联网时代的传播关系和传播方式，将互联网传播规律融入媒体产品及服务的日常运营中；商业逻辑指的是主流媒体应如何重构自身盈利模式，获得与互联网商业媒体同场竞技的可持续竞争力。以上四种逻辑虽源于不同维度，但在实践中却是相互交织的，它们共同驱动着我国主流媒体的融合转型发展。

第一节　媒体融合的背景

一、现代信息技术对中国社会的影响

现代信息技术对社会的影响集中体现为互联网服务对信息传播、人际交往和日常生活的改变。互联网不再只是技术工具，而是已经成为社会基础连接，以及人们生产和生活的新空间。中国社会产生的变化体现在社会结构、社会运行方式和社会生活方式三个方面。其中，社会结构的变化居于基础地位，社会运行方式的变化贯穿于不同社会领域。

（一）社会结构的变化

"社会结构"是内涵丰富的社会科学概念，但并未形成广泛认同的定义。我们采用《当代中国社会结构研究》系列报告中的界定——社会结构是指一个国家或地区占有一定资源和机会的社会成员的组成方式及其关系格局。在互联网传播活动的影响下，中国社会结构的变化主要包括社会成员主体性增强和社会交往平等性增强。社会结构由不同类型的社会成员所组成，又在社会交往的过程中不断发展。

1. 社会成员主体性增强

在传统社会结构中，个体通过获得某种社会角色而成为社会成员，进而才能获得相应的资源和机会。社会成员获得资源的可能性受到诸多因素的影响，基础因素包括所处的社会阶层、地理位置、人口类型（如性别、年龄等）。此外，还包括职业身份因素对社会角色的决定作用。例如，只有媒体从业者才有公开表达的机会，只有文艺工作者才有公开展演的机会，只有政府工作人员才有参政议政的机会。进入互联网时代，社会成员参与社会信息交互、获得社会资源的能力得到极大增强。在文化上，不同背景的社会成员可以在互联网空间中表达、展示、交流，使各自的价值取向获得更多的传播机会、更大的传播范围。在经济上，在互联网空间中得到充分发展的平台经济可以支持多边价值之间的交换与流转。互联网本身的开放性从技术上支持资源聚合，互联网平台经济主体则具有资源聚合与再分配的商业动机及执行能力。因此，相较以往社会成员可以以更低的代价获得更多元化的服务。随着社会成员的精神生活和物质生活获得更多的选择空间，"以人为本"的主体性得到显著增强。

2. 社会交往平等性增强

关系格局是指社会成员在社会行动中形成的稳定网络，包括社交关系、等级关系、利益关系等。在传统社会结构中，社会成员的关系格局主要随个体的成长历程而逐步建立，依次表现为亲缘、地缘、友缘、学缘、业缘。这些关系格局与社会成员在不同年龄阶段、不同社会情境下的实践行为相关，通常不会超出个体的日常活动范围。而在互联网化的社会结构中，由于信息传播方式的改变，人际交往范围不仅从身体可到达的地域范围中解放出来，互联网提供的信息存储功能更可以突破时间界限，使穿越时空的对话成为可能。时空束缚的解除使社会交往的平等化发展迈出第一步。

在信息传播门槛快速降低的影响下，知识和文化的交流也更加繁荣起来。海量信息在互联网空间中流转，层出不穷的话题、丰富多元的主题吸引到不同的人群，主体性得到释放的人们在这些话题和主题之下聚集和交往，趣缘社群由此形成。更重要的是，在趣缘社群的关系格局中，以往基于亲缘、地缘、友缘、学缘、业缘建立起的社会资本不再适用，取而代之的是信息或知识资源的获取能力。例如，粉丝文化社群中的意见领袖可能是涉世未深但对某个话题投入较多的年轻人，而在现实世界中拥有较高社会地位的人如果初入社群，也只能作为普通参与者。由此，互联网空间为社会成员创造了在线上世界获得多元身份的机会，为社会资本的再分配提供了更多的可能，从而进一步增强了社会交往的平等性。

（二）社会运行方式的变化

社会运行方式有多种维度的分析路径，从实践目标上可分为生产领域和生活领域，从实践属性上可分为政治领域、经济领域、社会领域、文化领域等，从实践所处的社会层面上可分为宏观、中观和微观，从实践主体上可分为国家（政府）、市场（企业）、社会（个人），分类标准不一而足。我们选择两个可以相互补充且各有侧重的维度进行分析——基于实践目标的生产和生活领域、基于实践属性的政治、经济、社会和文化领域。

生产和生活这两个领域是按照人类社会运行所依赖的物质资料从制造到消费的不同阶段进行划分的，所以互联网的影响也可以依据这一思路进行分析。在生产领域，互联网推动物质资料生产部门进入工业 4.0 时代，"定制化生产"从基础逻辑上改变了生产实践的运行方式——传统的生产逻辑是根据浅层次、大类别的市场调研进行批量化生产，而互联网化的生产逻辑可以根据个性化需求定制每一个生产环节，还可以根据深层次的需求数据分析创造新的需求。在生活领域，互联网通过革新信息流、客流和资金流的运行方式，物质资料的流通范围扩大、频率加快，消费者获得所需商品或服务的成本降低、满足度提高。互联网重塑零售业的经典案例众多：淘宝创造的 C2C 交易，微信、微博中的社交电商，方兴未艾的短视频及直播电商。

政治、经济、社会和文化这四个领域是按照社会运行所产生的作用进行划分的，互联网通过变革信息传播和人际交往的方式实现对这些领域的影响。在政治领域，基于互联网的各类传播渠道打破了传统媒体对政治信息发布的垄断，各类互动平台为公众参与政治生活提供了更低门槛、更多机会、更大空间。在经济领域，除了前文所述的生产和生活，金融领域的互联网化创造了便捷的支付方式，也对监管带来了挑战。在社会领域，数字鸿沟随着互联网的发展而出现，但互联网也赋能社会实践，精准扶贫、远程教育等技术与制度的协同创新正起到弥合鸿沟的作用。在文化领域，作为文化核心的媒体行业可能是受到互联网冲击最为深刻的社会部门：在生产方式上，开放的互联网释放了全社会的创作力，短视频更是拆除了文字读写能力的门槛；在传播方式上，所有媒体产品和服务在理论上都可以被数字化和数据化，所以都可以通过互联网传播，而网络化极大促进了规模效益和范围效益。更重要的是，人工智能技术的应用颠覆了大众媒体"一对多"的生产和传播逻辑，媒体行业运行的经济规律也随之改变。

二、现代信息技术对媒体产业的影响

根据对国内外信息传播及媒体服务领域各类互联网公司的深入研究，我们发现基于互联网的媒体运营有三个决定性趋势——平台化、移动化和智能化。首先，互联网技术具有共享和开放的天然属性，与平台的多边参与相一致。在商业目标的驱动下，平台中各种垂直应用为用户提供了多元服务，用户在使用多元功能时会产生丰富的数据，而能够充分利用数据资源的平台，就可以创造更好的用户体验、获得更高的用户黏性。其次，社会普遍信息化的发展和移动传播体系的形成，使人们可以通过智能移动终端随时随地接入互联网，规模巨大、种类多样的数据资源由此产生。最后，面对海量的数据资源和用户需求，以算法技术为代表的智能传播手段表现出传统编辑模式无法比拟的分发效率和匹配质量，而智能传播技术的应用需要以海量数据作为机器学习的基础，海量数据的产生则有赖于平台支持的多元功能。

平台化、移动化和智能化相辅相成，已深刻改变媒体产业的运行规律，也决定着媒体融合的发展路径，三者关系如图 1-1 所示。以往的媒体基本上是在信息层次分析和报道外部世界的变化。大数据技术的发展使得人们能够在更深入的数据层次把握外部世界的运动，这个发展以及媒体自身的进化，必然使得媒体从一个聚合社会信息的平台，转化成一个基于互联网连接的、聚集海量用户的生态级平台。这个平台将具有生成和汇聚海量原生数据，并使其结构化、可视化的技术和运营能力，以生产信息和资讯供人们做出决策。在这个过程的背后，移动化及云计算使得人们的行为数据及活动场景的信息能够被捕捉、储存和分析，数字化推动了社会普遍信息化，使大量信息和数据得以保存，而物联网的发展使得传感器、存储器得以普遍使用，能够收集并存储海量的自然界的数据；最后基于互联网的生态级媒体平台的广泛连接，将导致大数据的大汇聚，使媒体成为数据总汇。这是媒体功能在大数据时代的更新迭代。

图 1-1　互联网媒体的发展趋势：平台化、移动化、智能化

（一）平台化：聚合多元主体、资源和应用

平台化指的是将多种垂直应用联结为生态级平台，形成多边优势互补和多元价值交换的平台经济，通过满足互联网用户的多样化需求，获得较强的用户黏性，从而促成平台运营的整体价值变现。

对于国内的阿里巴巴、腾讯及国外的 Facebook 和 Google 这样具有行业领先地位的互联网公司，"多边平台商业模式"是它们共同的运营逻辑——通过促进各边参与者的互动而创造价值。具体而言，它们通过多元化服务吸引尽可能多的用户，利用大数据技术对多样态业务中产生的内容数据和用户数据进行分析和挖掘，再基于数据实现精准化的信息传播、文化娱乐和生活服务乃至商品销售。目前，无论是用户数量还是业务范围，这些平台都已形成生态级规模。这类互联网平台的主导者往往不直接生产内容，但它们通过提供多样态产品和服务，可以获得比受众注意力更具商业价值的用户黏性。互联网平台最初所扮演的信息服务商角色，通过打破传统媒体的传播渠道垄断，形成去中介效应，截流了受众注意力和媒体广告费。而完成平台化发展之后，它们将去中介效应从媒体产业延伸到更多的线下传统领域，构建了面向社会多个领域的互联网服务体系。

平台经济产生于其支持各边参与者交往的中介价值。媒体是社会信息的中枢和传播活动的中介，在这个意义上，媒体天然应该成为平台。在互联网时代，尤其随着数据技术的发展成熟，媒体正在由"信息总汇"转向"数据总汇"①，更多类型的信息传播主题和资源要素可以以数据形式汇聚到媒体平台上，媒体机构将借助平台建设，重回社会运转的中枢地位。

1. 各类传播主体分享和交流信息

互联网是当今社会的基础连接，基于互联网和移动互联网的社交媒体、搜索引擎和个性化资讯服务应用（推荐引擎）已经成为新闻信息传播的主要空间。在实践中，提供这些服务的都是平台型互联网服务商，如微信、微博、百度和今日头条等，它们以不同的方式集聚了大规模的用户。这些用户，无论是否具备专业生产能力，在开放、共享的平台的支持下，都可以成为独立的信息传播主体。各类传播主体在同一平台上以平等的身份进行信息分享与交流，是互联网信息传播的主要特征。从平台经济的视角看，不同的传播主体代表着不同的"边"，平台的核心功能在于促成不同"边"的信息交换，同时也是价值交换。"边"的类型和数量越多，信息交换和价值交换的数量和方式就越多，能够为参与交换的各主体提供的价值就越大。

2. 各类资源要素的聚合

互联网传播网络面向所有的传播主体提供服务，具有开放性；互联网传播的终端设备集成数以千计的技术应用，具有高度的融合性；各种互联网垂直应用在开放、融合的渠道上共存，具有充分的共享性。这些特点，使得互联网用户可以随时在特定的垂直应用之间切换，导致用户黏性下降。为了解决这一问题，各种互联网垂直应用出现了"合纵"的趋势，开始向技术、资本更密集，用户规模更大的平台聚集。从平台运营角度看，平台经济产生于多边参与主体的价值交换，而交换的效率和质量通常取决于平台能够提供的服务设施。平台业务越丰富，所需要聚合的支持性资源就越多。在这个意义上，各类资源要素的聚合是建构媒体平台的必备条件。

3. 各类垂直应用的协同共生

平台需要具有共同利益诉求的参与主体协同建构，所以"协同整合"是平台建构的模式之一。② 互联网平台上的各种垂直应用共享用户资源，通常会在

---

① 宋建武. 从信息总汇转向数据总汇：媒体业的物联网机会［J］. 新闻与写作，2016（11）：1.

② 陈威如，王诗一. 平台转型：企业再创巅峰的自我革命［M］. 北京：中信出版社，2016：85－88.

后台共享用户数据库,并且不断将新产生的内容和用户数据汇聚起来进行分析,以提高平台服务效能,分摊平台运营成本。在经济学意义上,就是平台通过扩大规模和范围实现基于边际成本下降的边际收益递增。实际上,这种扩张方式与媒体业的规模经济和范围经济的本质特征具有一致性。由此观之,媒体业务与平台业务在经济特性上具有内在共通性。

(二)移动化:产生海量数据和丰富场景

移动终端的普及、移动应用的丰富、精准化和多元化资讯分发平台的发展,使得基于移动应用而产生的大数据资源和人工智能成为传播活动的重要驱动力。移动传播体系对人类传播方式的影响不仅是通过海量信息供需的精准匹配提高传播活动效率,更是打破了传者与受者的边界,第一次使个人成为传播活动的主体,从而颠覆了大众传播时代"专业精英"把关、一对多"广播"的信息传播形态,由此带来人类传播方式和传播关系的深刻变革。

1. 移动传播体系的形成

移动传播体系包括两部分:智能移动终端的普及、移动应用服务的丰富,此二者分别为移动传播体系创造了硬件和软件的必要条件。在此基础上,在 PC 端已经饱和的互联网应用在移动端开启了新的发展路径。移动端不仅延伸了 PC 端的互联网应用,更拓宽了互联网应用的范围。移动端的互联网应用,可以将互联网服务渗透到更多社会消费活动中,还可通过大数据技术,将消费数据反馈到社会生产的各个环节,促成了从生产到消费的整个社会经济过程的互联网化。

(1)智能移动终端的普及。

首先,智能移动终端的普及不仅反映在移动网民规模占网民总数的极高比例上,更体现在移动端占据新闻信息市场主流地位的趋势上。根据路透社研究所发布的《2017 年网络数字新闻报告》,使用移动设备获取新闻的人数在很多国家已经超过了使用电脑的,移动消息通知的使用量迅速提升,成为新闻内容的重要传播渠道;延续上一年的情况,社交媒体仍然是移动端新闻信息传播的重要场所,而新闻资讯应用的使用率在过去一年显著上升,同时通过通信类移动应用接收新闻信息的比例也在上升。[1]新闻信息使用场景的变化反映出,随

---

① 路透社.2017 年网络数字新闻报告 [R/OL]. (2017-07-05)[2021-05-21]. http://www.199it.com/archives/607147.html.

着智能设备的功能丰富化和使用体验的优质化，移动终端作为信息工具的地位逐渐上升，成为人们不可缺少的技术工具；而新闻信息使用也从单纯的信息获取演变为集多元价值为一体的文化活动。

其次，智能移动终端的普及还得益于移动网络的提速降费所提供的良好网络环境。2014 年到 2016 年间，中国移动手机上网平均单价累计降幅达 63.5%；截至 2016 年底，中国移动 4G 下载速率比 3G 提升了 40 倍，5.3 亿 4G 移动用户享受了高速上网服务。[①]三大运营商确定于 2020 年启动 5G 网络商用计划，相关的建设工程已于 2018 年开始。尽管目前的移动网络环境相比过去已有显著改善，但随着人工智能技术和视频化呈现形式在新闻信息传播中逐渐广泛的应用，作为基础设施的移动网络服务仍需加大对"提速降费"政策的贯彻力度，这样才能更好地支持"互联网＋"国家战略在新闻信息行业中的实践。

移动设备的便携性和私人化特征，将互联网服务拓展到社会生活场景中，有效打通了线上与线下的连接，产生了更多极具分析价值的数据资源。例如，基于地理位置数据的信息推送，实现了线下场景与信息使用的无缝衔接。概言之，智能移动终端不仅具备接入互联网应用的端口功能，更具有将线上虚拟服务与线下实体场景连接起来的渠道功能，而这种渠道功能的发挥有赖于移动应用的丰富和应用平台的形成。

（2）移动应用服务的丰富。

移动端的互联网应用在种类上已基本等同于 PC 端，这意味着移动应用的丰富度已经达到在功能上基本取代 PC 端的程度。在各类移动互联网应用中，社交平台、手机浏览器和新闻客户端是互联网新闻信息的三大分发渠道。新闻信息需求可以被多种移动互联网应用所满足，而且这些应用之间并非零和竞争，而是为互联网用户提供差异化的服务价值，所以它们可以共生于新闻市场，并拥有不同规模的用户群体。移动新闻应用是移动互联网中新闻信息最主要的传播途径，根据运营主体对移动新闻客户端进行分类，可以将目前市场中的新闻客户端分为三种类型：原生于移动互联网的客户端，如一点资讯；由新

---

① 中国移动网络提速降费取得阶段性成效 将推新举措［EB/OL］.（2017 - 03 - 07）［2021 - 05 - 21］. http：//it. people. cn/n1/2017/0307/c1009 - 29127992. html.

闻门户网站运营的客户端，如腾讯新闻；由传统主流媒体运营的客户端，如"人民日报"客户端和东方头条。

移动应用不仅种类丰富，而且呈现出平台化发展趋势。互联网平台在移动端都运营着被称为"超级 App"的应用端口，如百度的搜索引擎和新闻、阿里巴巴的淘宝和支付宝、腾讯的微信和新闻。这些超级应用依靠平台支撑，可以为用户提供"一站式"的应用服务。例如，微信不仅提供即时通信、公众号信息传播和朋友群社交这三项基础服务，也具备支付、地理定位、游戏、购物、交通、理财和本地生活服务等诸多功能，几乎涵盖了衣食住行各个方面。移动应用平台因其功能的丰富性和产业链的完整性，比基于 PC 端的互联网平台更能产生多边资源整合的协同价值。

阿里巴巴的首席战略官曾鸣提出："未来媒体不可能有独立的商业模式，必然会融合到一个综合应用的平台中，成为平台的一部分。"如果我们回归到媒体的本意，即传播信息的媒介，其核心能力是连接。随着互联网化向纵深发展，这种连接能力不再限于信息传播，它可以促成更多产品和服务的数据化和智能化，而平台运营商在这些连接中占据核心地位。

无论是运营成熟的互联网平台巨头，还是刚刚起步的媒体平台探索者，将多元业务整合到平台化体系中的关键都是对数据资源的打通和分享。数据资源的利用能力主要体现在数据库技术的应用水平上，而数据库技术的应用价值则取决于数据的储备量、关联度和更新效率等。因此，接下来我们将会深入分析移动传播体系的形成如何释放大数据的生产力，从而使移动化成为互联网应用发展的必然趋势。

2. 移动传播体系释放大数据生产力

数据是互联网产业的命脉资源，是互联网经济的通货，还是经过结构化处理后可供机器识别的涉及社会生产、生活的各类信息。这种信息的跨终端、跨渠道和跨平台的自由流通，使依托于互联网的各种连接得以达成。《中华人民共和国国民经济和社会发展第十三个五年规划纲要》提出了实施国家大数据战略，把大数据作为基础性战略资源，全面实施促进大数据发展行动，加快推动数据资源共享开放和开发应用，助力产业转型升级和社会治理创新。

尽管已有国家战略奠定了大数据技术发展的基调，但有关大数据究竟是什么的问题，行业和学界仍众说纷纭。根据我们的研究，可以被称为大数据的数据资源应该至少满足三个条件：大规模、全类型和原生化。大规模指的是数据体量达到 TB 级别；全类型指的是某数据集内的数据类型之间的局部或整体关联具有应用价值；原生化指的是数据应当是在其所有者的生产和运营活动中产生的，若是通过外部渠道获得数据，难免有失去数据利用主动权的隐患。移动传播体系的形成，为互联网运营主体获得具有以上三个特征的数据资源创造了良好环境。我们将从生产主体、处理技术和应用效果三个方面，分析这一新型传播体系怎样释放大数据生产力。

（1）泛在化：大数据的生产主体。

移动传播体系的形成，为更多民众接入互联网、享受互联网技术给生产生活带来便利创造了更为充分的条件。换言之，PC 端用户接入互联网在空间和时间上的限制被突破。在智能移动设备广泛普及的背景下，移动网络用户可以在任何地点、任何时间接入互联网，其使用过程随之产生信息传播数据、行踪定位数据、线下交易记录，甚至体感和环境数据。移动应用服务不断丰富，这些应用创造的便利越大、效率越高，用户对它们的黏性就越强；随着用户使用满意度和忠诚度的上升，用户主动使用和贡献数据的概率也随之增大。而以互联网平台为支撑的移动应用，通常具有多样化功能，因此可以产生多种类型的数据，这些数据经由平台的整合处理，可以形成更为全面准确的"用户画像"，还可以为后续的精准化服务奠定基础。概言之，移动传播体系中的网络用户，是比 PC 端用户更为主动和泛在的数据生产主体。他们更主动地使用移动网络并贡献数据；同时，经由大数据技术的分析，有关他们行为和偏好的数据会更全面准确。

（2）智能化：大数据的处理技术。

移动应用已开始将人工智能技术应用于数据的采集和分析，诸如算法技术、标签识别和传感器，这些技术的应用推动了数据生产的智能化进步。在新闻信息的分发中，算法技术已经得到成功运用，例如，腾讯新闻正逐步增加对算法推荐技术的投入。算法技术是对移动用户已有行为的偏好分析，并据此预测用户未来的行为。针对语义和图片的识别技术，有可能将用户数据的分析和预测进一步深化到心理学层面；而传感器技术则可以采集和传输用户及其所处环境的物理信息。这两种技术将进一步增强机器对人类的认识能力，从而使互联网应用能够提供更优质的用户服务。需要强调的是，正在向智能化发展的数据技术，是以能够产生效益的数据应用为导向的，因此不仅需要快速、全面的采集，更需要深度、智能的分析。简言之，离开了分析的数据集合，只是数据富集（data rich）而不是数据驱动（data driven）。

（3）精准化：大数据的应用效果。

大数据生产力旨在创造更高效率和更高品质的互联网应用产品和服务，精准化的数据应用则是实现这一目标的基础。首先，移动传播体系之所以能够颠覆传统传播方式，是因为它打破了从传统媒介到 PC 端互联网媒介"以一对众"的大众传播模式，广泛普及的智能移动设备让每个人都能成为传播结点，缘起于 PC 端互联网的社交网络在移动传播体系中得到巩固和强化。智能设备是多功能化的个人通信设备，所以它天然具有通信功能，也由此形成了移动端用户对通信工具的依赖性。同时，便利的互联网接入推动了通信设备向智能设备的升级，现实的社交网络经由移动社交平台转化为移动应用平台中的强关系数据资源。概言之，移动设备的私人化特征使精准化服务成为移动应用的必需功能，而数据处理技术则促进了这一功能的实现。在随后一部分中，我们将深入探讨精准传播为何是移动传播的基本规律。

3. 精准传播是移动传播的基本规律

移动传播体系的形成，带来了即时性的数据传输、个人化的数据生成和综合性的数据分析能力，而支持这三种能力的移动终端、移动网络和移动互联网平台，则构成了数据生成和流通的闭环，同时也是用户价值变现的闭环。数据闭环的建立，还可以缩短商业决策的周期，提高商业活动的效率。在此基础上，产生了精准传播这一新型商业营销手段，进而可以解决商业营销传播长期以来的痛点——对传播效果的准确测量。精准传播的核心是用精准分发取代千人一面的大众传播的信息分发模式。在我国移动传播市场中，精准传播的典型代表是基于算法推荐技术的新闻资讯聚合和分发平台。以下将从内容数据库、用户数据库和智能传播技术这三个方面，论述精准传播的必备条件。

（1）聚合海量信息的内容数据库。

互联网在过去近二十年的发展中积累了大规模的数据资源，而移动互联网的快速崛起更是带来了爆炸式的数据增长。然而，以无序形态散布于全网的数据资源所具有的社会价值和经济价值都是有限的。因此，大数据资源的开发利用，需要利用数据库技术对分散的数据资源进行有序化、结构化和标签化的处理。

　　传统的媒体组织在数字化转型过程中所建立的"媒体资源库"（简称"媒资库"），通常是对历史性媒体内容的数字化处理及存储，形成类似于档案资料的数据库。这样的媒资库与能够适应个人化精准传播的内容数据库存在两个方面的差距。首先，数据规模不够大。据今日头条资深算法架构师曹欢欢介绍，该应用每天有百万量级的内容更新。只有具备了这样的数据规模，才可以通过算法技术满足上亿量级用户的个人化信息需求。就目前传统媒体的内容生产能力而言，单靠原创性生产是无法扩大内容供给规模的。因此，从建设内容数据库的需求出发，传统媒体应采取"原创＋聚合"的内容管理策略，将多元化的用户生产内容（UGC，user generated content）和专业生产内容（PGC，professional generated content）纳入数据库运营。其次，未能实现标签化的数据管理。传统媒体组织的媒资库建设通常以归档清晰为导向，而较少考虑到与网络媒体技术操作标准的符合程度，以及与互联网信息使用者新型需求的契合程度，所以在结构化和标签化的要求上也有所欠缺。算法驱动的资讯平台在标签体系设计上是以面向用户需求为宗旨的，有时内容的标签总字数甚至超过了内容文本总字数，由此可见其技术逻辑与传统媒资库的显著区别。概言之，只有规模足够大、类型足够丰富、标签足够完备的内容数据库，才能适应千人千面的精准传播需求。

　　（2）捕捉实时需求的用户数据库。

　　在传统媒体时代，广播电视和报刊媒体通过受众调查获知其所服务的对象的身份和需求特征，这种受众特征数据的收集和分析严重滞后于信息传播的过程，难免出现缺失和偏颇的问题，并且在数据量上也极其有限。在互联网传播时代，互联网媒体通过用户会话跟踪技术分析其网络使用行为的特征，通过用户注册信息获知其身份特征，但这些数据所得到的用户画像只能具体到人群类别，而无法精准到用户个体。更重要的是，互联网时代的大多数用户数据是通过 PC 端获取的，而 PC 端并不像移动端那样与用户存在着如影随形的关联，所以地理信息和使用场景的数据并不精准。

　　进入移动传播时代，用户数据的产生过程与信息的传播过程完全同步，移动端设备的私人性和便携性极大地提高了用户数据的精准性。此外，如前文所述，移动端已经不再只是信息传播的工具，随着移动应用功能的丰富化，智能移动设备可以为用户提供从信息通信到文化娱乐再到日常生活等各个方面的线上和线下的连接。因此，更多类型、更大规模的用户数据在移动传播体系中产生。

从互联网时代到移动互联网时代，用户数据库技术实现了用户画像从整体的"类"到个体的"人"的精准化进步。在移动传播体系中，用户数据的类型至少发展到三种：个人数据、行为数据和场景数据。在类型延伸的基础上，个人数据更加深入化、行为数据更加实时化、场景数据更加具体化。

（3）人工智能是精准传播的技术核心。

早在20世纪50年代，人工智能技术就已经出现。但直到最近几年，这一技术才逐步得到推广和应用。一个重要的背景原因是大数据产业的成熟发展，为人工智能技术的应用提供了足够量级的数据资源。对于精准传播，人工智能的应用实际上是大数据技术和算法技术的结合。

人工智能技术不仅能够处理包括上文提到的内容数据和用户数据，还能将物联网中产生的数据信息纳入，进一步推动人们生活方式的数据化发展。在这个意义上，从互联网到移动互联网再到物联网的发展过程，孕育了大数据技术的萌芽和应用，也为早已问世的人工智能技术找到了恰当的运用方式。此外，云技术和算法技术的普及化，为大数据的存储和计算提供支持，也是人工智能技术得以应用的必要条件。

在精准传播中，可以将人工智能技术所扮演的角色理解为内容编辑和计算机程序员的叠加。人工智能技术在精准信息传播中的应用经历了不断完善的过程。算法推荐技术一般都经历了三个阶段的演进。早期的推荐算法仅限于热文和新文，对用户数据和内容数据的刻画粒度较粗，没有达到个性化推荐的水平；中期开始采用协同过滤和内容推荐两种方式来支持个性化推荐算法；目前已经采用大规模实时机器学习算法，特征标签达到千亿级别，更新速率达到分钟级。随着人工智能技术的继续发展，以及精准传播实践的继续探索，二者的结合将会创造出更多更优质的移动传播服务模式。

（三）智能化：挖掘数据价值，建立数据联系

随着工业社会向信息和数据社会演进，媒体智能化发展呈现出三个特点：以大数据为基础，以算法技术为驱动，其应用场景指向个人化精准传播。

1. 以大数据为基础

大数据资源及相关应用技术是媒体智能化的技术基础。在移动互联网时代，大数据资源的产生和应用至少表现出三个方面的特点：其一，互联网信息与资源交换的平台化和社会普遍信息化支持下的大量所谓"自媒体"内容，形成了海量的关于社会公共事务和社会生活的内容数据；其二，移动终端的便携性支持着无处不在、无时不有的媒体应用，移动终端用户既是数据使用者又是数据贡献者，规模庞大、种类繁多的个人化大数据资源由此生成；其三，移动终端的个人化使得媒体内容消费过程中的个人化需求得以表现，而大数据资源的丰富性是满足个人化信息需求的前提条件。

2. 以算法技术为驱动

算法技术是媒体智能化的驱动力。个人化信息需求与海量信息供给之间的高效匹配是移动传播服务商实现信息的个人化精准分发所必须解决的关键问题，而算法技术提供了有效的解决方案。算法既可以提高大数据的使用效率，也可以从开放信息源中挖掘出更多的大数据应用价值。

要实现信息和资源的精准分发，首先要打破主要基于知识储存需要的、按照学科专业划分的传统知识分类体系对信息供给结构的束缚，开发面向用户需求的信息标签体系，把用户偏好、行为和场景等需求要素与信息文本特征等供给要素相结合，使信息供给更能满足用户需求；其次要依据多元标准建立取值规则，以弥合用户的个体兴趣与用户所在社交网络的集体偏好，以及全平台用户总体的热点选择等社会偏好的差异，丰富"用户需求"的内涵并使之更具科学性，以避免用户个体兴趣的局限性导致推荐算法的偏差，从而造成用户个人由于信息选择偏差而导致其社会化水平降低等问题。我们认为，能够体现社会共同价值和社会规则的、不断完善的算法推荐技术，可以避免个人信息选择狭窄化问题的出现。

3. 以个人化精准传播为应用场景

面向个人化应用场景的精准传播是媒体智能化价值的主要实现方式。当前基于移动传播体系的媒体智能化应用，在信息分发方式上，通过面向个人用户的精准推荐，节省了用户排除冗余和无关信息的时间成本，优化了用户体验，增强了用户黏性，甚至能够激发用户的潜在需求，衍生多元服务，从而大大提升了传播效率和媒体服务价值。精准传播也是对社会生产方式的演变方式的呼应。当下社会生产方式正在从工业社会的大规模标准化生产向定制化、精准化生产过渡；与之相应，社会信息传播方式也必然经历从大众传播向精准传播的升级，而移动传播体系和智能化技术提供了精准传播的需要和可能。

第二节　技术逻辑：从数字化到数据化

一、信息传播技术的进化

基于信息传播技术的进化路径，媒体融合始于数字化（数码化），终于数据化（智能化），所以媒体机构应由信息总汇进化为数据总汇。数字化技术指的是，借助计算机技术，把语言、文字、声音、图像等信息转换为数字形式进行处理和交互的过程。它以二进制代码"0"和"1"为载体，使数字信号代替模拟信号成为信息处理和传播的主要对象，并通过互联网通信技术，来实现信息交互。数据化技术指的是对已经数字化的信息再加工的过程，当下数据技术的应用重点在于对信息进行标注、分解与综合运用的过程，即找到一个信息所包含的各种元素，从而发现信息背后事物更本质的联系，从而使信息的生产、分发、接收和反馈能够借助智能化工具。

数字化技术在传统主流媒体中已有广泛应用，例如内容格式数字化、生产流程数字化以及内容发布网络化等。经由数字化转型，传统主流媒体开启"＋互联网"的大门。满足基本内容生产需求的数字化生产工具逐步集成，媒体"中央厨房"即是典型代表。但传统主流媒体的数字化技术仍局限于单个媒体的转型发展，应用场景主要是内部资源共享，未能够在与用户建立基于互联网的连接方面取得核心技术突破。

（一）演变历程：模拟时代向全媒体时代的更迭

在模拟时代，信息以附着在纸质或其他介质上的图文形式和模拟信号的方式传递，报纸、广播、电视的广泛普及，共同成就了大众传播模式的辉煌。在这一时期，专业化的媒介组织通过运用传播技术和产业化手段，以社会上一般大众为对象，进行大规模的信息生产和传播活动。信息生产和处理方式呈现工业化生产特征。大众媒体机构通过收集大量外部信息并经过加工处理（主要通过人的感觉器官及人脑）形成结构化的信息后，进行大规模复制分发。信息带有更多传播者的主观价值判断，大众媒体机构是信息总汇的载体，掌握了整合和传播信息的绝对优势。

在数字时代，信息传输高速便捷，大众传播的传播技术手段以数字制式代替了传统的模拟信号，改变了过去传播资源短缺的状况，多样化的信息需求被重视，受众市场趋于更细分化。互联网的普及促使信息由单向传播转变为交互式传播，信息发布不再是集中化模式，信息流通更为自由，形成了海量信息源。互联网媒体成为整合传统媒体及用户所发布的信息的平台，海量信息得以快速聚合和传播。

在全媒体时代，传播资源极大丰富，互联网已延伸到各个领域当中。在技术与市场的驱动下，传统媒体通过媒体融合过程实现技术迭代，媒体与其他行业的边界进一步消融，跨行业、跨领域的数据聚合，使个人化的精准传播成为可能。物联网的发展则可以使各类环境数据和社会运行数据成为信息生产的资源，形成更为丰富多样的定制化信息服务。

（二）政策导向：国家大数据战略的扶持

从 2017 年国务院印发的《新一代人工智能发展规划》到"十三五"规划中提出的"国家大数据战略"，"数据兴国"和"数据治国"为主流媒体成为社会数据总汇提供了政策导向。该文件强调"建立大数据智能理论体系，鼓励建设涵盖地理位置、网络媒体和城市基础数据等跨媒体大数据平台。"[①]在国家政策的推动下，中国大数据产业强势增长，为媒体从信息总汇向数据总汇的转型提供了保障。

（三）技术进步：借助新技术实现数据汇聚

数字化推动了社会普遍信息化，互联网的普及使社会生活的各个领域都建立起了普遍的信息网络。计算机信息处理技术、传输手段和智能便携式终端的广泛应用，改变了社会生产和生活方式。首先，传感器和存储器的普遍使用，使海量数据被收集和存储。传感器如同人类五官的延伸，能够准确地感知到被测量的数据，是获取自然领域和生产领域中的信息的主要手段。而存储器作为保存信息的记忆设备，能够保证信息和数据的长期存储，由此实现了海量数据

---

① 《新一代人工智能发展规划》政策解读 ［EB/OL］. （2017－07－24）［2021－05－23］. www. scio. gov. cn/34473/34515/Document/1559231/1559231. htm.

的获取及汇聚。其次，人类生产和生活产生的海量数据，通过互联网连接得以汇聚和打通，并被注入新的发展力量和再生能力。互联网的普及带来的是人类连接方式的改变，它所提供的全球化的连接平台，打破了地域壁垒，改变了信息及数据的流通方式。虚拟与现实的世界，通过内容源、设备和人的连接，实现了互联互动，两者的边界变得越发模糊。生产方面，互联网与传统行业的不断融合，使其成为实现产业转型升级的重要载体，进一步推动了实体经济模式的转变，而行业间数据的打通，能够将数据价值转换成实际生产力。再次，在移动互联网时代，人工智能的快速发展，增加了数据的易得性和数量级。通过人工智能，人们能够在大量的非结构化的情景数据中，有效提取出有价值的信息，从而做出正确的判断和决策。最后，移动数据流量爆发式的增长，与 5G网络在 2020 年的商用化相得益彰，信息市场的规模将在通信基础设施的支撑下继续快速发展。

（四）行业特性：主流媒体可从信息中枢转向数据中枢

主流媒体是社会信息传播的中枢之一，居于社会信息总汇的地位。过去，传统媒体掌握的信息是新闻工作者及信息提供者经过大脑模拟化和情感化处理后的结构化信息，而在数据时代，基于互联网连接的媒体平台通过自身技术能力的提升，成为原生数据的汇聚中心——依托多元化的服务，发挥运营优势，加快融合步伐，生产对公共决策和个人决策产生价值的信息，从而转型成为社会的"数据总汇"，实现从社会信息总汇向公共数据总汇的转变。

首先，我国主流媒体是联系社会方方面面的桥梁，能够聚合各种社会信息。主流媒体与党政部门联系频繁，与社会各行业联系广泛，与不同层级的社会成员联系深入，是连接社会的综合平台，具备打通社会多样化资源的能力，能够实现社会信息的广泛聚合。其次，我国主流媒体具有较高的社会公信力。与互联网的乱象相比，真实性、公信力、社会责任感是传统媒体的安身立命之道，其所聚合的信息更具客观性。最后，在我国具有公信力的各类机构中，主流媒体集团作为市场运营的主体，自身具备较强的运营能力。从未来数据使用的角度考虑，需要有具备数据挖掘和应用能力的机构来对大数据进行管理和运营，以促进社会生产水平和信息交互水平的提升。

由此可见，从数字化迈向数据化正是推动媒体融合向纵深发展的技术逻辑。主流媒体作为社会信息的聚合平台，有条件和有必要通过媒体融合，使自身互联网化，依托新的数据化信息技术，使自身成为社会生产和生活的中心与枢纽。主流媒体的数据化转型，既是媒体融合在全媒体时代的发展方向，也是"互联网＋媒体"的必然趋势。

二、信息传播领域的新技术类型

信息传播领域的新技术类型可概括为云、管、端三类，三者相辅相成（如图1-2所示），不仅改变了信息传播方式和社会传播关系，也正在重塑信息传播的产业和市场格局。

图1-2　信息传播领域的新技术类型

（一）"云"：云计算、云存储、云平台

云计算支持便捷的网络访问，进入可配置的计算资源共享池（资源包括网络、服务器、存储、应用软件、服务）。其本质是实现弹性的资源管理，弹性体现在两方面：一是时间灵活性，即需要某一类资源时可以随时获得；二是空间灵活性，即获取资源的量具备一定的弹性，如云盘可以提供灵活的存储空间。云存储是在云计算基础上通过集群应用、网格技术和分布式文件等功能，共同对外提供数据存储和业务访问的系统。使用者可以在任何时间、任何地方，通过任何可连网的装置连接到云上从而方便地存取数据。

目前，用于信息传播的云平台包括数据平台和工具平台。数据平台通常包括媒体资源经数据化处理后形成的内容、用户、商品和服务数据库，以支持新闻智能处理、数据深度分析和多元应用等不同新闻生产环节的技术应用，包括以个人化精准推送和算法新闻为代表的人工智能应用。从信息技术迭代角度看这属于"数据技术"。工具平台是指主流媒体集合多元内容生产技术及功能的生产系统，例如"中央厨房"、网络直播等。这类工具平台基于大数据技术、多媒体生产和呈现技术，使内容生产力得到优化。但这类工具平台能够汇聚的数据资源仅为媒体内部的内容数据，在不能与其他数据库打通的情况下，很难实现其数据价值。

(二)"管":信息传输网络

依据技术形态,"管"目前主要可分为宽带互联网、移动互联网和有线电视网;这些技术在性质上属于通信技术(CT)。未来一段时间,具有"广接入、低时延和高速率"优势的 5G 技术将成为移动通信领域的核心技术。"广接入"是指 5G 的连接密度达到每平方千米百万台设备级别,且耗电量比 4G 大为降低;"低时延"是指理论上 5G 技术的时延将达到 1 毫秒,远低于人类近百毫秒的视觉感知时延;"高速率"指的是理论上 5G 的峰值速率最高可达到每秒 10Gb,是 4G 最高速率的 100 倍。

(三)"端":产品呈现界面

依据介质形态,"端"可分为个人移动终端(软硬件)、个人电脑终端、家庭大屏、其他设备(如 VR 眼镜)等。依据显示精度,端口界面又可分为普通高清(HDV)、4K 超高清和 8K 超高清。随着 5G 技术的普及,许多广电媒体和运营商开始探索 4K+5G 支持的高分辨率呈现效果。但 4K 提供的分辨率已超出人眼可识别范围,所以该业务能否真正促进广电媒体发展,仍有待考量。

三、信息传播领域的新技术应用

(一)通信技术

通信技术(communication technology,CT)是信息由一地向另一地传输与交换的技术,主要有 3G、4G、5G 技术和 Wi-Fi、卫星数据交互等无线(移动)通信技术,以及宽带互联网、有线电视、IPTV 等有线通信技术。随着 5G 时代的到来,媒体功能将被重新定义,人与物、物与物之间的数据资源将替代信息资源成为整个社会运行的核心和关键。

1. 无线通信技术构建移动传播体系

我们通常所说的 2G、3G、4G 和 5G 都是作为移动通信硬件架构的蜂窝网络(cellular network)。无线通信技术对于信息传播的影响发轫于第二代通信技术(2G),它支撑起了最早的数据通信服务,使得人们可以通过移动终端发送和接收照片、音频和视频等消息,从而移动互联网展露雏形。随着第三代通信技术(3G)和第四代通信技术(4G)的出现,无线数据通信能力进一步增强，移动互联网的应用种类和功能都超越了传统 PC 端。当蜂窝网络发展到第五代（5G），信息传播在网络传输速率和接入范围上实现了飞跃。相比之前几代移动通信技术，5G 技术具备三大优势：广接入、低时延和高速率。

三大优势中的"广接入"将重新定义媒体功能。根据国际电信联盟（ITU）制定的 5G 标准草案，基于毫米波的 5G 网络将在未来支持每平方千米内至少 100 万台连接设备。该标准如得以实现，将极大促进物联网的发展。人与物、物与物之间的数据资源将替代信息资源成为整个社会运行的核心和关键。在此背景下，就需要一个机构、一个行业去汇聚和分析这些数据，成为社会的数据中心。媒体业的未来就在这里，即从社会的信息总汇，升级为数据总汇。基于广接入和低延时的特征，未来媒体可采集到巨大规模的数据，所以需要依靠智能化设备来处理。结合云计算、大数据、人工智能算法等，基于数据进行采集和生产的媒体将成为"智能媒体"。

5G 还将带来用户体验的革命。5G 网络具备的超高速率和超低时延的特征推动所有移动互联网业务的"视频化"发展，视频直播将成为新闻传播的主流。此外，5G 技术的落地将推动 VR/AR 技术的发展。但 VR/AR 技术营造的虚拟场景与新闻传播的真实性原则有一定分歧，可能影响人们依据信息形成事实判断的效率，所以其应用存在局限。

除蜂窝网络之外，无线通信领域中还有卫星宽带互联网。这种新技术是卫星通信与互联网相结合的产物，即通过卫星进行语音、数据、图像和视像的处理和传送。该领域内比较有代表性的公司是美国的 SpaceX 和国内的中国航天科技集团。早在 2014 年 SpaceX 就公布了要建立覆盖全球的卫星宽带互联网的星链（Starlink）计划，希望能够让世界上更多的人接入互联网，并从中获得更多商业利益。中国航天科技集团也正在进行可重复使用运载器的研制，单位有效荷载发射成本已降低至现有一次性运载火箭的五分之一。如果近地卫星宽带网络得以建立，未来接入互联网的主要渠道很有可能变成近地卫星通信网络，这也将会对现有的电信运营商以及有线电视网络运营商带来颠覆性革命。

2. 有线通信技术增强大屏传播效果

在媒体产业中，互联网对广播电视行业的冲击不仅体现在网络媒体中的音视频服务上，还体现在日益普及的互联网电视（OTT TV）上。近年来，互联网电视业务市场快速发展。根据 2019 年中国广播电视网络有限公司和格兰研究发布的《2018 年第四季度中国有线电视行业发展公报》，截至 2018 年底，我国 OTT TV 用户同比增长 12.08%，新增用户 5 300 万，用户总量达到 1.64 亿户，占全国收视份额的 36.69%。① 在国际上，互联网电视业务也保持着较好的增长态势。根据市场研究机构 Conviva 的数据，2017 年 OTT TV 的总观看时间为 12.6 亿小时，增长率超过 100%。此外，2019 年 3 月 26 日，Apple 公司正式发布了全新的 Apple TV 系列产品，涉足原创内容生产领域，全面布局 OTT TV 行业。

在探索融合发展的过程中，广电行业还与电信行业展开合作，其成果就是电信交互式网络电视（IPTV）业务。自 2010 年三网融合战略正式提出广电网络和电信网络双向进入的要求之后，几乎所有电信运营商都开始将原本单一的通信业务拓展至多媒体内容交互业务，并由此催生出 IPTV 业务。截至 2018 年底，我国 IPTV 用户同比增长 7.39%，用户总量达到 1.55 亿户，占全国收视份额的 34.68%。

随着 IPTV、OTT TV 等新兴替代性业务的出现，传统广电媒体用户流失严重。截至 2018 年底，我国有线电视用户规模达 2.23 亿，年度净减 2 139.6 万户，收视份额持续下降至 49.89%。为重塑广电媒体的影响力，2014 年 4 月，财政部出资、国家新闻出版广电总局负责组建和代管的国家级广电网络公司——中国广播电视网络有限公司正式成立（以下简称"中国广电"）。中国广电具备宽带网络运营等业务资质，主要任务就是将全国有线电视网络整合为统一的市场主体。经过 5 年多的努力，中国广电已经与包括河北、青海、宁夏、河南在内的数十家省级有线电视网络签订了合作协议。2019 年 3 月 21 日，中国广电与中信集团、阿里巴巴宣布合作，将基于"全国一网"框架，利用阿里巴巴在数字化转型、互联网技术、数字娱乐、平台运营等方面的优势，共同推进广电网络整合。

3. 终端显示技术优化视频用户体验

终端显示技术是通信技术的重要组成部分，显示技术适用与否，直接影响数据信息接收和传播的效果。尤其在电视媒体服务中，显示技术直接影响人们

---

① 2018 年第四季度中国有线电视行业发展公报 [EB/OL]. (2019 - 01 - 31) [2022 - 08 - 02]. https://www.tvoao.com/a/196590.aspx.

的媒介选择。

在以手机为代表的移动终端上，显示技术分为两种类型：一种是 LCD（liquid crystal display），即液晶显示技术；另一种是 OLED（organic light-emitting diode），即有机发光二极管显示技术。LCD 需要通过背光照射才能显示图像信息，OLED 则是自发光器件。此外，OLED 与 LCD 相比具备更广色域、更快响应和更广视角的优势。根据美国市场调研机构 IHS Markit 在 2018 年 12 月份发布的数据，使用 OLED 面板技术的移动设备在全球智能手机显示屏市场中的占有率达 61% 以上。未来，基于 OLED 的移动终端设备将普遍应用于智能手机、数码相机等显示装置，并取代液晶显示器（LCD）成为新一代显示设备。对于媒体机构而言，只有积极了解并应用 OLED 技术完成内容生产创新，才能实现传播效果的最优化。

在以家庭电视大屏为代表的家庭终端方面，OLED 大屏也在逐渐取代传统 LCD 显示屏幕并成为主流。大屏端与移动终端的不同在于家庭大屏的应用更强调清晰度。当前，电视终端的显示精度正在由传统的 HDV（高清电视）向 4K 超高清电视发展，4K 的分辨率是 HDV 的 4 倍，画质实现飞跃，而未来的 8K 电视比 HDV 分辨率增大 16 倍。但高清晰度并不意味着好的体验。人眼的分辨极限角为 1'，而且观看者对图像细节的分辨能力与观看者距银幕的距离和银幕宽度的比值有关。在家庭场景中，人眼基本上无法区分 55 英寸、60 英寸的 4K 与 1080P 电视间的差异。此外，4K 内容制作成本较高，目前仅有少数国外流媒体提供 4K 内容。因此，4K 或者 8K 更适合应用于专业家庭影院或大型公共电影院，而不适合在普通家庭普及。

（二）信息技术

信息技术对媒体产业的影响比通信技术更直接和深入。根据信息处理能力和手段的差异，与媒体产业相关的信息技术可分为数字技术（digital technology）和数据技术（data technology）。如前文所述，媒体融合始于数字化（数码化），终于数据化（智能化），媒体机构应由信息总汇进化为数据总汇。数字化可使媒介内容突破传统媒介的物理介质局限，从图文、广播电视信号转化为可以在不同互联网应用中兼容的数字格式，所以可以将数字化理解为一种"媒体＋互联网"的信息技术。在统一内容格式的基础上，数字化还可从业务流程上打通不同媒介部门，使纸质媒体与广电媒体的生产资源得到统合。正是在这个意义上，媒体融合始于数字化。数据技术的作用是将计算机程序的数据挖掘能力运用到媒介生产过程中，实现传统媒介内容与更多社会领域信息资源的整合，创造新的媒体业态，提升社会信息流通的整体水平。当下应用于媒体产业的数据技术包括传感器技术、云计算技术、大数据技术、人工智能技术、区块链技术等。因为数据技术在媒体生产和传播中的应用方式已经摆脱了传统媒体的工作流程，而主要基于计算机运行逻辑并面向互联网市场需求，所以只有实现数据化才是真正的"互联网＋媒体"。

1. 数字技术

数字技术的应用涵盖了内容的表示、记录、处理、存储、传输、显示、管理等各个环节。其与信息传播活动的结合，带来了媒体产业的第一轮变革，即传统新闻业务在经历数字化改造之后，可以被计算机处理并在互联网上传播，大大提升了内容生产和信息传播的效率。数字化信息技术的主要变革体现在以下三大方面。

第一，内容格式的数字化。在数字技术出现之前，信息传播活动中主要的媒介内容形态主要包括文字、声音、图像、动画、视频等，这类信息在传播中往往会受到一些限制，一方面是其能够承载的信息量有限，另一方面则是信息难以跨媒介流动。而数字化信息技术的出现则使这些问题迎刃而解。依托于数字化信息技术，文本、图形、图像、音频、视频、动画等内容格式均可以经过数字化加工处理，拥有各种数字化记录和传播格式，可实现基于互联网的远距离传输，且信息内容的保真性更强，传输质量更高。

第二，生产流程的数字化。数字化信息技术的应用，在内容制作编辑流程中实现了采访、编辑、发行播放、内容存储、内部管理系统等多环节的数字化，使得媒体在采、编、播等内容制作能力上得到长足的发展。例如，在文本版面编辑领域，数字化编辑工具取代了传统的报刊编辑工具，简化了编辑排版工作；在广电节目制作领域，多媒体非线性编辑工具不但能够保证数字图像的质量，还能实现多点分段编辑。

第三，内容发布的网络化。当文字、图像和声音都被转化为数字信息以后，彼此之间潜在的联系就被大大扩展，这就使得其可以在一元化高速处理之后，在不同的媒介之间流动。媒体内容的数字化为内容的网络化发布创造了条件，相关的网页发布技术、超链接技术、RSS 技术等逐步迭代升级，极大地拓展了传统内容发布的渠道。同时，互联网本身具有的双向、交互、非线性等特性，使得媒体的信息发布灵活、多向，从而更加便捷地实现了内容发布者与受众（或用户）之间的互动与联系。

由此可见，数字化信息技术在新闻传播领域的应用，革新了传统的内容格式、生产流程和发布渠道，媒体"上网"（即实现"＋互联网"）成为可能。更值得注意的是，数字化信息技术的应用也使得内容生产及发布中的各种数字化工具逐步丰富和完善，更加适配内容生产和业务处理的网络化需求，由此搭建起了媒体的内容生产工具平台和操作平台。

2. 数据技术

信息与数据是相互关联的。美国信息管理专家霍顿（F. W. Horton）认为："信息是为了满足用户决策的需要而经过加工处理的数据。"而数据是人类表征外部世界的初始化的符号，是记载客观事物的性质、状态以及相互关系等的物理符号或这些物理符号的组合，是信息的数字化表现形式和载体。同物理学家最初从"分子"层面开始研究物质一样，人类对外部环境的感知也是从利用感觉器官"望闻问切"来获得"信息"开始的，人类以往所获取的信息通常是人脑对感觉器官所感知到的各类信号做出反应的结果。在物理世界，原子、电子、质子和中子等更微小的微粒的发现，不断揭开微观物质世界的面纱，人类不断加深对物质世界的认知。

信息传播领域应用数据化技术的基本路径包括数据采集、规则设立、寻找算法、开发程序、深度学习、数据加工和上线运营等诸环节。首先，建立数据库。根据互联网用户的需求和平台功能，全面收集相关数据。数据的主要来源为机器采集数据的结构化和基于人体感官获得的信息的解构化，通过信息和数据的再加工，建立起内容广泛、功能全面的内容及用户数据库。其次，开发应用程序。根据平台建设目标和功能设定，制定相关应用所遵循的规则和标准，研发适用上述规则和标准的算法，开发相应程序，并基于数据库，通过机器深度学习，对算法进行训练，最终上线运营。

从数据库到应用程序的过程将实现大数据、算法、算力的有机结合，数据中台便是实现结合的基础。中台是前台和后台的链接点，其作用在于根据前台的需求，对应用进行维护，对数据进行计算和管理，从而支持前台端口的运营。因此，可以认为中台要解决的是前台的创新问题，其存在的目的就是更好地为前台服务，如支持前台的规模化创新，对应用进行维护，对数据进行计算，支持端口的运营，进而更好地响应、服务、引领用户，使平台真正做到自身能力与用户需求的持续对接。

以精准推荐服务为例，内容的精准分发需要最大限度地还原目标对象在特定时间、特定环境的服务需求。只有通过大数据处理能力（包括内容标签、用户画像、主流媒体推荐算法等），才能把最适合的内容向最正确的人传播，从而对传播价值更高效地赋能。显然，传统的数据建设和管理办法难以满足精准匹配的需求。为了应对数据量爆发式增长带来的挑战，通过一个数据中台来管理好、治理好、利用好这些数据，深度萃取数据价值、降低数据管理成本，就显得尤为重要。

对于媒体业务，由于各个终端系统多年来都是以快速满足业务需求为目标来构建技术支撑体系的，导致形成了很多数据孤岛。在各个业务线都自成体系的情况下，接入数据中台成为整合这些数据的最优解决方案。由于具备快速编排、组合数据服务的能力，媒体就可以以较小的成本投入来构建出创新的前端业务，驱动"一切业务数据化"，通过在统一平台调度和使用、计算和分析，形成数据合力，提升媒体的数据资产价值。

第三节　政治逻辑：从舆论阵地到治国平台

基于对互联网传播趋势的认识，当前我国正在构建的全媒体传播体系，既是主流舆论阵地，也是党和国家治国理政的新平台。党中央一直高度重视媒体融合发展，陆续出台的多项政策对媒体融合工作进行了一系列部署。通过梳理近年来国家颁布的媒体融合政策，我们发现，作为国家战略的媒体融合有其清晰的政治逻辑。

一、媒体融合战略的政策解读

（一）加快传统媒体和新兴媒体融合发展

当互联网成为社会基础连接，主流媒体的渠道功能与连接属性在一定程度上被削弱。为了牢牢掌握舆论工作的主动权，主流媒体必须拓展其在互联网空间中的传播力，建设基于互联网的舆论阵地。2013 年 8 月 19 日，习近平总书记在全国宣传思想工作会议上发表重要讲话，提出要"加快传统媒体和新兴媒体融合发展"①，并对媒体融合发展的必要性、战略目标和手段方法等问题进行论述。

1. 必要性：网络空间已成为人们生产生活的新空间

截至 2021 年 12 月，我国网民规模达 10.32 亿，其中手机网民规模达 10.29 亿，网络新闻用户规模达 7.71 亿。② "网络空间已经成为人们生产生活的新空间。"③ 主流媒体的主要工作是为人民群众提供信息服务，当海量用户聚集于互联网空间并通过互联网获取信息时，主流媒体也必须在互联网空间中确立一席之地，通过互联网提供权威消息，传递主流价值观，建立起通过互联网联系群众、服务群众的能力。由此可见，我国媒体融合发展的实质是主流媒体的互联网化。

2. 战略目标：建设网络舆论阵地、掌握网络舆论引导主动权

互联网不仅为人们提供了获取信息的新渠道，也为人们提供了发表言论、交流互动的空间。基于此，互联网对舆论场的介入能力更强、介入面更广，主流媒体的新闻舆论工作所面临的现实复杂性超越了以往任何时代。

互联网兴起之前，主流媒体分别以报纸、杂志、广播、电视为主要传播渠道，依据这些渠道的技术要求和生产周期安排内容生产流程，设计组织结构，配备工作人员；媒体的工作重心和资源配备重点也长期聚集在传统渠道。随着互联网和移动互联网的迅速普及，主流媒体通过设立网站、发行数字报、开通互联网电视、创建"两微一端"等形式，打通了互联网传播渠道；然而，在很长一段时间内，主流媒体的互联网传播渠道只是作为各传统渠道的补充，媒体通过互联网发布的内容只是对其原有内容的搬运或简单加工。要建成有较强舆论引导能力的网络舆论阵地，仅拓宽传播渠道是远远不够的。

习近平总书记指出："根据形势发展需要，我看要把网上舆论工作作为宣

---

① 中共中央文献研究室. 习近平关于社会主义文化建设论述摘编 [M]. 北京：中央文献出版社，2017：31.

② CNNIC. 第 49 次中国互联网络发展状况统计报告 [EB/OL]. (2022 - 02 - 25) [2022 - 08 - 02] http：//www.cnnic.net.cn/hlwfzyj/hlwxzbg/hlwtjbg/202202/P020220721404263787858.pdf.

③ 加快推动媒体融合发展 构建全媒体传播格局 [EB/OL]. (2019 - 03 - 15) [2021 - 05 - 24]. http：//www.qstheory.cn/dukan/qs/2019 - 03/15/c_1124239254.htm.

传思想工作的重中之重来抓。"①这就为主流媒体转型发展确立了目标，让各级主流媒体意识到，互联网不只是新兴传播渠道，也是聚集多元声音、多种观点的舆论空间。事实上，这也是从国家战略层面明确了媒体融合的目标即建设网络舆论阵地，形成主流媒体在互联网空间的舆论引导力。"互联网已经成为舆论斗争的主战场……在互联网这个战场上，我们能否顶得住、打得赢，直接关系我国意识形态安全和政权安全。"②建设并守住互联网舆论阵地，是各级主流媒体融合发展的共同目标及重要使命。

3. 手段方法：加强对新技术的应用

"要适应社会信息化持续推进的新情况，加快传统媒体和新兴媒体融合发展，充分运用新技术新应用创新媒体传播方式，占领信息传播制高点"③，"要解决好'本领恐慌'问题，真正成为运用现代传媒新手段新方法的行家里手"④。

技术进步是推动媒体融合发展的重要因素之一，互联网技术和智能终端技术的迅速发展，使得种类多元的互联网应用成为人们与社会连接的主要方式。主流媒体基于互联网的融合转型，必须积极运用新的内容生产与分发技术、新的渠道技术及大数据技术，才能使其内容产品适应互联网传播环境，才能真正建立与互联网用户之间的联系。

（二）媒体融合正式成为国家战略

2014年8月18日，中央全面深化改革领导小组第四次会议审议通过《关于推动传统媒体和新兴媒体融合发展的指导意见》（下文简称《意见》），标志着媒体融合正式成为国家战略。

1. 指导思想：强化互联网思维，遵循两个规律

《意见》指出，"推动传统媒体和新兴媒体融合发展，要遵循新闻传播规律和新兴媒体发展规律，强化互联网思维"⑤。信息技术革命是媒体融合发展的基本动因，然而，互联网对信息传播的影响不只体现在技术创新方面，还包括传播

---

① 中共中央文献研究室. 习近平关于社会主义文化建设论述摘编［M］. 北京：中央文献出版社，2017：29.

② 同①28 - 29.

③ 同①31.

④ 同①29.

⑤ 推动传统媒体和新兴媒体融合发展指导意见审议通过［EB/OL］.（2014 - 08 - 21）［2021 - 05 - 23］. http://culture. people. com. cn/n/2014/0821/c172318 - 25511854. html.

模式、传播主体、传播关系的变化。技术赋权使得人人在互联网空间中都能够相对自由地发表言论，相对平等地交流互动。媒体融合发展的实质是主流媒体实现"互联网＋"，这是建设网络舆论阵地的前提。既然要实现"互联网＋"，主流媒体就必须摒弃大众传播时代传者本位的媒体思维，强化以发现并满足用户需求为核心的互联网思维。

"规律是事务本身所固有的本质的必然的联系，是事物运动发展的基本秩序和必然趋势。"①马克思的实践唯物主义认为，人类的任何实践活动都是有规律的。媒体融合发展应当遵循新闻传播规律和新兴媒体发展规律。其一，新闻传播规律是新闻传播活动各个环节之间的本质联系，反映了参与新闻传播活动的各类主体的需求及其内在关系。新闻传播规律具备历史性特征，媒体融合实践中遵循的新闻传播规律，应当是主流媒体运用新兴传播技术，以适应互联网信息传播的模式，满足广大用户信息需求的规律。其二，新兴媒体发展规律，是指新兴媒体发展有其固有的、不以人的意志为转移的客观规律。② 新兴媒体是一个相对概念，各类媒体在刚刚出现时都被称作"新兴媒体"。这里所说的新兴媒体是相对于传统媒体而言的——基于信息技术革命的成果，以互联网技术为核心，以数字化技术为发端，形成了一个新兴技术群，新兴媒体是指使用这些新兴技术来进行信息传播的媒体形态。遵循新兴媒体发展规律，要求主流媒体关注新兴技术带来的信息传播特征的变化，并能够积极尝试运用新兴媒体形态传播自身内容。

2. 路径：从内容、渠道、平台、经营、管理五个方面推进媒体深度融合

媒体融合是一个长期的、系统化的发展过程。《意见》指出："坚持传统媒体和新兴媒体优势互补、一体发展，坚持先进技术为支撑、内容建设为根本，推动传统媒体和新兴媒体在内容、渠道、平台、经营、管理等方面的深度融合。"③主流媒体融合发展实践应从这五个方面展开。内容融合是指媒体的内容生产方式、流程均应符合互联网传播的特点，满足互联网传播的需要，主要体

---

① 陶富源. 实践主导论：哲学的前沿探索［M］. 合肥：安徽人民出版社，2001：222.

② 丁柏铨. 略论新兴媒体发展规律：兼及它与新闻传播规律的关系［J］. 新闻记者，2015（10）：17-23.

③ 推动传统媒体和新兴媒体融合发展指导意见审议通过［EB/OL］.（2014-08-21）［2021-05-23］. http://culture.people.com.cn/n/2014/0821/c172318-25511854.html.

现在内容生产技术创新、内容产品创新、内容生产流程再造、内容分发技术创新等方面。渠道融合是指从网络和终端两个方面，将媒体的传统信息传播渠道改造成互联网的信息传播渠道。平台融合是指建设或接入基于互联网的主流媒体自主可控平台，通过多元服务功能和优质内容聚集海量用户，形成内容数据库、用户数据库、产品数据库等，实现数据的采集、挖掘、分析与应用。经营融合是指主流媒体根据自身发展需要，对其以广告为主的传统商业模式进行变革，同时在体制机制创新的基础上形成可依托市场资源良性运转的新商业模式。管理融合包括两个方面，其一是在行业宏观管理方面，通过建设互联网传播管理体系，实现网上网下监管标准一体化；其二是在媒体内部管理方面，主流媒体应对其通过传统渠道和网络渠道发布的内容采用统一的审核标准。

上述五个方面的融合，并不是完全平行的关系。媒体融合的核心是平台融合，建设自主可控平台意味着海量数据的聚合，这是媒体融合发展的关键；内容融合、渠道融合为媒体平台导入了用户并增加了平台的内容数据和用户数据，是向平台输入资源的过程，为自主可控平台建设打下了基础；经营融合是对媒体平台的商业模式和体制机制创新的探索，是将平台通过内容运营和用户运营实现的价值进行变现，是一个输出价值的过程；而管理融合则建立了维持平台正常运行的制度，为平台的长期运行提供保障。

从我国媒体融合发展实践来看，渠道融合是起点，主流媒体一般从建设互联网传播渠道开始媒体融合转型。内容融合出现的亮点最多，主流媒体拥有专业且经验丰富的内容生产团队，新兴技术的应用为其内容创意提供了更多种类的表现方式，由此诞生了大量"爆款"产品。平台融合已全面展开，在国家政策的指引下，各级主流媒体已经逐渐意识到建设自主可控平台的必要性及重要意义。实力较强、发展较快的媒体已经建成自主可控平台。

3. 整体布局：构建现代传播体系

《意见》指出："着力打造一批形态多样、手段先进、具有竞争力的新型主流媒体，建成几家拥有强大实力和传播力、公信力、影响力的新型媒体集团，形成立体多样、融合发展的现代传播体系。"①作为国家战略的媒体融合，是要布局构建一个由一批新型主流媒体和几家新型媒体集团构成的现代传播体系。

---

① 推动传统媒体和新兴媒体融合发展指导意见审议通过［EB/OL］.（2014 - 08 - 21）［2021 - 05 - 23］. http://culture.people.com.cn/n/2014/0821/c172318 - 25511854.html.

　　基于互联网构建的现代传播体系，将从纵向和横向分别实现主流媒体机构之间的相互联通，使得各级媒体单位之间不再是分离的媒体机构，而这种联通必须建立在基于互联网的新型传播平台的基础之上。各级媒体在传播体系构建中将充分发挥自身的长处，资金充沛、资源丰富的媒体机构负责网络平台技术架构及基础设施的搭建，贴近百姓生活的基层媒体则发挥其较强的群众动员能力，以符合大众需求的多元服务吸引用户，实现对用户资源的聚合。

　　在实践中，我国媒体融合发展经历了由表及里、由点到面、由局部到整体的渐进式进程：第一阶段是创新融合产品。从适应互联网传播渠道的内容产品创新入手，主流媒体通过内容产品数字化及采用互联网语态实现产品形态上的"互联网化"等手段，研发和制作能够在互联网上广泛传播的内容产品。第二阶段是建设融合平台。主流媒体纷纷开始探索建设基于互联网的、自主可控的新型媒体平台，这类平台以用户为核心、以数据为支撑，致力于内容生产能力的升级，努力实现与人民群众的互联网连接，并基于互联网实现内容及其他社会资源的聚合。第三阶段是构建融合体系。媒体融合开始从各个媒体机构"单打独斗""各自为战"的初期探索，迈向全面建设现代传播体系的全新阶段，主流媒体的互联网化将全面下沉，通过建设县级融媒体中心，新兴主流媒体平台与人民群众的联系将更加广泛而深入，其自身功能将更加丰富，外在形态将更加完整，有利于在开放多元的互联网生态中筑牢意识形态的主阵地。

　　从新型主流媒体到现代传播体系，从建设巩固舆论阵地到打造治国理政新平台，中国媒体融合发展有其内在的政治逻辑。2019 年 1 月 25 日，中共中央政治局就全媒体时代和媒体融合发展进行集体学习，实际上明确了媒体融合发展的重要意义不是仅仅体现在新闻传播领域，而是要结合党和政府所掌握的优势资源，将主流媒体建设的自主可控平台发展成为基于互联网的治国平台，推进现代传播体系与社会治理体系的一体化建设。当前，县级融媒体中心建设已全面展开，基层媒体充分发挥其贴近群众生活的优势，为现代传播体系的建设与完善注入更多活力，在全方位服务群众的同时，丰富主流媒体自主可控平台的功能，实现由舆论阵地向治国理政新平台的跨越。

二、正确处理好影响媒体融合发展的四大关系

2019 年 1 月 25 日，中共中央政治局在人民日报社就全媒体时代和媒体融合发展举行第十二次集体学习，习近平总书记主持学习并发表重要讲话。他指出："推动媒体融合发展，要统筹处理好传统媒体和新兴媒体、中央媒体和地方媒体、主流媒体和商业平台、大众化媒体和专业性媒体的关系，不能搞'一刀切''一个样'。要形成资源集约、结构合理、差异发展、协同高效的全媒体传播体系。"① 在媒体融合实践中，如何处理好这四个方面的关系，对于正确把握媒体融合的发展方向影响至深，值得我们结合实践中的经验教训深入思考。

（一）传统媒体和新兴媒体的关系：技术迭代及理念更新

通常而言，媒体融合语境下的传统媒体是指使用报纸、广播、电视等传统的传播渠道和终端从事公共性传播活动的媒体机构；而新兴媒体是指基于现代信息技术和互联网技术而发展起来的新的传播渠道和终端，以及运营这些渠道和终端上的相关应用的机构。在实践中，由于在我国这两类机构通常具有不同的经济属性和运营原则，也有人用这组概念指代不同经济性质的信息传播机构。习近平总书记提出的媒体融合四大关系的语境，更强调技术迭代带来的二者之间的差异，因此，这组概念在此处的主要含义是指不同的传播渠道和终端。

随着传播技术的持续进步，新兴媒体替代传统媒体是一个基本趋势。移动传播体系的出现，加速了这一进程。移动互联网和智能移动终端的普及与广泛应用，使得"信息无处不在、无所不及、无人不用，导致舆论生态、媒体格局、传播方式发生深刻变化，新闻舆论工作面临新的挑战"②。作为一个现代传播机构，无论它曾经使用什么传播技术手段、运营什么渠道和终端，学会掌握运用新技术新渠道，都是题中应有之义。在我国，对于原本主要是运用传统媒体技术从事传播活动的主流媒体机构来说，在新的信息技术革命面前，它们也面临传播技术现代化的任务，在迅速发展的移动传播技术以及与之高度匹配

① 习近平. 习近平谈治国理政：第三卷［M］. 北京：外文出版社，2020：318.
② 同①317.

的大数据技术、人工智能技术带来的移动传播趋势面前，"要坚持移动优先策略，建设好自己的移动传播平台，管好用好商业化、社会化的互联网平台，让主流媒体借助移动传播，牢牢占据舆论引导、思想引领、文化传承、服务人民的传播制高点"①，要"探索将人工智能运用在新闻采集、生产、分发、接收、反馈中，用主流价值导向驾驭'算法'，全面提高舆论引导能力"②。

　　具体而言，我们可以将"传统媒体"和"新兴媒体"看作是主流媒体机构在不同时期使用的不同传播渠道和终端，那么它们之间的关系，就是基于新技术的传播体系逐步替代基于旧技术的传播体系的关系。在过渡期，我们应当借助主流媒体机构所掌握的在传统媒体渠道与终端上的优势，如受众规模、品牌影响力等，支持主流媒体机构在新的基于互联网的传播渠道和终端上的发展，实现"优势互补"和传播资源的战略转移。在这一过程中，"坚持一体化发展方向"是一个正确选择。也就是说，在实践中应当基于原有的主流媒体机构，借助其既有的内容生产能力、社会公信力等优势，推动它们向"新型主流媒体"升级迭代。正如习近平总书记所要求的"通过流程优化、平台再造，实现各种媒介资源、生产要素有效整合，实现信息内容、技术应用、平台终端、管理手段共融互通，催化融合质变，放大一体效能，打造一批具有强大影响力、竞争力的新型主流媒体"③。

（二）中央媒体和地方媒体的关系：体系内分工

　　在媒体融合发展初期，各级各类媒体机构表现出极大热情，"八仙过海，各显神通"。但是由于对新兴媒体发展规律的认识不够深刻、把握不够精准，也出现了"各自为战、缺乏协同"的情况。整体而言，在媒体融合发展实践中，暴露出单一主流媒体机构在互联网上发展新兴媒体的能力不足、资源不足的问题。因此，"要抓紧做好顶层设计，打造新型传播平台，建成新型主流媒体"④，这一指示就显得十分必要和及时。

　　通过观察分析媒体融合实践，我们认为，必须根据互联网发展的趋势和特点，明确"打造新型传播平台，建成新型主流媒体"的战略目标，并根据这一

---

① 习近平．习近平谈治国理政：第三卷［M］．北京：外文出版社，2020：318.
② 同①.
③ 同①317.
④ 同①319.

目标，分解中央媒体机构和地方媒体机构在建设现代传播体系中的任务。对于中央主要媒体机构，应当明确它们"打造新型传播平台"的任务，并为此配置充分而必要的各方面资源；对于多数有条件的省级媒体集团，应当在整合力量的基础上，赋予它们"建成新型主流媒体"的责任，并经由它们基于互联网的技术平台，支撑各自区域内的县级融媒体中心的建设和运营，同时为现有的地市级媒体机构的新兴媒体发展提供技术支持。而地市级媒体机构和县级融媒体中心，在技术上应当依托中央或省级互联网应用下沉的契机，聚合起本土经济、社会各方面的资源，切切实实打造好"服务群众""服务人民"的工作平台，成为主流媒体机构自主可控的新型媒体平台的信息传播及服务的端口和用户入口。通过这样的分工，我们有可能建立起一个以主流媒体平台为核心的现代传播体系。

（三）主流媒体和商业平台的关系：竞合关系

在我国媒体融合的语境里，"主流媒体"通常是指拥有新闻信息采集、发布全资质，组织上接受各级党委和政府直接领导的新闻媒体机构；而商业平台通常是指民营企业在互联网上运营的海量用户平台，这些平台因其用户数量多、影响范围大、传播速度快而拥有社会动员能力。客观上，在我国信息传播领域，目前形成了主流媒体机构生产的内容主要通过商业平台在互联网上分发的格局。

在媒体融合实践中，主流媒体从"借船出海"，即强调基于商业平台实现借力发展，借助商业平台扩大主流舆论的影响力，发展为今天的"借力造船"，即努力建设自主可控平台。这给现有格局及主流媒体与商业平台的关系带来了深刻影响和重大变数。我们认为，习近平总书记指出的"我们推动媒体融合发展，是要做大做强主流舆论，巩固全党全国人民团结奋斗的共同思想基础"①，这作为媒体融合的根本宗旨不能变、不会变。我们对于主流媒体与商业平台关系的认识，应当建立在这一原则基础上。

从这一原则出发，结合我国互联网发展的实际，我们认为，主流媒体与商业平台的关系，应当是主流媒体牢牢掌握舆论场主动权和主导权的前提下的合作关系、互补关系、共生关系。

---

① 习近平. 习近平谈治国理政：第三卷［M］. 北京：外文出版社，2020：316.

在我国，主流媒体担负着重要的政治责任，是党和政府治国理政的重要工具，在互联网环境下这个作用只能继续得到加强，而建设主流媒体自主可控平台就是不可或缺的手段。在平台建设中，商业平台的探索及其积累的技术和经验是一笔重要的财富，应当通过双方合作实现共享。

在互联网信息分发领域，短期内，商业平台作为主要渠道的地位不会改变。因此，主流媒体仍然需要继续"借船"；而商业平台分发的权威信息、优质内容，仍然应当主要依靠主流媒体机构提供，这种互补关系也将继续存在。

从我国经济社会发展需要看，由于互联网商业平台大都是生态级平台，在分发新闻等公共性信息之外，还担负着通信、社交、电商、本地服务等多种社会功能，客观上具有经济与社会发展新动能发动机的作用，有必要保护它们在合法经营前提下的健康发展。因此，主流媒体的自主可控平台将与商业平台在互联网上长期共生。如同国有企业和民营企业都是我国经济的重要组成部分一样，新兴主流媒体平台和商业平台都是我国互联网生态的重要组成部分，也是我国社会生态的重要组成部分。

（四）大众化媒体和专业性媒体的关系：业务分工

大众化媒体一般是指以普通公众为传播对象的媒体机构，相对专注于特定领域的专业性媒体而言，其报道范围广、用户数量多。这两类媒体机构具有不同的资源禀赋，在媒体融合即主流媒体互联网化的过程中，必然会走上不同的路径。

在互联网平台化发展的趋势作用下，原来的传统媒体机构面临的主要选择有两大可能：用户规模较大的大众化媒体，具有发展成为综合型平台或端口的潜能；而专业性媒体更有可能向综合型平台的专业内容供应商和专业领域服务运营商转型。在我国媒体实践中，已经不乏这种根据自身特点选择转型路径的实践。例如，《中国水运报》在确保内容独到、思想独家、观点独特的基础上，不断提升自身服务能力及服务价值。不仅将原有的广告及信息传播服务拓宽至新媒体传播制作、舆情监测、公关活动、书刊出版等多元媒体业务，还进一步探索开展信息咨询、调查统计、课题研究、技术咨询评估等更丰富的专业性服务。[①]

---

① 施华. 行业媒体高质量发展路径思考：以《中国水运报》"三位一体"改革创新为例［J］. 新闻前哨，2019（3）：34 - 35.

习近平总书记提出的媒体融合当前要处理好的四大关系，抓住了媒体融合发展的主要矛盾和关键环节，是给媒体融合的实践者和研究者提出的重大课题。我们应当深入研究、把握这四大关系的本质和相互作用方式，正确处理这四大关系，加速建设资源集约、结构合理、差异发展、协同高效的全媒体传播体系。

第四节 传播逻辑：从需求驱动到需求参与双驱动

一、传播关系：全员参与对社会信息交互的推动作用

（一）互联网的普遍赋能作用

"赋能"源于组织管理中领导对员工潜能的调动和激励，现在越来越多地被应用到社会公共事务中。在中文语境中，"赋能"与"赋权"有时会被混用于描述资源或机会从较为丰富的一端传递到较为匮乏的一端的过程。借助积极自由和消极自由的视角可以发现，"赋能"提供了获得自由的现实条件，而"赋权"只是提供了相关的机会。互联网通过缩小信息差距来提升社会成员获得资源的机会和能力，因此具有"赋能"作用。简言之，互联网带来的是技术进步驱动所产生的能力，而不是制度或契约所认定的权力。具体而言，互联网的普遍赋能作用体现在信息传播、社会交往和经济交易三个方面。

第一，在信息传播上，互联网的开放接入释放了全社会的内容创造力和传播力，互联网环境的平等表达让信息传播方式从单向满足变为双向参与，每个人都成为显在或潜在的传播者。对于普通用户的赋能体现为生产环节赋予更多的发布权，以及消费环节赋予更多的选择权，使用户参与积极性大大提高。在社会普遍信息化的背景下，信息差带来权力差，所以信息赋能可以延伸为更多的社会赋能。

第二，在社会交往上，多元文化在互联网公共空间中交汇，产生跨越人群和阶层的交流互动，成为社会共识达成的推动力。在社会转型期，社会成员的人群结构处于变动状态，不同人群的价值取向和利益诉求存在明显差异，甚至存在冲突，而良性的社会秩序需要以大多数社会成员的共识为基础。实际上，跨越既定群体的交流互动不仅有利于增进社会共识，也有利于不同人群加深自

我认识。对于边缘人群，在公共场景下被看到和被认可，可以带来自信的正能量；而对于主流人群，则是拓宽眼界、丰富阅历的机会。

第三，在经济交易上，当互联网提高了信息流通和人际交往的效率和质量，自然而然就形成了培育信任的土壤，为发展电子商务奠定了基础。电子商务对信息流、客流、资金流和物流的整合，是互联网平台多边价值交换的最典型应用之一，由此形成了新的盈利模式、就业岗位和社会效益。除普通电子商务平台，在移动传播时代，社交平台、内容平台都运用算法推荐来匹配供需双方，基于趣缘建立信任机制会更高效，而信任机制是经济交易达成的关键。短视频电商是基于媒体内容建立交易信任的典型，而且短视频拆除了文字读写能力的门槛，所以已经被广泛应用到各类精准扶贫项目中。

（二）从需求驱动到需求参与双驱动

以互联网的普遍赋能作用为基础，互联网用户的身份认同和行为方式投射到了媒体受众中，"受众"作为大众传播学的经典概念已难以适应互联网中的媒体实践。与之相应，媒体供给也从传统媒体时代的"发稿截止""一稿定终生"演变为"实时更新"。更重要的是，支持用户参与、运营用户社群已经从互联网原生媒体的特色发展为所有想要在互联网市场中获得一席之地的媒体机构的业务标配。简言之，获得普遍赋能之后，互联网用户的参与已经与信息需求本身一样成为互联网时代媒体运行的驱动力。

在大众传播时代，管道型、从点到面、需求驱动的传播模式，是专业媒体按照其对大众用户需求的理解，面向大众用户提供信息和娱乐，大众用户处于被动接收的地位。互联网普遍赋能背景下的全媒体传播，以全员媒体为最重要的社会特征。其显著表现之一就是从单纯的需求驱动传播发展至目前的需求和参与双管齐下，整个传播过程也由单向结构变成多向结构。这样的双驱动模式，不仅能让媒体更好地满足用户的需求，而且为用户参与到传播过程中提供了条件。

在内容生产中，新技术赋能使个体的自我表达需求得以实现、自我表达的能力得以增强，民众记录生活、自我表达的意愿得到满足。普通个人参与到内容生产中来，也促成媒体行业内容生产的变革。在内容分发中，算法推荐满足个人化信息需求，社交推荐创造趣缘社群，个体和群体不同层面的信息接收方式形成更为丰富的传播关系。概言之，需求参与双驱动颠覆了大众传播时代由

"专业精英"把关、以一对多"广播"的信息传播形态,人类传播方式和传播关系发生了深刻变革。

二、传播方式：智能化带来传播全过程的变革

(一) 信息采集智能化：从采集信息到采集数据

智能化的信息采集一方面着眼于在 5G、物联网等技术的支持下,依靠智能机器实现对外部数据更加高效、智能的采集;另一方面通过人工智能技术对"全员媒体"产生的信息内容进行数据化。利用大数据技术、知识图谱系统的指示标签系统,对信息内容进行精准识别和标签化处理,并运用自然语言理解和机器阅读理解等技术,对信息进行分解,以完成"信息数据化"过程,以此来实现对社会各类信息的全范围采集和数据化,为建立内容丰富、功能强大的内容数据库提供原料。

(二) 信息生产智能化：从人工生产到机器生产

数据可视化处理和信息智能化生产已广泛应用于媒体的内容生成。在过去,人类大脑对通过感官接收到的讯号进行"黑箱化处理"并做出判断,这种"黑箱化"的处理体现了大脑对采集来的信息的自然理解过程;而在未来依托机器进行对数据的智能采集时,需要对采集来的数据进行可视化处理,以便让用户能够读懂数据。数据可视化处理主要通过自然语言生成和计算图像生成等技术来实现。自然语言生成技术基于大规模的数据集构建叙事,可以实现集成关键词、优化搜索引擎和为用户批量提供个性化的内容。未来的信息智能化生产有望在人工智能技术的支撑下,进行更多尝试。例如,借助新闻机器人整合新闻信息、自动为用户推送新闻内容;借助生产机器人使媒体机构的日常流程实现自动化。又如,利用短视频合成虚拟环境技术实现多媒体内容的多元呈现,让新闻的呈现方式更加智能化、互动化,提升用户的交互体验。

(三) 信息分发智能化：从千人一面到千人千面

从 PC 网络时代开始,信息生产和传播的门槛快速降低,社会普遍信息化使互联网上公共信息的存量和增量都急剧增大。进入移动网络时代,信息终端的便携性促进了媒体使用的场景化,移动终端的私人性质增强了信息需求的个人化,两者的交互作用使得互联网应用平台得以采集和储存海量的用户数据,使得满足用户个人的信息需求成为需要和可能。用户个人因此成为信息传播的主导者,并且成为随时随地产生数据的泛在化主体。由此,社会普遍信息化从公共领域扩展到

了个人生活领域。这不仅意味着社会信息总量的剧增，其中日益丰富的用户行为数据还促成了传播模式的迭代——大众传播模式正在向个人化的精准传播模式演进。社会信息传播的深度、广度及效率，由此进入新的层级。在实践中，传播模式的重构，导致媒体业在移动传播时代面临新挑战——海量信息与个人需求的匹配。目前，推荐引擎驱动的个人化信息服务是应对该挑战最为有效的方法。

（四）信息接收智能化：从传统渠道到移动优先

在信息的智能化接收方面，新技术条件下的媒体机构将依托拥有多种终端播控技术和播控权的综合优势，主要通过信息接收终端设备的智能化来实现。从国内外现有实践和研究的成果来看，AI芯片组的应用，为终端设备智能化的实现提供了可能。在此基础上，在各类终端系统上搭建未来的"AI媒体入口"，通过在终端对用户所接收的信息进行智能分析，对内容进行审核与过滤，通过向用户发出提示信息等方式，培养用户良好的媒介使用习惯，以营造健康的媒介环境。在这一过程中对用户行为数据的收集，能够有效地丰富用户数据库。只有将智能接收与智能分发有机结合，才能在最大限度地满足用户需求的基础上，保证用户接收信息的全面性，实现个人化的需求与社会整体利益的一致性，更好地传递主流价值观。

（五）信息反馈智能化：从延时模糊到即时精确

智能化信息反馈的目的是，使信息生产者和信息分发平台的运营者能够及时了解信息的传播效果和传播路径，从而对信息生产和分发环节进行相应调整，提升信息的生产和运营效率。智能化的信息反馈，主要通过对传播效果数据的挖掘、分析以及对传播路径的分析来实现。未来，媒体将主要以两种方式取得反馈数据：对于部署了"AI媒体入口"的智能化终端，自动化地反馈数据；对于其他终端，则通过数据抓取的方式来获得更多的反馈信息。媒体数据中台的多终端的实时运营数据和传播效果评估数据都应纳入智能反馈数据库中。

第五节　商业逻辑：从流量变现到用户变现

一、媒介经济规律演进

（一）从注意力经济到平台经济

注意力经济是大众传媒时代的媒介经济基础。在以一对多的大众传播模式中，媒体机构获得商业利润的前提条件是获得大量的受众注意力，再将这些注意力以广告费的方式销售给需要扩大知名度的商业客户，以媒介为中间桥梁的双边经济由此形成。在这种模式下，媒体机构和广告商都无法确知究竟是谁、在哪里对媒体产品产生了兴趣。传统的广告效果测量方法存在两方面局限，一是无法真实记录注意力产生的瞬间效果，二是无法具体反映每一个体的感知效果。因此，媒体机构和广告商对注意力资源的认知具有时间滞后性和群体模糊性。

受到传播形态的影响，大众传媒时代的媒介经济只能通过受众和广告的双边市场来实现价值变现，其原因在于媒体产品和服务被局限在单一的传播介质中，报纸、电视、广播都是只具有媒体功能的产品或服务。显然，这一形态在互联网时代被打破，门户网站、搜索引擎、社交网络等可以提供的服务远超过媒体功能。而当其中一些服务主体发展为可以提供多种服务的互联网平台时，媒体功能只是作为其中之一。

平台经济有多种定义方式，从互联网平台的实践来看，其内涵主要包括对多种资源要素和参与主体的整合。互联网平台最初所扮演的信息服务商角色，通过打破传统媒体的传播渠道垄断，形成去中介效应，截流了受众注意力和媒体广告费。之后，这些服务商将多种垂直应用联结成为生态级平台，形成多边优势互补和多元价值交换的平台经济，通过满足互联网用户的多样化需求，获得较强的用户黏性，从而促成平台运营的整体价值变现。这就是平台化的过程。完成平台化发展之后，它们将去中介效应从媒体产业延伸到更多的线下传统领域，构建面向社会多个领域的互联网服务体系。

对于国内的阿里巴巴、腾讯及国外的 Facebook 和 Google 这样的具有行业领先地位的互联网公司，"多边平台商业模式"是它们共同的运营逻辑——通过促进各边参与者的互动而创造价值。具体而言，它们通过多元化服务吸引尽可能多的用户，利用大数据技术对多样态业务中产生的内容数据和用户数据进行分析和挖掘，再基于数据实现精准化的信息传播、文化娱乐和生活服务乃至商品销售。目前，无论是用户数量还是业务范围，这些平台都已形成生态级规模。这类互联网平台的主导者往往不直接生产内容，但通过提供多样态产品和服务，可以获得比受众注意力更具商业价值的用户黏性。

平台经济产生于其支持各边参与者交往的中介价值。媒体是社会信息的中枢和传播活动的中介，在这个意义上，媒体天然应该成为平台。在互联网时代，尤其随着数据技术的发展成熟，媒体正在由"信息总汇"转向"数据总汇"，更多类型的信息传播主题和资源要素可以以数据形式汇聚到媒体平台上，媒体机构将借助平台建设，重回社会运转的中枢地位。

（二）从大众传播到精准传播

在移动互联网时代，互联网的使用方式更加丰富、使用主体更加多元。各种主体在使用过程中产生的数据在规模和类型上都远超互联网时代的状况。更重要的是，随着移动传播体系的形成，移动终端的普及使互联网使用行为更加私人化，移动应用的丰富提供了更为细分的互联网服务功能，而各类型应用平台的发展加深了互联网应用与大众日常生活的联系。在此背景下，如何实现对海量信息和个性需求的准确、高效匹配，成为移动传播行业亟待解决的问题。

移动传播体系的形成，带来了即时性的数据传输、个人化的数据生成和综合性的数据分析能力，而支持这三种能力的移动终端、移动网络和移动互联网平台，构成了数据生成和流通的闭环，同时也是用户价值变现的闭环。数据闭环的建立，还可以缩短商业决策的周期，提高商业活动的效率。在此基础上，产生了精准传播这一新型商业营销手段，进而可以解决商业营销传播长期以来的痛点——传播效果的准确测量。

精准传播的核心是用精准分发取代千人一面的大众传播的信息分发模式。在我国移动传播市场中，精准传播的实践尚处于起步阶段，典型代表是基于算法推荐技术的新闻资讯聚合和分发平台。对于主流媒体来说，精准化的瓶颈在于大数据的聚合和处理能力。突破这一瓶颈需要完成三项革新。其一，用内容数据库取代传统媒资库，对原创和聚合的内容进行面向用户的标签化处理，使其成为具有高效响应能力的供给侧资源。其二，建设动态用户数据库，实时跟踪用户需求变化，基于使用场景丰富用户标签。其三，采用智能传播技术，提高供给侧与需求侧的匹配效率和质量，降低数据运营的成本，实现可持续的移动化转型。

二、传媒商业模式重构

商业模式创新的本质是建构更多的用户变现方式。在过去一个阶段的媒体融合发展中，由于未能充分掌握互联网传播规律，大部分传统媒体的融合发展尚未达到党和政府期待的水平，也无法应对来自互联网产业的挑战。在当下的媒体产业格局中，主流媒体进行商业模式创新的动因有二。

其一是信息传播方式从一对多的大众传播向个性化的移动传播演进，而广告是基于大众传播模式的媒体盈利方式，所以必然向精准化转型。导致传统媒体广告收入下滑的另一个原因是互联网平台的去中介化效应，互联网用户的注意力集中到内容分发平台，原创内容媒体随之失去了在广告市场中的议价能力。

其二是新型传播技术和数据技术带来了媒体商业运营的新契机，例如基于数据库技术的精准营销，再如实时互动与在线支付相结合的用户打赏。尽管商业媒体拥有技术优势，但建立新型媒体商业模式仍然需要优质原创内容和品牌影响力的支持，领先发展的主流媒体已取得了一定成绩，且仍有较大发展空间。

（一）精准信息服务

在移动传播体系下，作为互联网平台的新型主流媒体的商业逻辑将转变为基于数据库的对用户个体价值的变现。新型主流媒体的商业模式将主要体现为精准营销和数据库电商方面的创新。移动传播体系的形成和互联网应用的平台化，带来了即时性的数据传输、个人化的数据生成和综合性的数据分析能力，而支持这三种能力的终端、网络和平台构成了数据流通的闭环，这同时也是用户价值变现的闭环，通过有效利用数据资源，可以缩短商业决策的周期，提高商业活动的效率。因此，数据库运营是未来媒体商业模式重构的关键，它决定着内容数据资源、用户数据资源是否可以有效变现。在商业信息传播服务方面，基于数据库的商业信息的精准推送可以解决大众化的商业营销传播长期以来的痛点——传播效果的准确测量和传播资源的浪费，未来可以取代传统广告。在数据库电商方面，通过建立强大的供应链和借助数据库能力对用户需求进行精准把握，将供应链数据库与用户数据库匹配、打通，就能够在精准把握用户需求的基础上实现数据库电商。

从媒体融合发展的趋势看，主流媒体必将通过自身的互联网化，形成以互联网为基础连接的生态级媒体平台，在这一平台上，通过运营各种垂直应用，向所在区域的用户提供多样化的服务，在服务过程中发现用户需求，提升用户黏性，生成用户数据，并聚合其他各类数据，成为特定区域的数据总汇。这种大数据的积累，在商业领域就可以用来借助数据分析找到消费者，并通过平台的触角与消费者进行沟通，从而进一步确认消费者的购买行为，满足工业4.0模式下生产定制化在产品生产之前确定买主的需要。这种依托大数据技术实现的商品定制化生产和精准销售，能够有效降低生产成本，并通过信息流、商业流、用户流、货物流以及现金流的交互，发展成能够适应工业4.0模式需要的、具有平台经济特征的新型媒体商业模式。

（二）媒体电商

基于对中国的媒体融合发展和媒体产业转型的长期跟踪观察与多角度深入研究，我们认为，媒体电商是未来媒体的主要商业模式。这一判断不仅可以在媒体管理和传媒经济的理论推演中成立，事实上也已经被一些媒体电商先行者的实践成果所证实。在世界范围内，美国的《纽约时报》和英国的《卫报》已开始发展媒体电商业务。

为什么媒体可以做电商？与其他社会电商形式相比，媒体电商的优势包括：丰富的用户资源、广阔的社会资源、以媒体公信力和权威性为后盾的品牌力。与此同时，媒体人先天拥有的平台思维、策划思维和产品思维，也能够在产品营销方面形成独特的竞争优势。实际上，从广告到电商，从帮人卖到自己卖，媒体人只不过是把自己的产业链向前推进了一步。

为什么媒体必须做电商？首先，在新的传播技术的冲击下，新的传播格局正在形成，传统媒体旧的商业模式正面临严峻的挑战；而新的经济环境，加剧了传统媒体所面临的危机。传统媒体一方面需要创新商业模式，创造商业价值，以维持生存；另一方面更需要稳固现有受众，并把他们转化和培育成对媒体平台具备更高忠诚度和参与度的用户群体。其次，实践证明，媒体融合的实质应该是传统媒体的互联网化，而媒体电商的目标就是打造媒体与电子商务融合共生的营销平台，这恰好能够契合国家的媒体融合战略对传统媒体转型的要求。

开展媒体电商业务的意义和价值，还在于它为传统媒体提供了重建用户连接从而实现用户价值变现的新途径。在大型互联网平台的冲击下，传统媒体不但失去了具有一定垄断性质的信息分发渠道，更失去了与目标受众群体的直接联系。在传统广告模式中，内容价值和受众注意力是媒体价值变现的关键，但这两个要素的价值都在快速缩减。而在媒体电商中，内容生产力可以为电商产品附加文化创意价值，受众注意力可以变成用户购买力，不仅能够直接帮助媒体实现用户价值变现，还可以增加与用户的接触点，积累用户数据，增强用户黏性。

根据媒体平台对内容、用户和商品这三项要素的不同整合程度，我们将媒体电商划分为内容电商和数据库电商两个阶段。就目前而言，主流媒体的电商业务大多处于整合内容创意与商品销售的初级阶段，而数据库电商需要以强大的用户数据库运营能力为基础，所以主流媒体的技术能力仍有待提升。

（三）知识付费

知识付费是作为内容生产者的媒体与作为消费者的用户之间直接进行价值交换的商业模式，相比于广告和电商，知识付费商业模式是对文化传承者和知识创造者的社会职能的回归。而在移动传播时代，这一回归有四方面背景因素：一是我国居民的消费习惯升级，可以且愿意支付学历教育之外的知识消费，如在线教育和付费阅读，以及更加个人化的娱乐消费，如家庭大屏端和移动终端上的付费视频。二是以支付宝和微信支付为代表的移动支付工具已经渗透到各类互联网应用中，使在线支付更加便捷和安全。三是互联网中内容市场的激烈竞争催生出差异化、精品化、具有付费价值的精品内容，其中也有传统媒体人转型互联网内容创业的贡献。四是监管层面加强对数字内容的版权保护，也随之提升了民众的知识产权意识和付费意愿。根据产品形态，互联网内容付费的类型可划分为：视频付费、文学付费、问答付费、电台付费、音乐付费和资讯付费；但基于媒体融合的趋势，且就主流媒体商业模式的转型方向而言，也可把用户付费的媒体产品分为知识类和娱乐类。

（四）媒体智库

媒体机构不仅是社会现象的报道者，更是社会现象的研究者。这类机构所运营的各种媒体，作为智库的信息交互平台，既是各类调查研究成果的载体，也是这些成果到达需求者的渠道，更是媒体机构了解社情民意的触角。智库作为媒体机构的大脑，要发现、分析社会问题乃至各领域的专业问题，不仅能围绕各类问题来生产新闻产品，而且可以衍生出研究报告等产品。

传统智库的收入通常主要来源于政府的资助和会费，智库成员往往来自专家团队。而媒体智库则有所不同，它通过 App 应用社区互动等方式面向公众和企业，资金来源更商业化；媒体智库的成员来源于对一个行业有深刻理解并拥有人脉的编辑和记者。更重要的是，媒体可以打通方方面面的数据资源，构建自身的数据渠道，以数据资源升级智库功能。

媒体智库的运营路径各有不同。过去的一段时间，主流媒体的智库未能脱离传统智库的窠臼。而南方报业传媒集团以转型为智库型媒体为目标，将智库化覆盖到媒体各个环节，包括专业新闻工作者的信息采集和分析能力，还包括品牌资源、社会联系等。这是一种带有商业模式探索的新尝试，既提供新的内容产品、新的服务，也做到了产业链的延伸。媒体向智库转型，意味着媒体不仅仅是报道者，更是研究者，不仅仅生产新闻产品，更衍生出研究报告等智库产品。

智库型媒体能否持久发展，取决于它能否形成以互联网为基础的商业模式。打造智库型媒体，意味着媒体对新的社会环境、新的社会信息的传播关系变化的自适应。比如，随着5G时代的到来，万物互联的趋势日渐明显，人们对外部世界的认知方式可能会因为5G而有新变化，许多认识和判断或将建构在数据分析的基础上。此外，以往传统智库主要服务于政府政策制定和大中企业的需要，而新型媒体智库需要响应更多社会生活领域的决策咨询和数据分析需求。因此，以建立智库为目标的媒体商业模式创新，需要在传统内容生产的基础上拓宽信息资源种类，建立起可供社会和经济决策研判的数据库资源。

第二章　主流媒体的融合发展实践

2014年8月18日，中央全面深化改革领导小组第四次会议审议通过的《关于推动传统媒体和新兴媒体融合发展的指导意见》指出，"推动传统媒体和新兴媒体在内容、渠道、平台、经营、管理等方面深度融合"①。作为具有国家战略意义的指导政策，该文件所提的内容、渠道、平台、经营、管理五个方面在后续政策中被保留。通过对各级各类媒体单位的深入调研，我们发现这五个方面已成为主流媒体融合转型的主要实践方向。

实践表明，这五个方面并非平行关系，它们以平台融合为中心，形成一套内在关联的实践系统，其关系如图2-1所示。当互联网平台服务渗透到社会生活的各个方面，平台社会逐渐形成，在此背景下展开的媒体融合实践也以平台融合为中心——主流媒体通过建设自主可控平台实现数据和资源的聚合。内容融合、渠道融合、经营融合的目标分别是提升主流媒体平台的原创与聚合能力、分发与连接能力、管理与盈利能力，而管理融合则是通过建立规则和制度保障平台正常运行。

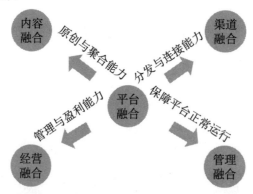

图2-1　媒体融合的五个方面及其内在关联

---

① 推动传统媒体和新兴媒体融合发展指导意见审议通过［EB/OL］.（2014-08-21）［2021-05-23］. http://culture.people.com.cn/n/2014/0821/c172318-25511854.html.

本章将基于对主流媒体的实践经验总结，首先从时间维度梳理主流媒体融合发展的历程，并归纳为融合坐标、融合平台、深度融合、融合体系、融合科技五个阶段性主题；随后五节内容则以融合的五个方面为线索，基于主流媒体已取得的代表性实践成果展开经验总结。

第一节 主流媒体融合发展的实践历程

现代信息技术和互联网的发展深刻改变了社会结构及其运行方式，形成了互联网与现实世界融为一体的平台化社会。具有较高市场权力的互联网平台带来的既有对民众的普遍赋权，也有对媒体市场及产业格局的挑战。在我国，主流媒体长期在媒体市场中占据重要位置，受到互联网的冲击也极大。自2014年媒体融合正式成为国家战略以来，各级各类主流媒体以不同方式和节奏展开对互联网时代平台化社会的自适应。而在媒体融合政策正式实施之前，已有少数主流媒体认识到数字化转型这一迫切需要，国家战略的出现则进一步提高了它们的转型效率，如人民日报社、浙江日报报业集团（简称"浙报集团"）、湖南广电等。政策颁布至今，媒体融合已经历初步探索、深度攻坚及体系完善等不同阶段，每个阶段都存在其特殊的机遇与挑战。诚然，全国各级各类主流媒体的融合进程无法统一，此处的阶段划分主要依据在行业中处于领先位置的主流媒体的实践。

一、2015—2016年：寻找融合坐标

2014年8月18日，媒体融合正式成为国家战略，传统媒体与新兴媒体的融合发展成为此后一段时期内主流媒体的核心实践命题。此后一年中，各级各类主流媒体在其业务范围内展开的新媒体探索显著增多，通过引入新技术、新设备、新机制对内容生产方式和产品形态进行改革。具有一定资本实力的主流媒体单位开始尝试将之前仅作为办公辅助的支持团队升级扩展为具备内容生产和技术研发功能的技术部门。相应地，主流媒体开始与互联网公司在技术人才招聘中展开竞争。而在管理机制上，受到互联网创业热潮的影响，一些经济较发达地区的主流媒体集团尝试以工作室为单位的新媒体项目孵化，鼓励媒体行

业资历较深的老员工与互联网体验较多的新员工相互协作、取长补短。

在媒体融合战略提出之时，我国互联网产业也在"大众创新，万众创业"的政策激励下进入快车道。媒体行业所提供的信息内容和文化娱乐服务恰恰也在互联网市场中占据较大份额。在创新创业政策的促动之下，大批以媒体服务市场为目标的内容创业者出现在微博、微信、今日头条等内容聚合及分发平台上；平台一方为扩大内容供给、吸引更多用户、增强用户黏性，积极推出针对内容创作者的扶持政策。在此背景下，海量民间创作者与强势互联网平台共同构成了给专业媒体带来巨大竞争压力的自媒体行业。自媒体内容尽管在专业性、权威性上无法与专业媒体相比，但却胜在数量大、种类多，以及由草根创作带来的亲民属性。此外，微信在 2015 年春节通过红包将用户市场扩展到以往互联网应用未能触达的中老年人群，在用户规模的支持下，基于熟人社交场景的内容分发进入快车道。与此同时，今日头条所代表的基于算法推荐技术的个性化分发也在 2015 年前后开始普及。概言之，当媒体融合的课题进入主流媒体决策者视野之时，互联网产业对媒体行业的冲击已同时发生在内容生产和内容分发两个环节。因此，在媒体融合战略助力主流媒体转型之际，我国互联网媒体产业也步入了新的发展期。

面对互联网市场的快速发展，在融合发展初期，主流媒体面临的最大问题在于缺乏自上而下的顶层设计和长期可持续的战略规划。一些在数字化转型方面已有积累的主流媒体所做出的探索，例如升级技术团队、创新管理体制，可视作主流媒体融合发展的起步点。它们的探索经验随之成为指导其他主流媒体启动融合实践的坐标点。总体而言，2015—2016 年，我国传统媒体与新兴媒体的融合发展已经从终端融合、渠道融合，进入业态和商业模式融合的阶段。在下一阶段中，主流媒体面临的任务是如何运用新的渠道，掌握新的工具，构建新的平台，以及如何通过新的平台抓住用户。

二、2016—2017 年：建设融合平台

在这段时期，我国媒体融合工作的推进速度明显加快，传统媒体与新兴媒体的融合发展不断深入，合作形式不断增多。但客观来说，媒体融合的实效，与中央对主流媒体通过媒体融合来占领网络舆论阵地的要求还有较大差距。进一步推动媒体深度融合，必须顺应互联网正在成为社会基础连接这一新形势和

新环境，在"互联网＋"的基础上，实现以平台化为特征的媒体深度融合。

此时的互联网市场中，各类平台的迅速崛起带来传媒业整体格局的剧变。2016 年，今日头条的用户过亿，而微信的用户已达 7.68 亿。各类互联网内容平台聚合了海量信息、内容和用户。在此背景下，传统主流媒体只有通过互联网化转型实现媒体深度融合，建成自主可控的平台型媒体，才能够拥有强大的用户吸附能力和用户黏性，从而建立起与外界的全面连接，完成夺回网络空间舆论主导权的政策使命。

主流媒体融合发展的实践大多从内容融合和渠道融合起步，当内容创新和渠道拓展日趋完善时，媒体融合发展的瓶颈也随之而来。内容和渠道的多样化并不能从实质上改变媒体的现实困境，既不能帮媒体留住不断流失的用户，也未能建成新的商业模式以使媒体摆脱对广告模式的严重依赖。在传统媒体与新兴媒体融合发展的过程中，主流媒体如何继续掌握舆论主导权，如何吸引海量用户，如何创新商业模式，在解决这些问题的过程中，越来越多的媒体开始意识到，平台融合才是媒体融合发展的关键。

随着媒体融合实践向纵深推进，平台融合已经成为我国媒体融合实践的关键词。主流媒体在对平台融合的必要性和重要性认识方面显然已经达成共识，多家主流媒体开始布局或加强平台建设。但由于各级主流媒体的发展定位不同，各个媒体组织的资源禀赋也存在较大差异，所以主流媒体构建的平台也呈现多种不同的样态，主要可以分为各具特色的五个类型：生态级媒体平台、内容平台、渠道型平台、服务型平台和管理平台。

媒体融合国家战略中要求的"内容、渠道、平台、经营、管理"这五个方面中的内容、渠道和平台，从本质上可以与传播学意义上"媒体"的三种解释相对应：作为文本、音视频或多媒体形态的媒体内容，作为传播介质的或有形或无形的网络渠道，以及规模化和专业化从事媒体生产的组织平台。对于中国的传统媒体来说，以十余年来的数字化和网络化转型成果为基础，前两个方面的融合已基本完成。目前，媒体融合进入到平台化阶段，而且当下的平台化实践对紧随其后的经营模式重塑和舆论管控都将产生深刻影响。因此，平台战略可以看作实现媒体深度融合的关键所在。

纵观国内外传媒产业的发展，互联网语境中媒体平台的运营规律似乎已经为各类互联网平台所定义——社交型、搜索型和聚合型。诚然，从一般的互联网平台的运营角度出发，传统媒体组织构建的媒体平台，在用户规模和技术手段上处于相对劣势。但是，一些传统媒体组织近年的实践为我们呈现了各具特色的平台型媒体发展道路。有的刚刚开始整合原创内容生产、多媒体渠道传播和媒体品牌影响力的内部存量资源；有的已经尝试跨媒体、跨组织和跨产业的外部增量发展；而有的则联合媒体资源与社会资本，实现了媒体业务与地方政务商务的有机结合。尽管当前实践中的平台化发展还处于不同阶段，但总体处于积极上升态势。平台化过程中对多元商业模式和舆论管控方式的持续探索，仍是媒体深度融合有待进一步解决的重要课题。

三、2017—2018 年：推进深度融合

2017—2018 年，我国主流媒体融合呈现出的总体特征是"＋互联网"已经基本实现，"互联网＋"正在进行。在"＋互联网"方面，主流媒体能够借助新兴技术创新内容生产，借助在互联网平台开设的端口进行内容发布，形成了"互联网媒体矩阵"。但包括这些矩阵在内的端口运营没有统一到自主可控的技术后台，往往互不联通，无法建立自有的用户数据库和内容数据库，所以无法形成与互联网媒体平台同场竞争的能力。

尽管如此，主流媒体在内容、渠道、平台、经营和管理这五个方面的融合仍有诸多进展，形成了一些具有推广价值的经验。例如，在内容融合方面有人民日报社的"中央厨房—全国党媒平台"模式、新华社的"现场云"模式以及原中央电视台的"央视新闻移动网"模式，也有浙报集团的"三圈环流、移动优先"模式、上海报业集团的"一报一端"模式和河南广电的"中原云"＋"新闻岛"模式；在渠道融合方面有湖南广电芒果 TV 的"多端打通，软硬一体"模式等；在平台融合方面有以湖北广播电视台（集团）（简称"湖北广电"）"长江云"和天津广电集团"津云"为代表的"以政务服务为引导的综合服务"模式、浙报集团的"新闻＋服务"模式和上海东方网的"精准分发＋社区服务"模式。在新时代的深度融合中，这些成功模式可以作为各地各级媒体的参考经验。

以往的实践告诉我们，只有通过"互联网＋"来推动媒体深度融合，才能实现建设现代传播体系的战略目标。对于主流媒体而言，有自主可控的平台才能汇聚各方数据，有移动端口才能源源不断地创造数据，有智能技术才能高效

高质地应用数据。主流媒体机构在深度融合发展过程中，需要继续遵循新闻传播规律和新兴媒体发展规律，继续强化互联网思维，从前期实践中汲取经验和教训，以建设自主可控平台为目标，进一步扩大和巩固主流媒体在网络空间中的阵地，提升主流媒体对网络舆论的引导力和控制力。为此，我们需要从多方面完善政策供给，为深度融合提供人、财、物等资源的制度保障。我们还应支持主流媒体实现核心技术突破，引导主流媒体加强在算法、内容识别和管控等技术和应用方面的自主研发能力，这样才能实现在同量级和同源技术手段的支持下与互联网平台的同场竞争。

四、2018—2019 年：构建融合体系

2018—2019 年，我国媒体深度融合实践的重点是建设县级融媒体中心，这一实践重点标志着我国媒体融合发展已进入全面构建融合体系的阶段。融合体系是指在全国各级主流媒体全面推进"互联网＋"的基础上，各新型媒体平台纵横交错，形成一个基于互联网的立体多样的现代全媒体传播体系。推进县级融媒体中心建设，能够让新型主流媒体平台的技术及应用向基层全面下沉，与人民群众建立更加广泛而深入的联系，使互联网发展的成果更好地造福基层人民群众，满足人民群众对美好生活的期望。县级融媒体中心是全媒体传播体系的基础，推动县级融媒体中心建设，将为媒体深度融合带来更多的社会资源，增添强大动力。①

第一，"传统媒体"和"新兴媒体"是主流媒体机构在不同时期使用的不同传播渠道和终端，它们之间的关系，正是基于新技术的传播体系逐步替代基于旧技术的传播体系的关系。我们应当借助主流媒体机构所掌握的在传统媒体渠道与终端上的优势，如受众规模、品牌影响力等，支持主流媒体机构在新的基于互联网的传播渠道和终端上的发展，实现优势互补和传播资源的战略转移。

第二，在现代全媒体传播体系的构建过程中，"中央媒体"和"地方媒体"承担着不同的任务。中央主要媒体机构应当明确自身"打造新型传播平台"的

---

① 宋建武，乔羽．建设县级融媒体中心 打造治国理政新平台［J］．新闻战线，2018（23）：67－70.

任务,并为此配置必要且充分的各方面资源;多数有条件的省级媒体集团,则应当在整合力量的基础上,经由其基于互联网的技术平台,支撑各自区域内的县级融媒体中心的建设和运营,同时为现有的地市级媒体机构的新兴媒体发展提供技术支持;地市级媒体机构和县级融媒体中心,在技术上应当依托中央或省级互联网应用下沉的契机,聚合起本土经济、社会各方面的资源,切实做好"服务群众"工作,成为主流媒体机构自主可控的新型媒体平台的信息传播及服务的端口和用户入口。

第三,"主流媒体"通常是指拥有新闻信息采集、发布全资质,组织上接受各级党委和政府直接领导的新闻媒体机构;而"商业平台"通常是指民营企业在互联网上运营的海量用户平台,这些平台以其用户数量多、影响范围大、传播速度快而拥有社会动员能力。客观上,我国的信息传播领域,目前形成了主流媒体机构生产的内容,主要通过商业平台在互联网上分发的格局。主流媒体与商业平台的关系,应当是在主流媒体牢牢掌握舆论场主动权和主导权的前提下的合作关系、互补关系、共生关系。

第四,"大众化媒体"一般是指以普通公众为传播对象的媒体机构,相对专注于特定领域的"专业性媒体"而言,其报道范围广、用户数量多。这两类媒体机构具有不同的资源禀赋,在媒体融合即主流媒体互联网化的过程中,必然会走上不同的路径。在互联网平台化发展的趋势作用下,原来的传统媒体机构面临的主要选择有两大可能:用户规模较大的大众化媒体,具有发展成为综合型平台或端口的潜能;而专业性媒体更有可能向综合平台的专业内容供应商和专业领域服务运营商转型。

由此可见,媒体融合是一个系统工程,在国家媒体融合战略发布五周年之时,中国媒体融合实践发展已进入全面构建现代全媒体传播体系的关键阶段。"现代传播体系"是从时间维度对融合体系的表述,而"全媒体传播体系"则是从当前信息传播特性的角度对融合体系的具体化,其实质就是主流媒体基于互联网构建的融合体系。全媒体传播体系是现代传播体系的本质特征。

五、2019—2020 年:发展融合科技

2020 年,中央全面深化改革委员会第十四次会议审议通过《关于加快推进

媒体深度融合发展的意见》①，指出"建立以内容建设为根本、先进技术为支撑、创新管理为保障的全媒体传播体系"。在十九届五中全会通过的《中华人民共和国国民经济和社会发展第十四个五年规划和 2035 年远景目标纲要》中，中央在新的历史起点上，明确提出要"推进媒体深度融合，做强新型主流媒体"，清晰地勾勒出各个阶段我国媒体融合的目标、路径与支撑，并对全媒体时代加快推进媒体深度融合提出了更为系统全面的要求。

现代信息技术革命既是媒体融合的核心动力，也是媒体融合的重要体现。每一次信息技术的迭代升级都被认为是一场划时代的跨越，带来传播领域的重大变革。从"铅与火"的文字印刷到"光与电"的信号模拟，从大众门户、人工生产到万物皆媒、人机共生，信息技术的发展不仅重新定义了媒体，也造就了全新业态。基于对全媒体时代传播特性和传播规律的认识，围绕实施全媒体传播工程、建设全媒体传播体系、建设新型主流媒体等整体要求，融合科技应运而生，即与媒体融合各环节、各层次相关的涉及数据与信息采集、存储、加工、传输的新技术，这些技术催生了新闻传播领域的新应用、新服务和新业态，并为加快推进媒体深度融合提供了支撑条件和创新动力。

（一）驱动：融合科技的演进逻辑

从技术的演进及其趋势出发，当前与媒体融合密切相关的技术类型主要可分为三类：其一是通信技术，解决信息采集与传输问题；其二是信息处理技术，解决数字化与数据化信息的生产加工问题；其三是信息呈现技术，即终端技术。5G 及物联网和区块链属于通信技术，能够实现任何时间、任何地点的人、机、物的互联互通，使关于自然环境和人们活动状态的信息与数据能够被采集和传输，成为全媒体时代的重要数据来源。大数据技术和人工智能技术则是信息处理技术的重要革命：大数据技术以"数据价值化"为核心进行数据的专业化处理，涉及数据采集、数据整理、数据存储、数据安全、数据分析、数据呈现和数据应用等技术应用；而人工智能技术则通过应用计算机的软、硬件来模拟和延伸人类智能，对人类社会的大数据进行关联和归属，为机器学习中

---

① 中共中央办公厅 国务院办公厅印发《关于加快推进媒体深度融合发展的意见》［EB/OL］．（2020 - 09 - 26）［2021 - 05 - 24］．http：//www. gov. cn/zhengce/2020 - 09/26/content_5547310. htm.

的模型训练提供数据基础，并应用于对数据库进行分析运算，以实现人工设定的特定性能。当前主流的终端技术包含个人移动终端（如智能手机）和家庭终端（如家庭大屏），伴随着 5G 技术的逐步普及，信息接收终端的智能升级也迎来多重机遇，终端信息接收系统的信息分析、过滤与呈现等将得到进一步升级。

整体来看，融合科技的演进逻辑表现为从数字化向数据化的发展趋势。所谓"数字化"，即指借助计算机技术，把语言、文字、声音、图像等信息转换为数字形式进行交流的过程。借助数字化信息技术，信息传输高速便捷，改变了过去传播资源短缺的状况，并进一步实现了内容格式的数字化、生产流程的数字化和内容发布的网络化，使得媒体"上网"成为可能。在全媒体时代，数字化技术进一步升级，并发展成为数据化技术，即更加强调对应用层数据的主动抓取和处理分析，并通过算法实现具体应用。不只是信息，数据也成为被技术再度加工的原材料，并引发了信息传播和互动过程的质变。

由此，融合科技的演进发展解构了传统的社会分工，形成了全新的传播关系，引发了传播格局的变革，并通过信息生产的去工业化和新闻消费的去仪式化，颠覆了新闻业在信息领域的垄断地位，并且改变了传统媒体的实践规范，进而影响其社会角色和功能，为媒体融合的发展提出了全新命题。

（二）支撑：融合科技的应用现状

媒体作为社会信息流通的枢纽，是最先受到信息技术影响的行业之一。融合技术的迭代升级推动着媒体形态和功能的革新，在我国媒体融合发展进程中全链式应用和全方位赋能效应初显。

其一，智能化生产的全链式应用创新。融合科技以大数据为基础，依托各种智能算法模型，在智能识别、计算机视觉、自然语言处理、数据可视化处理、算法推荐等方面已形成相应的技术应用能力，推动着内容产业全链条的变革和重塑。在信息采集层面，5G 时代的来临、移动终端的智能化发展和传感器的广泛应用，使得信息采集可以覆盖任何时空节点，有效扩增了信息与数据的来源及数量，为新闻制作提供了数据原料，使发现新闻事件及记录其发展过程都变得相对容易，全程、全时记录成为可能。在信息加工层面，自动化新闻、全媒体编辑、AI 合成主播等技术应用层出不穷，提升了传统内容编辑制作的效率，将从业者从程序化且烦琐的报道任务中解放出来，并且丰富了新闻产品样态，优化了人机交互和用户体验。在信息分发层面，移动互联网突破了时空对信息传播的限制，通过信息内容的个性化匹配实现了"人找消息"和"信息找人"效率的提升，全程、实时、在场的播报成为可能，更加适应用户信息消费的个性化、场景化需求。此外，人工智能等技术也可以用于参与用户互动、管理用户反馈等，内容审核、对在线讨论的引导等也逐渐向算法倾斜。

其二，平台化发展的全方位能力支撑。当前，我国正在形成以新型传播平台为核心、打通多级传播资源及社会资源的全媒体传播体系。从结构上来看，全媒体传播体系的结构包括全国性媒体、区域性媒体、市县级媒体三层。县级融媒体中心是全媒体传播体系的基础，主要任务是通过建设端口为基层群众提供服务。地市级媒体的发展情况各不相同，在融合体系建设中承担的任务也各不相同，拥有相对丰富的技术资源的地市级媒体，可以基于互联网建设地市级媒体平台，而其他发展仍受制约的地市级媒体可以将建设、运营综合服务型端口作为主要目标。省级媒体在打通省域内政府服务、城市公共服务资源方面具备优势，其主要任务是构建覆盖全省，支持省内地市、县区媒体端口的区域性生态及媒体平台。全国性媒体的优势体现在资源整合能力和资金储备方面，一方面可以打造聚合全国各级主流媒体机构及其他优质内容供给方的内容聚合型平台，另一方面也应打造技术服务平台，为技术实力稍弱的基层媒体提供融合发展所需的技术支持。无论是打造平台还是建设端口，平台技术都提供着重要的支撑作用，使得媒体的功能大大拓展，从以新闻信息服务为主导，不断向政务、服务、商务、社交等方面拓展延伸，将多种垂直应用多边联结，使多元的传播主体在平台生态中和谐共生，以集聚的力量实现价值的增值。

（三）引领：融合科技的发展前景

依托人工智能、大数据等新技术，融合科技的新应用与新服务正在突飞猛进地发展，由此带来的理念革新也将在新闻传播领域产生深刻且持久的影响。在信息技术革命重构现实社会的基础性连接方式、网络空间成为人们生产生活新空间的背景之下，务必要加强技术预判，做好部署，激发媒体深度融合发展的想象力与创造力。

其一，高度重视技术能力。2020年，中共中央办公厅、国务院办公厅印发的《关于加快推进媒体深度融合发展的意见》中明确指出，要以先进技术引领驱动融合发展，用好5G、大数据、云计算、物联网、区块链、人工智能等信息技术革命成果，加强新技术在新闻传播领域的前瞻性研究和应用，推动关键核心技术自主创新。对于处于媒体融合深水区的主流媒体而言，融合科技是全媒体传播体系建设的重要支撑，也是其与商业平台探索竞合关系的必由之路。要拥抱现代信息技术革命成果，主流媒体必须保持技术敏感，高度关注新技术发展，对新技术具备了解的兴趣、接纳的态度、运用的能力、管理的本领，紧盯技术前沿、瞄准发展趋势，加强对新闻传播领域相关新技术的前瞻性研究和应用，深入研究融合技术可能带来的技术变革，主动跟进、兴利除弊、为我所用。

其二，组织保障技术实践。作为先进生产力的技术需要与先进的生产关系相匹配，而为强化融合科技的人才和组织保障，也必须提升决策层在融合过程中的技术决策水平，加大力度建设融合技术人才队伍。当前，很多传统媒体在机构设置层面还存在行政化色彩过浓的现象，未设置市场化的考核机制和激励体系，缺乏对优秀技术人员的吸引力，难以激发个体的积极性与主动性。因此，为加快推进媒体深度融合、改进用人体制以引进留住技术人才，亟待加强组织保障，着力优化体制机制、完善人才激励机制，并设置完备的培养体系，最终实现人的创造力、活力、积极性的全面激发，这样才能促进全媒体人才队伍的健康良性发展。

其三，科技向善引领未来。技术与社会存在互构的关系，技术不是一个孤立物，采纳一项技术并不只是采纳技术个体，而是接受与之相伴随的整个技术体系，及相应的配置、制度和管理体系，这就要求社会进行相应的调适。当传播环境在新兴技术的支持下得以重构时，社会舆论、社会心态，尊重和保护信息安全，实现个人、社会、国家数据的安全自由流动等诸多方面也面临着挑战，需要时时将技术置于人文精神的坐标上进行审视与反思，以实现互联网传播环境下的"人机共生"。

综上所述，融合科技对媒体发展的影响正是基础性的、全方位的。对于媒体来说，技术因素的不同维度阐释，揭示了不同的变革路径。推动媒体融合向纵深发展，明确现代信息技术的发展逻辑，探索先进技术革命成果的应用路径，正是加快推进媒体深度融合、实施全媒体传播工程中亟待突破的关键问题。

第二节　内容融合

内容融合是指在内容生产和传播的过程中，运用数字化和数据化的技术工具革新媒体的生产和传播方式，采纳互联网企业的制度和策略提升传统媒体机构的内外运行效率。内容融合的目标在于使媒体内容的产出符合互联网传播的需求，确保社会主义主流价值观可以通过主流媒体的内容产出在互联网市场中占据一席之地。本节将从内容生产、内容分发和内容产品三个层面阐释内容融合的内涵，并通过主流媒体的典型案例展现相关的实践进展。

一、内容生产

内容生产在主流媒体的日常工作中居于核心地位，是将社会主义核心价值观与社会公共信息服务相结合的关键所在，是专业媒体机构与内容分发渠道的区别所在。而面对互联网内容创业的浪潮，主流媒体的内容生产面临着更新技术手段、提高生产效率、转化管理思路等诸多挑战。本部分将从硬件上的内容生产技术、软件上的内容生产组织和制度这两个方面展开讨论。

（一）内容生产技术

1. 无人机拍摄

无人机新闻（drone journalism）主要是指媒体在新闻信息采集中应用无人机进行拍摄，是新一代智能设备在新闻报道工作的应用。无人机拍摄主要适用于灾难现场、恶劣地质条件、大场景活动及重要的时事新闻报道中。无人机航拍可以获取人力难及的画面，既能满足观众对新闻场景即视感的渴望，又能避免记者涉险进入不安全的拍摄境地。2015年8月12日晚间，天津港发生重大火灾爆炸事故，各路记者纷纷赶赴事故现场进行报道，摄影记者所携带的设备中就包括无人机，事后见诸各类新闻媒体的航拍照片正是通过无人机拍摄的。无人机在极其复杂的现场环境中，第一时间呈现了事故现场的图像，为工作人员及时判断了解受损情况、快速高效完成应对任务带来了极大的方便，也为关心此次事件的群众提供了直观的现场图片报道。

2. 机器人写稿

机器人写稿是将人类撰写新闻或其他内容的过程进行程序化处理，提前设定文本写作框架，使计算机可以在没有人工参与的情况下，自动把写作素材（数据）加工成媒体内容产品。其优势在于可在极短时间内完成大量数据整理与分析，确保新闻报道的及时性和准确度。其应用多见于信息要素易于量化、文本结构易于程式化的内容领域，例如股市行情报道和体育赛事报道。2014年7月，美联社在全世界范围内首先使用 Wordsmith 平台撰写财报新闻，国内最早的写作机器人 Dream Writer 由腾讯财经于2015年9月推出，其稿件行文流畅，事实充分，有数据有观点，一时间引发了业界关于"媒体技术发展与记者生存"的大讨论。

我国主流媒体中最早采用机器人写稿的是新华社。2015年底新华社率先推出机器新闻生产系统"快笔小新"，其写稿流程包括数据采集、数据加工、自动写稿、编辑签发四个环节。"快笔小新"服务于新华社体育部、经济信息部和《中国证券报》。在新华社体育部，它可以基于相关数据，快速生成中英文消息，包括比赛的成绩公报和积分排名；在《中国证券报》，它可以写一句话的报盘、一段话的公司财报、快讯等。机器人写稿的生产方式用计算机程序代替人工写作的过程，提高了内容生产效率，降低了生产成本。新华社在2017年底推出的"媒体大脑"智能化内容生产平台可看作机器人写稿的升级版本。它具备智能分析视频内容的能力，能使用传感器智能识别、检测构成新闻事件的诸要素，从而获取相关数据，快速生成文字、图片、语音、视频等格式的内容。该平台可以选取报道角度，调配地理位置、气象信息等多维数据，实时生产数据新闻，给媒体机构提供极速的、富媒体式的新闻报道，从而实现了程序化信息生产从数据采集到多种格式文本生成的一体化。

将计算机程序与传感器相结合以代替人类采集事件数据、生成新闻素材、完成新闻报道，在一定程度上再造了信息生产流程，改变了媒体组织的结构及媒体组织内部的生产关系，这要求内容生产者全面提高运用相关新技术的专业能力。

3. 大数据与可视化技术

大数据与可视化技术的结合，为媒体的内容生产提供了一种全新的思路。通过可视化技术对复杂的大数据进行条理化、清晰化处理，可形成内涵丰富、逻辑清晰、形态美观的数据新闻（data journalism）。数据新闻的生产过程包括数据的抓取、挖掘、统计、分析和可视化呈现。其中，提炼信息、转换信息是数据新闻的精髓，只有把复杂的事实组织成条理清晰、易于理解和记忆的故事，受众才更容易接受，新闻才能更具传播价值。数据新闻生产过程需要用到的技术已远远超出传统媒体生产工具的范围，计算机专业领域的数据抓取、文字及图片识别、数据分析与挖掘均已应用其中。相应地，新闻生产者的构成也从记者和编辑扩展到掌握数据分析手段和可视化处理手段的技术人员。

在主流媒体中，中央电视台较早展开数据新闻的探索。2015 年国庆节期间，央视推出了一档大型数据新闻节目《数说命运共同体》，讲述了"一带一路"沿线国家的贸易、投资、基础设施、饮食文化、人员往来等，用数据揭示沿线众多国家和几十亿老百姓的密切联系，呈现出"一带一路"沿线国家前所未见的命运共同体图景。这个节目挖掘数据超过 1 亿 GB，仅为计算"全球 30 万艘大型货船轨迹"，就分析比对了超过 120 亿行航运 GPS 路径数据。

我国主流媒体对上述三种内容生产技术均已有不同程度的投入，并取得了一定的成效。除此之外，也有传统媒体机构通过技术服务商引进全媒体生产系统，建立全媒体中央控制室，打通了传统媒体和新媒体的生产边界，建立了一体化指挥、一次性采集、多种生产、多元传播、全媒体发布、全方位覆盖的传播体系。媒体行业以信息生产和服务为核心业务，其生产效率一直以来都与技术工具的发展水平息息相关。内容生产技术在传统媒体生产流程中的应用，不仅仅是一套新设备的投入，更意味着一个新岗位的设立、一套新流程和新标准的建立等。如果说内容生产是媒体业务的核心，那么内容生产技术革新就是内容融合的核心驱动力之一。乐观地看，内容生产技术的前期投入较大、适应时间较长，具有稳定体制的主流媒体相对于收益压力较大的自媒体和互联网媒体更具优势。但不容忽视的是，内容生产技术的革新需要与之相适应的生产组织和制度，即硬件与软件相互适配才可发挥效用。

（二）内容生产组织和制度

在内容融合的过程中，生产组织和制度的革新升级面临较大挑战。首先，生产组织和制度由组织结构和管理标准决定，而传统主流媒体的既定模式与应对互联网竞争所需要的生产方式相距甚远。在流程上，互联网信息更新以分钟甚至秒计数，传统媒体中除少数广播电视有 24 小时滚动播报外，大部分采编刊（播）周期以日计数，甚至更长。在形式上，互联网传播兼容图文和音视频，传统媒体按报刊广电划分，跨媒介生产能力亟待整合。在效果上，Web 2.0 时代的标志是突破时空和传受界线的广泛互动，而传统媒体的反馈环节较为滞后。

其次，传统媒体与互联网媒体在流程、形式和效果上的差异只是实现内容融合需要跨越的第一道鸿沟，此后的困难还在于传统媒体不能完全照搬互联网的经验。商业化运营的互联网媒体，其组织和制度的最终目标在于经济利益最大化。而我国主流媒体承担着引导社会主义核心价值观、维护社会舆论稳定和文化生活健康向上的重要使命，所以其组织和制度革新需要兼顾生产效率与社会效益。

从适应互联网信息传播的需求出发，主流媒体内容生产组织和制度的变革主要表现为三类。第一类是将组织改革与技术创新相结合的"中央厨房"，即在引入全媒体生产技术的基础上建立相应的组织结构以及管理制度，这类变革需要以自上而下的顶层设计和战略规划为指导，是对传统模式最大限度的变革。第二类是在主流媒体内部建立有创业孵化性质的工作室，以项目组的形式探索组织内外资源的重新配置与组合。第三类是将主流媒体的内容发布渠道开放给更多具备权威性和专业性的内容生产源，实现主流媒体的品牌公信力与社会内容创意资源的整合。

1. "中央厨房"

从生产技术层面来看，"中央厨房"的实质是"一体化新闻生产指挥调度中心"，具备从内容生产制作到传播效果监测的一体化能力，能够整合、统筹和调度内部采编资源，生产适合不同终端刊播的多样态的内容，进行全平台、全流程的内容生产。近年来，国内外的媒体融合实践中都出现了"中央厨房"。

在国外，早在 2000 年，美国媒介综合集团（Media General）就在佛罗里达州坦帕市建立了"坦帕新闻中心"（Tampa's News Center），将《坦帕论坛报》、Tampa Bay Online、WFLA-TV 一起搬入办公，资源共享，协调指挥。从 2007 年开始，英国广播公司（BBC）将旗下的电台、电视台和网络三大部门整合，组建了"超级编辑部"（Unified Newsroom），并启动了数字媒体计划（digital media initiative，DMI）——负责采集素材的一线记者通过移动设备将图、文、声等信息上传至内容库，随后这些原始资料被导入开放式编辑平台（即新闻中枢，The News Hub），进行统一加工、集中处理，形成模块化素材库，供所有编辑各取所需。美国有线新闻网（CNN）自 2013 年全面开启了"移动先行，数字第一"的新媒体发展战略，并组建了融媒体编辑部，包括数字新闻采集节目部、数字新闻编辑部、数字产品部三大部分。

在国内，最早的"中央厨房"在十多年前便有雏形。2007 年 6 月，《广州日报》成立了"滚动新闻部"，实现了滚动采访和传播。2007年，烟台日报传媒集团率先提出"全媒体集团、全媒体平台、全媒体记者"三大理念，并搭建起了全媒体数字采编发布系统。2014年，媒体融合上升为国家战略后，多家主流媒体开始积极实践"中央厨房"的理念。人民日报社"中央厨房"从"一体策划、一次采集、多种生成、多元传播、全天滚动、全球覆盖"的建设目标出发，打造能够满足其协同化生产和多元化加工的技术支撑体系，整体的技术平台架构包含了全媒体数字资源管理系统、媒体共享协同加工系统、行为分析与推荐系统、网络与社交媒体分析系统等。浙报集团"中央厨房"的技术架构则涵盖了全媒体指挥监测系统、"媒立方"内容生产平台、融媒体智能发布系统、在线数据监测分析系统，其核心产品"媒立方"也试图打造成为集舆情研判、统一采集、多种生成、多元分发、效果评估于一体的内容生产支撑平台。

　　对比人民日报社、东方网、浙报集团三家媒体"中央厨房"技术架构，可以发现已有的"中央厨房"建设在技术运用和功能实现中的一些共性，如表2－1所示。

表2－1　三家媒体"中央厨房"技术架构对比分析

名称	整体架构	核心工具
人民日报社"中央厨房"	全媒体数字资源管理系统 媒体共享协同加工系统 行为分析与推荐系统 网络与社交媒体分析系统	多媒体内容制作技术 一体化媒体资源管理技术 数字化内容发布技术 多终端数据采集技术
东方网"中央厨房"	互联网内容采集存储系统 内容中央处理平台 新媒体发布系统 用户行为数据统计系统	
浙报集团"中央厨房"	全媒体指挥监测系统 "媒立方"内容生产平台 融媒体智能发布系统 在线数据监测分析系统	

　　基于对人民日报社、东方网和浙报集团这三家"中央厨房"的分析，我们发现应用的核心技术集中于内容生产领域，即多媒体内容制作技术、一体化媒体资源管理技术、数字化内容发布技术、多终端数据采集技术等。主流媒体通过"中央厨房"实现了内部的数字化内容生产整合，但参照媒体融合的最终目标，主流媒体需要与用户、其他媒体、其他行业建立更加紧密的联系，才能充

分适应互联网新闻传播规律。

2. 内部创业

2020 年 11 月 26 日，国家广播电视总局印发的《关于加快推进广播电视媒体深度融合发展的意见》，将广播电视媒体深度融合发展推上了"最后一公里"的快车道，其中提到"加快深化体制机制改革"的具体做法就是"用好项目制、工作室、产品事业部等各种内容生产组织和运营方式，实行灵活运行机制，赋予必要的人财物使用支配等自主权，打造自有优质网生内容、网红队伍和社交圈，形成个性化品牌集群，具备条件的可以全资或控股形式公司化运营"。实际上，过去几年，主流媒体在内容融合过程中，具有内部创业性质的工作室制度已有诸多实践。

相较于传统主流媒体以科层制为主要特征的管理机制，内部创业团队对内对外的优势包括以下三方面。其一，可以突破级别、资历对个体的限制，通过绩效表现激励能动性和自主性。其二，在大型主流媒体集团中，通过多维度人才吸收，可跨部门实现优势资源整合。其三，以项目或产品为运营中心，采用互联网运营的"产品思维"，对市场需求变动的应对灵活度更高。总体而言，内部创业的意义在于生产关系的重新构建，它将系统内部拆分成一个个独立的小团队，让小团队在产品迭代、用户剖析、市场开发等方面打造出适合自身发展的方式，以更高效、更灵活的生产流程推动优质内容的产出。

在我国主流媒体中，浙报集团的内部创业机制颇具代表性。集团参照中国新媒体创业大赛的赛制流程和创新选拔机制，从 2014 年开始推出创新孵化计划，实际上就是内部新媒体创新大赛。每期大赛 50 余个项目到台上 PK，200 多名采编人员参与，最后评选出 20 余个优秀项目。集团专门出台新媒体创新孵化管理办法及实施细则，投入 2 000 多万元进行孵化和扶持。经过半年多的创新孵化，一批优秀的新媒体项目快速成长。浙报集团内部创业机制的顺利发展与其战略层面的"互联网思维"有关。时任浙报集团传媒梦工场战略发展部总监的张德君在 2013 年提出用"产品经理思维把握用户需求"。他认为产品经理与传统编辑记者在思维方式上具有"建设性思维"和"批判式思维"的区别，产品经理拥有的是产品迭代更新的观念而非一次定稿的纸媒传播观念。[①]

---

① 张德君. 传媒转型的用户中心与产品经理思维 [J]. 中国记者，2013 (9)：19—21.

时任浙报集团数字采编中心副总编辑、新媒体中心副主任的张宇宜认为，产品经理需要以用户行为数据而非主编意志作为新闻生产质量的判断标准，也就是指新闻信息产品在网络数字媒体中的"打开率、日活跃度、停留时间"和在社交媒体中的"转发量"。

3. 内容聚合

通过聚合多方内容资源吸引用户注意力并在此基础上将流量价值转化为用户价值是原创能力较弱的互联网媒体获得极速发展动力的重要原因之一，尤其是在移动传播时代，个性化需求在移动端使用场景中被强化，内容供给更需要数量尽可能大、种类尽可能全。依据此思路，主流媒体需要在加强面向互联网的原创内容生产能力的基础上，提升聚合各类社会信息并进行数据化处理的能力。实际上这也是在新的传播形势下，主流媒体的社会职能从信息总汇向数据总汇升级的题中之意。[①]

在实践中，中央和地方媒体单位都已发挥各自优势，开启了内容聚合的项目建设。例如，人民日报社的"全国党媒信息公共平台"、新华社的"现场云"、央视新闻移动网、湖北广电的"长江云"、河南广电的"新闻岛"。虽然主流媒体的内容聚合大多处于起步阶段，目前聚合到的内容主要来自其他主流媒体单位，而来自公众的用户生产内容仍然较少，但以聚合为方向的内容生产方式符合新型媒体的发展规律，也与进一步互联网化的目标相一致。

人民日报社通过"全国党媒信息公共平台"和"全国移动新媒体聚合平台"建设，强化了自身的内容聚合与分发能力。"全国党媒信息公共平台"是以人民日报社"中央厨房"为基础建成的"面向全国党报的公共厨房"，聚合全国各级媒体、党政机关、企业事业单位的宣传部门入驻，并为入驻机构提供内容生产、渠道运营、盈利模式等方面的数据与技术支持。"全国移动新媒体聚合平台"的前端是内嵌于"人民日报"客户端的"人民号"，面向媒体、政务机构、名人、学校等更广泛的社会群体开放注册，以开放有序的平台机制充分释放社会内容的巨大生产力，以广泛聚合多元内容生产主体的方式，聚合种类丰富的优质内容，从而提升主流媒体平台的传播力，增强其在互联网空间的舆论引导力和社会影响力。

新华社的"现场云"上线于 2017 年 2 月，是基于移动端的媒体聚合平台，

---

① 宋建武. 从信息总汇转向数据总汇: 媒体业的物联网机会 [J]. 新闻与写作, 2016 (11): 1.

为各级各类媒体免费提供快速实现现场新闻直播的云平台服务。2017 年 5 月，新华社联合全国 18 个重点省份和相关城市主流媒体，集中围绕"一带一路，我们同行动"的主题，进行全媒体直播报道活动，统一策划，通过"现场云"运用文、图、音视频、动图、直播、航拍等手段，全方位、多角度展示"一带一路"倡议提出以来的成就和进展，获得了较好的传播效果。① "现场云"客户端的用户通过实名认证后，可随时随地发布视频，而作为通讯社职能的延续，各地主流媒体在与新华社达成合作后，会从"现场云"平台收集第一手新闻报道素材，由此为新闻生产的公共参与开辟了可行路径。

央视新闻移动网上线于 2017 年 2 月 19 日，其内容聚合功能主要体现在"矩阵号"模块。截至 2018 年 2 月，已经有包括 160 家省市电视台、34 家人大代表团、政协大会新闻组在内的 277 家矩阵号入驻，并通过平台进行了超过 5 000 场移动直播。在央视新闻移动网的"矩阵号"中点击内容源图标，可观看该内容源提供给央视新闻移动网的视频内容，而在"央视新闻＋"客户端中则可对这些内容源进行个性化订阅。其中完成手机绑定与实名认证的用户，都能够使用内容上传的新功能，用自己的方式拍摄新闻画面、记录突发现场，向央视新闻移动网讲述自己身边的新闻故事。

总体而言，大多数主流媒体在内容聚合方面的探索仍以"专业生产内容"（professional generated content，PGC）为主；一些主流媒体借助执政优势，汇聚了各级政府部门和各类事业单位作为内容源，由此产生了"政府生产内容"（government generated content，GGC）；少数主流媒体开始以实名制为前提条件引入"用户生产内容"（user generated content，UGC），例如，人民日报社开通的"人民号"，允许普通用户申请注册。从互联网平台的开放特征和精准分发服务的技术特征来看，主流媒体平台的内容聚合功能需要在增强 PGC 对互联网传播环境的适应能力的基础上，逐步增加 GGC 和 UGC 的内容源数量，继续推进媒体内容的供给侧改革。

二、内容分发

内容分发是从生产到消费的中间环节。在传统媒体中，分发方式由内容载

---

① 储学军. 融合转型大势下，新华社探索出哪些供稿服务新模式 [J]. 中国记者，2018 (4)：43 - 47.

体形态决定，报纸发行和电台电视台播出是相对分离的分发渠道。而在新技术条件下，互联网和移动互联网已经成为公众获取内容产品的主要入口。基于互联网的传播活动发展至今，已形成样式丰富的分发实践。依据分发效果的不同侧重，可发现四类不同的分发方式。这些分发方式出现的顺序有先后之分，从列表展示升级到搜索响应、精准推荐，以及穿插其间的社交分享，其出现顺序代表了信息分发商对内容供给的加工方式从数字化到数据化的演进。但就其效果和功能而言又各有优势，所以这些分发方式出现之后就共生于互联网传播体系之中。四种分发方式的典型应用、内容格式、核心技术及内容呈现如表2-2所示。

表2-2 内容分发的四种方式及其特征

分发方式	列表展示	搜索响应	精准推荐	社交分享
典型应用	门户网站	搜索引擎	推荐引擎	社交网络
内容格式	数字化	数据化	数据化	数据化
核心技术	超链接	算法	算法	算法
	—	内容标签	内容&用户标签	内容&用户&关系标签
内容呈现	标题集纳	标题排序	个性化信息流	公域&私域信息流

（一）列表展示

列表式分发以资讯门户网站为代表，其内容来源是经过数字化处理的传统媒体原创报道，其呈现形式是分频道和分栏目的标题列表。从网站首页通过层层分类进入文章页面，整个网站由超链接技术支撑，形成树状结构。列表式分发利用互联网技术海量存储和快速链接的功能，打破了传统媒介在版面、波段和时段上的限制，减少了时空因素对信息传播的影响。更重要的是，经过数字化处理的内容信息，从纸媒或广播电视媒介中独立出来，可以在互联网空间中无限次、无边界地传播，新闻信息的传播力显著增强。但这种新的分发方式改变了传统媒体行业中生产者、受众和广告商三者共同构成的价值循环，门户网站介入到生产者与受众、广告商的连接中，分流了受众注意力和广告的经济价值。

门户网站使"新闻受众"开始向"信息用户"转变。在由纸媒和广电媒体提供的新闻信息服务中，受众只能被动接受已经印出或播出的信息，信息选择范围有限；而在门户网站中，用户可以在海量聚合内容中自主选择。然而，新闻信息传播的数量限制消失后，即便门户网站进行合理分类，用户仍需付出一定的时间和精力去寻找所需信息。

中国门户网站的代表案例是新浪、搜狐、网易和腾讯，它们都成立于1998年前后。而主流媒体主办新闻网站随后也提上日程。2000年12月12日，人民网、新华网、中国网、央视网、国际在线、中国日报网、中青网等中央网站经国务院新闻办公室批准，成为我国首批重点新闻网站；紧接着国务院新闻办公室又先后批准建立了千龙网、东方网、北方网、东北新闻网、浙江在线、红网、中国江西网等24家全国重点地方新闻网站。2000年的"双12"，成为中国互联网、新闻网站、重点新闻网站历史上的特殊纪念日。截至2005年底，国内三级新闻网站布局形成。2006年，《国家"十一五"时期文化发展规划纲要》明确提出，"加快建设一批综合实力强、在国内外有广泛影响的新闻网站。形成若干个与我国地位相称的、具有较强国际竞争力和影响力的综合型网络媒体集团，争取其中一到两家重点新闻网站进入世界前列"，以及"要完善地方互联网新闻事业发展格局"。在政策促动之下，主流媒体创办运营的新闻网站及其运营队伍不断发展壮大，但仍与传统报刊广电业务相互独立，而且未能在Web 2.0时代充分展开传授互动的实践探索。但不可否认的是，新闻网站的运营为主流媒体在媒体融合时代的进一步转型奠定了基础。

（二）搜索响应

搜索引擎支持的响应式分发降低了互联网用户的搜寻成本，进一步提升了信息传播效率。其信息来源是互联网上其他独立运行的网站及其网页中的内容，其呈现形式是按照一定规则排序的网页标题链接。在信息供应方面，搜索引擎的信息源范围比门户网站更广，且运营成本更低。搜索引擎不需要像门户网站那样雇用大量人工编辑持续上传内容，互联网用户通过搜索引擎提供的链接列表即可进入另一个网站。因此，搜索引擎成为用户与互联网中其他信息源的中介，与门户网站对传统新闻业的影响相同，它分流了其他网络信息源的受众注意力和广告价值。

基于搜索引擎的新闻分发，底层技术应用从数字化升级为数据化。数字化指的是把模拟数据转化为用0和1表示的二进制代码，而数据化指的是把现象转变为可用指标分析的量化形式的过程。在新闻信息传播领域，数字化使新闻信息脱离传统纸媒或广电媒介的传播载体，成为互联网环境中通用的信息格式,而数据化则赋予这些信息多种特征维度,使计算机程序可以"读懂"它们,并参与到传播过程中。搜索引擎的技术核心是在极短时间内完成两个主要工序:其一是用户输入命令与海量外部网页内容的恰当匹配,其二是依据某些规则对匹配结果进行排序。匹配过程是运用函数(即算法)对数据化的信息供需进行拟合,而排序过程是运用另一类函数对匹配结果进行重要性比较。随着互联网使用从 PC 端向移动端迁徙,搜索引擎市场也发生了很大的变化。在移动端,每日产生的搜索量达到了 PC 端的 1.5 倍。在 PC 时代,用户搜索行为更多地依赖于文本输入;而在移动时代,用户不仅可以用文本输入,也可以用语音输入,甚至可以用图像输入。

主流媒体在搜索式分发上的实践主要体现为盘古搜索和中国搜索。2011年 2 月 22 日,由新华社和中国移动联手打造的盘古搜索正式上线,覆盖了新闻搜索、网页搜索、图片搜索、视频搜索、音乐搜索、时评搜索以及一系列实用的生活资讯搜索。2014 年 3 月 1 日,盘古搜索和即刻搜索合并的中国搜索正式上线,推出新闻、报刊、网页、图片、视频、地图、网址导航七大类综合搜索服务,以及国情、社科、理论、法规、时政、地方、国际、军事、体育、财经、房产、汽车、家居、购物、食品、智慧城市等 16 个垂直频道和"中国新闻"等移动客户端产品和服务。中国搜索由中国搜索信息科技股份有限公司创办运营,该公司是由中国七大新闻机构人民日报社、新华通讯社、中央电视台、光明日报社、经济日报社、中国日报社、中国新闻社联合设立的互联网企业。

(三)精准推荐

推送式分发整合了列表式在呈现形式上的信息流瀑布和响应式在底层技术上的供需匹配,实现了更适应于移动端传播环境的技术革新。在呈现形式上,推送式的信息流瀑布可以无限下拉,且为适应移动端竖屏界面采用每行一组标题和摘要。在底层技术上,推送式比响应式更注重用户偏好分析,将信息传播过程的启动命令从单次搜索指令升级为不间断的用户行为分析。推送式分发用无限下拉的信息流瀑布替代了层层递进的树状超链接,又用持续循环的供需数据匹配替代了单次输入启动的搜索响应,这两方面革新兼顾了信息供给的广度和精准度。

在移动传播时代,推送式分发实现了海量供需的精准匹配,技术应用的关键在于建立维度丰富的标签体系。数据化使计算机"读懂"供需数据，而建立标签体系就是将供需数据发展为多维度、多层次的数据库。推送式分发的标签体系通常包括用户、内容和场景三大类，其中用户标签又细分为个人-群体-整体、历史-实时、偏好-补充等多个维度。完备的标签体系提高了供需匹配的精准度和效率，较好地满足了移动传播环境中的个人化信息需求。

基于算法推荐的分发方式在实践中仍面临一些问题。其一，内容供给池中公共和专业信息的比例偏低。其二，新闻信息的时效性、接近性、显著性、趣味性经过标签处理变为算法可运算的特征数据值，但对重要性的判断不易定性和定量。这一特征值的缺失可能影响社会公共议题的传播效果。其三，虽然推荐引擎实时分析用户行为偏好，但用户对信息流即将呈现什么信息没有主动把控力，即完全基于算法的话题推荐存在话题转向时滞的局限。

上海东方网旗下的东方头条是主流媒体对精准分发的成功探索。自2015年上线以来，凭借海量的资讯库、最新的个性推荐技术以及超简单的功能用法，东方头条迅速获得千万用户的喜爱。[①]技术上，东方头条采用个性化推荐引擎技术，将自然语言处理和图像识别技术、基于机器学习的推荐引擎和实时海量数据处理构架相结合。内容上，在"用户为王"的年代，东方头条秉承主流价值观，在发挥主流媒体舆论引导功能的同时，提出"你就是头条"的服务宗旨，将用户体验和用户地位放在首位。除推送新闻外，东方头条以社区为着力点，为当地用户提供地区生活需求的一站式满足。2016年10月，东方头条与百度合作推出东方头条自媒体平台，不仅给内容创业者提供了一个平台，也通过与百度联盟的合作将大量专业的优质原创内容，通过百度技术赋能，用智能挖掘与推荐技术为流量渠道免费提供内容，将内容精准投放到感兴趣的用户手中，增强渠道用户黏性并为渠道提供变现服务。

如前文所述，主流媒体的互联网化探索不能完全照搬互联网商业平台的经验，推荐算法就是典型代表。为弥补商业平台算法技术在社会公共价值引导方面的缺陷，人民日报社经过自主技术创新，在其客户端7.0版本的更新中加入

---

① 东方转型：站在战略选择的风口 [EB/OL]. (2016 - 02 - 29) [2022 - 08 - 02]. http：//www.cac.gov.cn/2016 - 02/29/c_1118191594.htm.

了"主流算法"。"人民日报"客户端7.0版本通过质量把控、智能分发和传播
反馈三个重要步骤，用主流价值导向驾驭"算法"，全面提高舆论引导能力。[①]
在质量把控上，"主流算法"通过内容质量审核系统，实现人机结合，赋能内
容正向价值观；智能分发基于机器学习构建智能推荐系统，以数据输入、召回
算法、模型排序和生成列表等方式，结合专业的内容分发经验，实现个性化推
荐、关联推荐和热门推荐等三大场景算法推荐，构建主流价值引领的推荐系
统，赋能机器价值观。在传播反馈上，根据机器学习算法、实时的动态监测，
实现全面检测内容传播力度、快捷聚焦热点事件、精准在线浏览与分发，智能
分析舆情传播路径及影响力。

（四）社交分享

网络社交是现实社会人际交往的延伸，互联网技术化解了物理空间对人际
交往的阻隔，又通过不同类型的网络结构在虚拟环境中塑造不同类型的社交模
式。发生在网络社交场景中的新闻信息传播活动，受到不同社交模式的影响也
有所差异。网络社交场景中的内容分发主要发生在社交媒体平台中。对于社交
媒体平台来说，社交网络和信息分发是两个相互依存的功能——社交网络带来
了用户，为信息分发奠定了流量基础；信息服务分发则增强了用户黏性，促进
了社交网络的巩固和扩张。

目前，实践中形成了两类社交媒体，分别具有开放性和封闭性的社交网络
特征，二者在中国市场中的代表产品分别是微博和微信。微博是广场式的大众
传播平台，新闻信息来源的种类丰富，包括专业媒体、政府部分、企事业单
位、社会组织、自媒体和普通用户。在广场式的传播平台中，用户之间的互动
行为通常以共同兴趣和话题为导向，通过点赞、评论和转发等不同行为参与到
话题信息的传播过程中。微信的社交关系是相对封闭的，用户之间需要通过验
证才能进行私人交流、需要群主邀请才能参与群体传播，用户对自己在朋友圈
中的信息展示有明确的时限和范围控制。这样的社交场景决定了内容分发的圈
层特征。首先，微信用户在订阅公众号后，信息源推送与私人聊天出现在同一
界面，这与微博中信息流瀑布和私人聊天窗口相分离的模式形成对比，因为微

---

① "人民日报＋"！人民日报新媒体上新了［EB/OL］．（2019－09－20）［2022－08－02］．
https：//wap.peopleapp.com/article/4608554/4490054.

信私人聊天功能已成为基础设施型服务,与其并列的信息推送更能吸引用户注意力。其次,微信用户在不订阅的情况下,也可通过好友在朋友圈的分享接收到信息,这一规则设定抬高了"熟人分享"在信息分发中的地位,提升了意见领袖的传播力,强化了社交媒体的圈层特征。

针对不同的社交媒体场景,主流媒体通过入驻官方账号以及与平台商的后台数据合作,以"借船出海"的路径展开内容分发。经过不断探索,主流媒体越来越熟谙社交场景的传播特征,出现了人民日报社"早安体"、新华社"刚刚体"等与传统权威时政信息发布形成鲜明差异的"网言网语",逐渐树立起亲民的品牌形象。有关主流媒体以入驻社交平台的方式实践媒体融合的更多阐述参见本章"渠道融合"部分。此外,主流媒体还与社交平台展开创新产品形态的合作,例如人民日报社在建军90周年之际与腾讯合作推出的微信互动游戏《快看呐!这是我的军装照》成为社交媒体的爆款产品,上线10天后总点击量超过10亿次①。有关主流媒体面向新型传播环境的产品创新请见本节后一部分。

三、内容产品

内容产品是媒体生产成果通过各类传播渠道进入社会大众视野的最终形态,是内容融合实现社会效益和公共影响的关键环节。我国主流媒体的融合发展经过几年的探索,经历生产技术和制度的革新、发布渠道的适应之后,一批优秀的融合内容产品涌现出来。在此背景下,中国新闻奖自第二十八届(2018年)起为融合新闻设立多个专门奖项,且在之后两届中根据行业发展需要不断调整奖项名称,目前与融合实践相关的奖项包括网页设计、短视频新闻、移动直播、创意互动、报道界面。依据内容生产及呈现技术的差异,本部分将从2018—2020年中国新闻奖获奖作品中挑选恰当案例,展示我国主流媒体经融合发展后在内容产品层面的革新。

(一)数据可视化:优化信息呈现

数据新闻是数据可视化在媒体领域的典型应用,是一种基于数据的抓取、

---

① 人民日报客户端"军装照"H5荣获第二十八届中国新闻奖一等奖 [EB/OL]. (2018 - 11 - 02) [2022 - 08 - 02]. http://media.people.com.cn/n1/2018/1102/c14677 - 30379396.html.

挖掘、统计、分析和可视化呈现的新型新闻报道方式。数据新闻以公开透明的数据为基础，通过对数据资源的分析来获取新闻，也被称为"数据驱动新闻"。数据新闻的生产过程以大数据为基础，经过滤后，形成数据地图、时间线、交互性图表等不同的可视化数据新闻形式。[①]

2019年国庆节之际，经济日报微信公众号推出面向移动传播环境的"'数说70年'数据新闻可视化系列"。通过短视频呈现方式，作品中的数据由单调转向丰富，数据与图像紧密结合并互为补充，不仅有助于提升信息传达的精准度，更消弭了数字在视觉上的单调乏味。数据由静态转向动态，在展现分项数据的同时，更直观地凸显了数据对比情况及数据发展趋势，用户可在短时间内接收到大量信息，以"上帝视角"对发展全局一目了然。该系列产品不仅在经济日报社各新媒体平台取得了良好的传播效果，还在新浪新闻首页固定位置刊播，上观新闻、腾讯新闻、西瓜视频等几十家网站转载，形成了全网传播力、影响力。初步统计，系列产品在经济日报微信平台的阅读量均为10万＋，全网传播覆盖面约上亿人次。

（二）短视频：丰富感官体验

相较于传统单一的文字、图片等报道形式，短视频新闻将视觉与听觉融为一体，更加符合移动互联网时代受众碎片化的内容消费习惯。在移动互联网时代，短视频新闻以其时长短、传播快、效果显著的特性极大地满足了受众碎片化的消费习惯。要在有限的时长内传播丰富的信息，短视频新闻必须选取独特的报道角度，准确抓住与主题有关的核心信息，用更紧凑、更简洁、更精练的方式呈现新闻内容。在媒体创新转型的背景下，各大主流媒体也纷纷瞄准短视频领域，将其作为媒体改革的新突破口，"人民视频""浙江视界""我们视频"等极具影响力的短视频新闻平台先后涌现。

2018年全国"两会"期间，人民日报社新媒体中心推出的微视频《中国24小时》，以1天为维度，以1小时为刻度，以24小时里的时间演进为逻辑主线，以系列化的形态架构起新中国成立70年来的整体风貌。截至2019年底，"中国24小时"系列微视频仅在人民日报社新媒体渠道的浏览量就超12亿人次，总点

---

① 方洁，颜冬．全球视野下的"数据新闻"：理念与实践［J］．国际新闻界，2013，35（6）：73-83．

赞数超过 1 900 万，网友评论超 46 万条；新浪微博话题阅读量逾 6.9 亿人次，讨论量达 83.2 万人次，成为人民日报社新媒体标志性爆款产品和品牌产品。其中《中国军人 24 小时》被业内专家评价为"竖版视频的样本教材"。

在 2019 年国庆阅兵庆典之际，央视新闻客户端推出的"AI 剪辑大阅兵"是中国广播电视总台"5G＋4K/8K＋AI"战略的一次应用实践，拓宽了人工智能技术在新闻报道实战中的应用范围和使用场景。为从更多角度以及更高效率地展现阅兵式与游行现场，央视新闻使用人工智能（AI）来完成分列式与群众游行的 82 个方队方阵的视频剪辑。庆典当天，单个 AI 剪辑视频在阅兵方阵完成表演后 5 分钟内迅速生成。并且，在视频输出过程中，剪辑策略可根据现场机位变化等状况进行即时调整。该系列中单条视频在新浪微博最多获得 38 万次转发、总点赞数超过 32 万，网友评论超过 1 万条，并被多家媒体账号转发，同时在央视新闻客户端形成专题报道，总计阅读量超过 2 亿次。

（三）直播：捕捉新闻现场

移动时代的网络直播不需要电视时代新闻直播的专业摄影设备，一部智能手机可以将新闻现场带到千里之外。基于实时影像、弹幕文字等多种传播符号，直播新闻已成为最具临场效应的媒体传播方式。在 2018 年全国"两会"期间，新华社推出服务于全国媒体的"现场云"，为入驻媒体免费提供基于移动端的全媒体采编发功能，只需手机就可实现即采即拍即传、即收即审即发。编辑用一台普通电脑登录后台，既可进行多路视频直播信号导播和编辑，也可在视频直播流播出的同时进行短视频剪辑和加工，还可基于记者所在位置进行实时连线和调度。

浙报集团旗下的"浙江新闻客户端"在 2018 年和 2019 年连续荣获中国新闻奖的"移动直播"奖项，是集团融合发展实践的重要成果。

2018 年的获奖作品是《直击 7·5 泰国普吉游船倾覆事故现场 救援仍在进行》，超过两小时的专题包括《浙视频直击普吉游船倾覆事故现场 救援仍在进行》和《普吉游船倾覆事故｜泰国总理巴育慰问遇难者家属》两场滚动直播及《浙视频独家跟拍泰国总理巴育慰问遇难者家属》等十余条视频、图片新闻报道。记者在直播过程中与网友实时互动，积极引导舆论，在泰方新闻发布会现场用中英文提问，关注浙江遇难者的救援及家属安顿情况，发出浙江声音。直播同时被央视、《人民日报》等二十余家媒体转载，全网直播观看量超过 3 000

万次，评论达数千条，在国际媒体的同台报道中体现了浙江媒体的担当。"浙江新闻客户端"成为国内媒体中对这一重大突发事件报道最及时、最全面、最高效的一家，并以报道中蕴含的人文关怀和温暖，获得了广大读者和网友的点赞好评。

2019 年的获奖作品是《超强台风"利奇马"登陆浙江温岭 浙视频记者夜闯台风眼》。该作品采用视频直播和图文滚动直播方式，报道了 2019 年 8 月 10 日超强台风"利奇马"在浙江温岭登陆的情况，发挥了媒体第一时间、第一现场的事件报道和信息传播功能。作品时效性和现场感强，较为充分地发挥了移动直播的灵活、交互等特性，取得了较大影响力，体现了媒体的社会守望功能。

（四）创意互动：促进用户参与

自 Web 2.0 开启互联网空间中的传受互动以来，传播过程中社会大众的参与程度就在不断加深。进入移动传播时代后，相较于 PC 端，移动端的私人属性和通信功能被进一步凸显，传播逻辑从需求驱动转向需求参与双驱动。在这个意义上，主流媒体内容产品在多大程度上可以吸引互联网用户的广泛参与，是其内容融合成功与否的重要标识。令人欣喜的是，我们已经看到多家主流媒体通过整合各类新兴内容生产工具，结合专业媒体长期积累的新闻敏感性，产出了许多既能在互联网用户中引起巨大反响、又能充分传递社会主义核心价值观的创意互动内容产品。

2018 年 10—12 月，"人民日报"客户端及北京和上海两地线下公共空间联动登场的"时光博物馆"系列报道将线上主题报道与线下创意体验相结合，采用 5 大场馆、9 大互动创意体验的形式，通过主题采访、评论文章、短视频、H5、直播等形式，进行全方位、全媒体报道，取得了主流媒体引领议题、大众参与、大众传播的报道成果。据不完全统计，时光博物馆线下累计参观人数超过 50 万人，参与线上相关话题互动的总人数超过 7 亿，全网总讨论量超 40 亿人次。2018 年 12 月 20 日，"时光博物馆"当选为"2018 年度社会生活类十大流行语"。

上海报业集团旗下"澎湃新闻"客户端于 2018 年 11 月发布的三江源国家公园全媒体报道专题"海拔四千米之上"基于扎实专业的现场采访、数据分析及后期制作，呈现出一个包含了 4 段精美视频、9 个 360 全景视频、9 个小环境展示视频的全媒体、多互动产品。专题作品在朋友圈、微博等社交平台刷屏，被各大网站广泛转载传播。网友在澎湃新闻客户端下评论："精品，很

赞的作品!""可以去开摄影展"。其中,专项项目中最重磅的产品《海拔四千米之上 | 极致体验·三江源国家公园重磅实景互动 H5》,使用了视频(普通拍摄+航拍+延时拍摄)、360 全景图片、定点 VR 视频、漫游 VR 视频、互动热点、延时拍摄等方式,移动端封面采用了随机打开可变技术,最终实现了多种技术和表现形式的大融合。H5 产品具备了 360 度可见的细节和可互动的贴近性,获得了广泛的关注、体验,点击量最终达 1 896 万次。

第三节　渠道融合

媒体融合战略框架下的渠道融合是指传统主流媒体传播渠道的互联网化。对于传统媒体而言,传播介质的分离带来了传播渠道的分立,报刊采用线下发行渠道,广播电视先后采用模拟信号、数字信号、宽带网络等渠道。进入互联网时代后,传统媒体的传播渠道转型出现多种路径。一种路径是将原创内容搭载到互联网传播平台,例如在微信、微博、今日头条、抖音和快手中建立官方账号;另一种路径是自建直接面向互联网用户的传播渠道,例如自建移动应用(App)、自建家庭大屏应用;还有一种路径是建立与互联网渠道并立的视听传播专用网络,即广电媒体的 IPTV。此外,报刊媒体的线下发行渠道也积极适应互联网产业的发展需求,例如将报刊投递员队伍升级改造为城市物流配送队伍。本节重点阐述前三种互联网化程度较深的渠道融合实践。

基于互联网传播的技术特征,传播渠道由三部分构成:网络、平台、终端。网络是不同终端之间相互连接的通道,互联网的开放性和共享性特征创造了丰富多样的传播网络;平台是一定范围内网络和终端的聚合,由专业团队运营的平台可以在网络和终端支持的多边交互中获得多边经济效益;终端是传播渠道的终点,包括硬件终端(如智能手机、家庭大屏、穿戴设备等)、软件终端(如移动应用、家庭大屏应用等)。

在目前的实践中,平台已成为渠道融合的主导力量,一方面原因在于多边经济效益使其获得稳定可持续的发展驱动力,另一方面原因则在于互联网赋予平台直接通达终端用户的能力,原有传播渠道的垄断地位已然消失。例如,微信越过几大电信运营商,在私人通信领域成为领军者。更重要的是,传统典型运营商与其用户的关系只存在于通信业务，属于双边交易关系；而微信提供私人和群组通信、熟人社交、公共资讯、生活服务以及金融服务等，它与用户的多边交易关系必然带来更直接、广泛和丰富的社会连接。有关平台融合的详细阐述参见本章第四节。

一、主流媒体的"移动优先"战略

在移动传播时代，智能手机中的各类 App 成为媒体消费的主要渠道。自2012 "移动元年"以来，手机网络新闻用户规模持续上涨，早在 2020 年底，手机网络新闻用户（7.41 亿）就占整体网络新闻用户（7.43 亿）的 99.7％。[①]移动传播的重要地位在媒体融合政策的发展中也有凸显。2017 年 1 月，时任中宣部部长的刘奇葆在"推进媒体深度融合工作座谈会"上提出：推动媒体融合发展，必须顺应移动化大趋势，强化移动优先意识，实施移动优先战略。首先，传统媒体进入移动传播领域，需要关注新闻客户端发展，推动移动媒体建设，形成载体多样、渠道丰富、覆盖广泛的移动传播矩阵。其次，主流媒体的移动新闻生产，要遵循新闻传播规律和新媒体发展规律，重点在"准""新""微""快"上下功夫，打造与主流媒体品格和气质一致的移动新闻精品。最后，推动媒体深度融合，必须以先进技术为支撑，用最好、最新的技术提升采编能力，拓宽传播领域。[②]

受到国家政策的激励和互联网市场竞争的压力，我国主流媒体开启面向移动互联网市场的转型，具体形式包括两种：自主建设移动客户端和将原创内容通过互联网平台进行传播。自主建设移动客户端需投入一定的前期成本，并建立专门的运营维护团队，其优点在于可以建立与互联网用户的直接联系，且主流媒体对客户端中全部的用户数据资源拥有主导权。相较而言，后一种形式的投入成本较低，主流媒体可以继续发挥内容原创优势，避开技术开发短板。但这种形式存在两方面显著缺点：一是原创内容的价值成为平台经济流转中的重要资源，所产生的经济价值却无法回到主流媒体手中；二是用户数据资源完全由互联网平台控制，主流媒体进行内容创新所需的用户反馈可能受到限制。

① CNNIC. 第 47 次中国互联网发展状况统计报告［EB/OL］. （2021 - 02 - 03）［2021 - 05 - 23］. http：//www.cac.gov.cn/2021 - 02/03/c_1613923423079314.htm.

② 刘奇葆：推进媒体深度融合 打造新型主流媒体［EB/OL］. （2017 - 01 - 12）［2021 - 05 - 24］. http：//www.xinhuanet.com/zgjx/2017 - 01/12/c_135975745.htm.

（一）主流媒体自主建设移动客户端

在不断推进的媒体融合实践中，主流媒体自建的移动客户端已不限于提供新闻资讯及文化娱乐服务。移动客户端虽然仅作为一个软件应用存在于智能手机中，但其中可承载的服务项目可随着后台数据系统的拓展而不断丰富。参照互联网平台的发展经验，主流媒体自建客户端的服务范围已延伸到地方政务、商务和生活服务领域。该发展路径从媒体经营层面响应着媒体融合国家战略自提出以来对经营融合、服务人民的政策倡导。关于媒体经营及服务的详细内容参见本章第五节"经营融合"，以及第三章的相关论述，本部分主要介绍主流媒体自建的两大类移动客户端。

1. 新闻资讯客户端——以中央三大媒体为例

中央三大媒体的新闻客户端上线时间较早。中央电视台于 2013 年 5 月 1 日推出"央视新闻"客户端；2014 年 6 月 11 日，"新华社发布"（后更名为"新华社"）客户端正式上线；2014 年 6 月 13 日，"人民日报"客户端上线。截至 2017 年底，新华社、人民日报社、央视新闻均已实现亿级以上用户规模，澎湃新闻、浙江新闻则达到千万级用户规模。此后，全国各地的传统媒体在内容产品创新方面表现得非常积极，纷纷上线了自主开发的新闻客户端，其中最突出的要数"东南西北中"格局的形成：上海《东方早报》推出新媒体项目"澎湃新闻"客户端；《南方都市报》推出"并读"新闻客户端；四川日报集团（川报集团）与阿里巴巴成立的"封面传媒"推出了"封面"新闻客户端；财讯集团联合新疆和阿里巴巴三方共同打造的"无界传媒"推出了"无界"新闻客户端；长江日报报业集团打造了"九派新闻"客户端。至此，"东澎湃，南并读，西封面，北无界，中九派"的新闻客户端格局正式形成。此外，还有河南大象融媒与《东方今报》联手打造的"猛犸新闻"、新华报业传媒集团主办的"交汇点"、重庆日报报业集团推出的"上游新闻"等。

人民日报社旗下有"人民日报""人民日报＋""人民直播""People's Daily"四个移动客户端。其中"人民日报"客户端是最核心的新闻资讯客户端。该客户端于 2014 年 6 月正式上线，2019 年 9 月更新的版本在主流媒体客户端中率先推出"主流算法"，是主流媒体探索移动端精准分发的标志性动作。通过质量把控、智能分发和传播反馈三个重要步骤，用主流价值导向驾驭"算法"。在质量把控上,"主流算法"通过内容质量审核系统,实现人机结合,赋能内容正向价值观。在智能分发上,基于机器学习构建智能推荐系统,以数据输入、召回算法、模型排序和生成列表等方式,结合专业的内容分发经验,实现个性化推荐、关联推荐和热门推荐等三大场景算法推荐,构建主流价值引领的推荐系统,赋能机器价值观。在传播反馈上,根据机器学习算法、实时的动态监测,实现全面检测内容传播力度、快捷聚焦热点事件、精准在线浏览与分发,智能分析舆情传播路径及影响力。除了推出主流算法,还通过"人民号"汇聚了 20 000 多位政务、媒体、自媒体等多元创作者,形成主流热点内容聚合、分发的格局。在内容形态上,兼具直播、视频、音频、图文、动态、话题等多种形态,并丰富了移动政务服务厅等贴心便捷的问政服务和扶贫、公益等众多创新特色功能,构建了"人民号＋直播""人民号＋知识""人民号＋问政""人民号＋公益"等内容生态。同时,人民日报社推出"人民号＋矩阵号"模式,打造"人民号＋行业号""人民号＋地方号"的内容传播矩阵。加上推荐、视频、报纸版面、直播、话题、评论、搜索以及收藏等板块的改版升级,"人民日报"客户端更能适应移动传播环境下的用户需求。

中央广播电视总台旗下有多款移动客户端,其中最核心的新闻资讯客户端是"央视新闻",而"央视频"更能代表移动传播时代国家电视台的融合创新。"央视频"是中央广播电视总台基于 5G＋4K/8K＋AI 等新技术推出的综合型视听新媒体旗舰平台,也是中国首个国家级 5G 新媒体平台,于 2019 年 11 月20 日正式上线。在技术架构上,"央视频"采用先进的"大中台＋小前台"设计,通过云服务打通传统媒体生产环节和物理空间,从技术上、流程上实现了从内容数据到用户数据的共享分享、互联互通。在形态上,"央视频"涵盖短视频、长视频和移动直播,独家打造垂直内容体系与账号森林体系,并可实现4K 投屏观看,为用户带来全新的视听体验。在内容上,"央视频"改变了过去传统电视频道、栏目的结构逻辑,聚焦泛资讯、泛文体、泛知识三大品类,以账号体系为内容聚合逻辑,连接、撬动了总台长期积累沉淀的优质资源和各类社会头部创作力量,以开放共建的姿态实现优质内容资源整合,共同打造总台的新媒体、新平台。2020 年初武汉封城之时,"央视频"开启直播端口,通过固定机位、无剪辑、无串场、原生态的慢直播形式,24 小时全程展现武汉火神山、雷神山两所专门救治医院的建设过程,让"宅"在家中的广大网友当起了"云监工"。短短十数日,"两神山"慢直播创造了多项视频直播纪录,累计近2亿人次观看。①

"新华社"客户端自2014年上线后不断探索技术革新，其中的"现场新闻"标准体系已经成为国内新闻行业第一个移动新媒体现场直播标准。"现场新闻"依托新华社的报道优势和遍布全球的报道网络，精心策划选题，不断优化产品升级。其团队密切关注新媒体发展动态，跟踪新技术、新应用，对国内国际现场报道及视频直播前沿技术进行系统调研，累计对"现场新闻"进行了规模不等的7次改版升级，确保"常改常新"，并对UI设计、报道功能、后台运维等方面不断优化，先后进行了500余项技术革新，着力增强即时互动、自主导播、数据分析、分享拓展等功能，力求界面友好、功能先进、技术领先。

在建成客户端的基础上，主流媒体在移动端的内容分发上也有所创新。浙报集团、四川日报集团和上海东方网等走在媒体融合发展前列的主流媒体已经成功将人工智能技术运用到内容分发的实践中。浙报集团通过与微软公司合作，将人工智能技术应用于新闻客户端，并于2017年推出搭载了人工智能机器人"微软小冰"的新闻客户端——浙江24小时；川报集团也与微软公司合作，把"微软小冰"用于自有客户端"封面"；上海东方网则利用语义识别、图像识别等人工智能技术，打造了"东方头条"新闻客户端，它能够通过收集并分析用户的行为数据发现用户潜在的可能存在需求的内容信息，然后运用算法和信息匹配技术将这些信息内容直接推送给相应的用户，实现信息的精准分发。

2. 县级融媒体的超级客户端

建设全媒体传播体系是媒体融合的长期目标，此体系中不仅需要发布权威新闻、引领社会舆论的中央级媒体客户端，而且需要实力雄厚的省级媒体客户端在技术创新方面的前沿探索，还需要让主流媒体服务回归群众、落实到基层、融入生活。

县级媒体依托同级行政体系而存在，几乎独家拥有本地区的所有传播资源，是最接近基层人民群众的通道之一。随着移动互联网应用的普及和下沉，县域用户已成为移动应用最大的增量群体。通过建设县级融媒体中心，实现渠道下沉和资源整合，聚集起海量用户并建立用户黏性，构建起新型媒体平台，

---

① 慢直播：视频直播形态的探索与创新：以"火神山、雷神山云监工"为例［EB/OL］.（2020－06－18）［2021－05－24］. https://www.thepaper.cn/newsDetail_forward_7901115.

形成现代全媒体传播体系，具有较强的可行性。县级融媒体中心作为基于互联网的新型媒体平台的端口和基础，其功能和作用主要体现为扩大新型媒体平台的传播效果，向新型主流媒体平台导入信息、导入用户及本土资源，借助新型媒体平台的技术能力和资源开展本土业务运营。

浙江省安吉县安吉新闻集团的融媒体中心自主研发集新闻资讯、生活应用为一体的"爱安吉"移动客户端，其功能包含县域新闻资讯浏览、部门信息发布、便民服务应用。"爱安吉"能够遍览安吉县电视、广播、报纸等媒体的新闻资讯，还集成了交通、供水供电、气象等 20 余个部门的信息发布功能，成为公众参与的舆论引导平台。"爱安吉"提供的生活服务功能包括：提供有关社会综合信息的消费维权、平安安吉、看安吉等板块；提供有关便民服务的借车扫码、预约挂号、购买电影票、安吉美食等 20 个板块。截至 2019 年底，"爱安吉"下载用户已达 20 万，日阅读量达 5 万人次以上，活跃度约为 40%，依托这一客户流量，安吉新闻集团实现了移动端经营创收。

（二）主流媒体内容搭载商业平台

互联网内容分发平台拥有海量用户，主流媒体内容"借船出海"之举虽然无法实现用户数据资源的自主控制，但却是与自媒体内容"同台竞技"的机会。通过对互联网平台中官方账号的建设与运营，主流媒体可以收获符合互联网传播规律的创作策略和运营技巧；在与自媒体账号的竞争中，还可树立起兼顾权威发声与贴近群众的新媒体品牌形象。因此，主流媒体内容搭载互联网商业平台也已成为媒体融合的重要举措。

人民日报社的"侠客岛"栏目是主流媒体"借船出海"的成功案例。"侠客岛"自 2014 年创办以来，以时政新闻解读为主业，在微信、微博、门户网站、主要资讯客户端等多个媒体平台落地，以优质内容、清新文风，"成为融合发展时期主流媒体积极影响海内外舆论的轻骑兵"（中宣部《新闻阅评》）。在内容上，"侠客岛"绝大部分稿件为专业原创，时效性强、尺度拿捏到位、社会效果良好。在形式上，"侠客岛"的原创内容以 2 000 字左右的时政解读文章为主，图文并茂、版式清朗，注重移动端用户的阅读体验。除文字外，还运用互联网思维，开发多种传播形式，如视频、H5、动漫、小游戏、在线直播、线下活动等，丰富了用户体验。在风格上，"侠客岛"的内容做到了"大事不隔天"、观点正能量、话语接地气。截至 2020 年底，"侠客岛"在微信公众平台、海外网、新浪微博、今日头条、企鹅媒体平台、搜狐、凤凰、网易等多个互联网平台上的总用户量已超 1 000 万。

面对快速发展的移动短视频潮流，中央广播电视总台新闻新媒体中心于 2019 年 7 月推出《新闻联播》的新媒体版本《主播说联播》日播短视频栏目。这是一款脱胎于《新闻联播》、为新媒体平台量身打造的短视频产品。每期视频时长约 1 分钟，从《新闻联播》中播发的新闻切入，结合当天重大事件和热点新闻，由当天一位值班主播用年轻人喜爱的网络语言讲新闻、评热点、观天下，解读大政方针、传递主流声音。第一期短视频在微博平台播放量达 3 326 万。截至 2020 年 5 月 27 日，话题♯主播说联播♯的微博阅读量超过 53 亿人次。在央视新闻微信公众号，单篇阅读量几乎均达到 10 万＋。同时，短视频登陆 B 站、抖音、快手等平台，在快手平台平均播放量为 500 万，累计播放量超过 15 亿人次；在抖音平台单条点赞量多在 100 万以上，累计播放量超过 10 亿人次。

二、互联网电视与家庭大屏

（一）IPTV 与 OTT TV

随着智能电视机的快速发展，家庭大屏互联网化步伐持续加快，IPTV、OTT TV 在我国迅速崛起。2019 年底 IPTV、OTT TV（智能电视＋OTT 盒子）的激活量分别为 2.94 亿台和 2.60 亿台，而有线电视缴费用户数量仅为 1.45 亿户。IPTV、OTT TV 和有线电视三足鼎立的局面已经被打破，IPTV＋OTT TV 齐头并进成新局面。2020 年新冠肺炎疫情期间，家庭大屏使用率大幅上升。智慧大屏产业链心系疫情，纷纷推出疫情专区、在线教育、家庭院线等便民服务，积极承担起家庭核心媒体的责任，智慧大屏的回归进一步丰富了媒体新样态。

1. 转型升级的 IPTV

截至 2020 年 10 月，IPTV 已覆盖全国 3.07 亿用户，成为客厅端主流媒体舆论阵地。植根于三网融合的沃土，IPTV 的发展经历了从艰难走向稳定再到爆发式增长，已经逐步成长为一支成熟的媒体队伍。其核心优势在于以下几点：首先，功能多、性价比高是用户选择 IPTV 的最主要原因，有直播、大屏、画质好是 IPTV 跟 OTT TV、有线电视及互联网视频相比的竞争优势。其次，既有广电基因又有互联网属性的总分平台两级架构是 IPTV 的机制优势。

最后，IPTV用户黏性强，近50%的用户每天收看，80%的用户经常用直播。和传统的电视收视曲线不同的是，IPTV的收视更加平权化，更接近于互联网媒体的浏览情况。这意味着用户在对时间再分配的过程中，IPTV用更丰富的内容和应用为用户提供了更多的选择，或者说，在精细化的运营过程中，IPTV提高了用户和内容的匹配效率，为大屏创造了更多增量。IPTV的转型升级要以技术手段为底层支持，必须立足于平台，依托于产业，进军智慧家庭产业，最终实现用户从看电视到用电视的转变。

例如，SMG和东方明珠正式推出视频流媒体应用平台"BesTV＋"，以视听文娱内容为主，并已经对接了B＋商城、B＋教育等服务。在规划中，未来平台将不断迭代更新，还将接入B＋财经、B＋体育等业务，形成覆盖文娱及生活领域的入口，提供特色服务。BesTV＋以一个账号对接多个终端的方式，打通了渠道和内容、大屏和小屏、专网和移动互联网、线上和线下，以用户为中心，实现了"内容＋服务"双核驱动。

此外，陕西IPTV的升级品牌——"圆点TV"以打造高品质视听娱乐内容为基础使命，拥有200多个直播频道、超过100万小时的点播资源，覆盖了90%的热门头部内容，及教育、体育、游戏、健康等泛娱乐业务，4K超高清内容，VR和AR的互动高清视频。并且在提供视听服务的基础上，以人工智能、超高清、大数据、云计算等新技术赋能，开展智能语音、智能审核、精细化运营、圆点云大数据服务等业务，为智慧场景赋能。

2. 智慧赋能的OTT

2020年，面对新冠肺炎疫情带来的社会经济和市场巨变，OTT行业在加速开放创新中寻找"危"中之"机"。一方面推动5G、AI、IoT等新兴技术进一步赋能产业，形成以用户需求为导向的产品、服务创新机制；另一方面优化运营、创新模式，并推动多元合作、打造生态。

银河互联网电视作为中央广播电视总台旗下的互联网电视播出平台，积极响应国家防控抗疫要求，按照中央广播电视总台的相关部署开展了"众志成城奋战疫情""疫情动态""今日疫情分析""聚焦安全返程复工"专题宣传报道，内容囊括疫情数据分析、落实"菜篮子"、保障居民需求、企业职工医保、维护正常交通秩序、企业复工复产等相关内容，以视频轮播、精彩片段、微视频等专辑形式展现。截至2020年第一季度，专题共上线722条点播视频专辑，触达 3.2 亿用户，视频总播放次数达 1 296 万次。

疫情期间，华数互动电视开展了五项"宅家"专项服务：官方权威新闻报道公开透明信息安民心；缓解百姓就医难，名医在线免费咨询问诊；科普互动，普及加强大众卫生意识；公益放送，海量付费内容免费看；关注青少年，华数智慧校园远程教育上线。华数"智慧广电"助力基层治理全覆盖："城市大脑"大数据服务居家生活，筑牢疫情防护网；基层治理综合系统，搭起疫情防控信息通道；乡村防疫宣传，应急广播"村村响"；智慧医养，减轻医者压力；高速出口，高清图像接入公安防控平台；助力养老机构，养老机构疫情防控软件汇总大数据等。

（二）主流媒体内容登录互联网电视

在互联网时代，传统的电视体系面临解构，更多的音视频内容通过互联网渠道传播。而"三网融合"使得有线电视网络必须由电视体系的专用网向公用网转型，传统的电视机也在从专用设备向兼容性显示设备转变。在这些变化背后，对于传统电视媒体集团来说，解决媒体融合问题的关键在于能不能继续保有较大的用户（不是传统的观众）规模和较强的用户黏性。我国的电视媒体集团大多数同时拥有对地方性广播电视信号有线传输网络的控制权，这一网络技术特性决定了电视媒体集团拥有该集团覆盖范围内较大规模的以家庭为单位的用户，而且其所掌握的各种用户信息较为精确，从网络传播的视角看，这是一个巨大的用户入口，是传统电视媒体集团融合发展的重要条件。

家庭大屏是建设智慧家庭的核心和重要入口，是媒体渠道建设的发力点，也是电视媒体的传统"阵地"。从市场竞争角度看，当前新兴互联网视频服务商的主要策略之一，就是通过以互联网电视一体机和"OTT 盒子＋电视大屏"为代表的互联网电视设备，瓦解传统电视媒体集团对家庭大屏的垄断性优势。因此，在某种意义上，传统电视媒体集团的媒体融合转型，关键在于能不能坚守住家庭大屏，并积极借助多种技术手段和社会资源，把它转变成互联网上的用户入口。这要求传统电视媒体集团既不能抱残守缺，抵制先进的互联网技术带来的变化，也不能妄自菲薄，不敢坚守原有阵地。

对于传统媒体来说，如何在这场争夺用户入口的战争中赢得一席之地，显得尤为关键。从融合发展的角度考虑，传统媒体应以终端发展为主线，充分利用自身的内容生产优势和牌照优势，积极探索与互联网音视频服务商及终端设备生产商的合作，扩大自身在大屏上的影响力。目前，诸多媒体、广电网络公司已经开始尝试从终端发力。例如，芒果 TV 就不断尝试从终端发力，先是联合智能网络电视机顶盒厂商开博尔共同推出"芒果月光宝"机顶盒，该设备采用业界领先的极速八核 CPU，支持 H. 265 视频解码、4K 片源输出，从运转速度、音画质等多方面满足用户的更多需求；之后又与 1905 互动正式合作，推出"1905 芒果时光"电影盒，为用户带来游戏、互动和娱乐新体验。另外，东方明珠旗下的百视通技术与中兴九城联合发布了定位于体育赛事的 OTT 内容终端"球迷棒"，用户将其插入电视机即可观看英超及其他赛事全年的直播和转播。

接入平台呈现在用户终端上，通过网络直接连接用户与媒体，媒体通过接入平台为用户提供内容和服务。媒体针对不同终端产品开发的各类客户端都是接入平台，如 IPTV 客户端、互联网电视客户端、手机客户端等，用户通过这些客户端获取媒体提供的信息及服务。客户端包括两种类型：一种是能形成用户入口的平台型客户端，另一种是纯端口型客户端。平台型客户端是指以客户端作为用户入口，其背后连接着大数据平台的产品；纯端口型客户端是指只有前端的端口，没有连接大数据平台的新闻客户端。平台型客户端可以通过用户入口向平台导入大量用户数据，对这些用户数据进行挖掘、分析之后，再应用到客户端中，可以为用户提供精准信息推送服务；纯端口型客户端则不具备数据处理能力，只是为媒体内容的发布提供了一个新的端口。目前，传统媒体针对各类终端开发的客户端多数都是纯端口型客户端，如果希望为用户提供更细分、更有针对性的服务，有能力的媒体应建设平台型客户端，将内容产品打造成平台的用户入口之一。

三、三网融合背景下的广电网络转型

(一) 广电网络与电信网络合作运营 IPTV

2015 年 9 月，国务院办公厅印发《三网融合推广方案》，加快在全国全面推进三网融合，推动信息网络基础设施互联互通和资源共享。该方案提出了六项工作目标，其中第一项就是要在全国范围内推动广电、电信业务双向进入。各省（区、市）结合当地实际确定业务开展地区，电信、广电行业主管部门按照相关政策要求和业务审批权限开展业务许可审批，加快推动 IPTV 集成播控平台与 IPTV 传输系统对接，加强行业监管。2015 年，我国有线电视用户达到 2.39 亿户，基本已触及家庭电视用户规模的天花板，同时，宽带光纤所覆盖的用户也早已突破 2 亿户，宽带用户与有线电视用户之间必然存在大量重合，随着我国宽带技术的不断提升，未来的宽带业务必然对有线电视业务有所冲击。广电网络运营商与电信运营商的合作可以快速形成网络回路，形成双向互动网络。

IPTV 通过电信提供的光纤网络传输电视节目，但 IPTV 集成播控牌照都掌握在广电媒体的手中，囿于行业壁垒和利益冲突，广电与电信在 IPTV 业务上的合作一直进展缓慢。近两年来，在政策的推动下，广电与电信的合作逐渐展开。例如，广东广播电视台与广东电信联合打造的广东 IPTV 推出了 4K 超高清视频服务，为 IPTV 用户提供 4K 极清、蓝光服务，及 9 路蓝光直播频道和高清视频点播；芒果 TV、百视通、上海电信三方合作，携手在上海电信 IPTV 高清平台上线"芒果 TV 专区"，并在上海电信 4K 平台同步呈现；北京新媒体（集团）有限公司和中国电信股份有限公司北京分公司，签署战略合作协议，双方将在移动数据、增值业务、宽带业务层面展开全方位深度合作，并联合发布了"天翼高清北京 IPTV 家庭全媒体交互平台"产品。

（二）广电网络公司获得电信业务经营许可

2016 年 5 月 5 日，中华人民共和国工业和信息化部（简称工信部）向中国广播电视网络有限公司颁发《基础电信业务经营许可证》，批准中国广播电视网络有限公司在全国范围内经营互联网国内数据传送业务、国内通信设施服务业务，并允许中国广播电视网络有限公司授权其控股子公司中国有线电视网络有限公司在全国范围内经营上述两项基础电信业务。中国广播电视网络有限公司正式成为继中国移动、中国联通、中国电信之后的第四大电信运营商，这是我国全面推广三网融合工作的最新进展，进一步提高了广电、电信业务双向进入的深度和广度。事实上，中国广播电视网络有限公司之前已经获得了国内多方通信服务业务、国内因特网虚拟专网业务、因特网接入服务业务、因特网数据中心业务、网络托管业务、呼叫中心业务、信息服务业务等七张跨地区电信业务经营许可证，但缺乏基础电信业务许可证，此次正式获得的两项基础电信业务许可，意味着广电网络公司也可以经营宽带业务。虽然短期内很难形成与三大电信运营商相抗衡的竞争态势，但中国广播电视网络有限公司也有其自身的优势，一是多年来通过遍布全国的基础网络积攒了大量用户，二是聚集了大量的优质电视内容，这些优势能否在未来的发展中发挥作用，还要看广电网络公司的整合能力。目前，中国广播电视网络有限公司能否借助这块牌照整合国内广电网络公司的资源，利用现有网络设施，为用户提供更优质、更低价的宽带接入服务，推进我国三网融合发展，仍需拭目以待。

（三）广电网络公司布局全产业链

除了中国广播电视网络有限公司积极努力获得基础电信业务运营牌照之外，各地广电网络企业也都在不断拓展自身的业务范围。广电网络公司本身是一个渠道型公司，但近年来，歌华有线、湖北广电、华数传媒等国内发展较好的广电网络公司都尽可能地借"三网融合"的发展契机，不断突破自己作为渠道型公司的单一发展模式，利用自身可以直接到达用户的优势，逐渐将业务范围扩展到全产业链。

广播电视网络公司在布局全产业链时，有一个共同的努力方向，即参与"智慧城市"建设。例如，歌华有线公司与北京视联动力国际信息技术有限公司合作建设、推广和运营"歌华视联网"品牌和业务，搭建智慧城市服务平台，为北京市政企事业单位提供视频通信及增值业务；湖北广电网络公司与小米科技、中国电子投资控股有限公司、捷成股份分别签署合作协议，在智慧家庭、电视游戏、大数据及"互联网＋"等多领域展开合作。

"智慧城市"主要是指利用以物联网、云计算等为核心的新一代信息技术来改变政府、企业和人们相互交往的方式，对于包括民生、环保、公共安全、城市服务、工商业活动在内的各种需求做出快速智能的响应，提高城市运行效率，为居民创造更美好的城市生活。[①] 广电网络公司参与"智慧城市"建设，意味着要将其广电专网转变为互联互通的 IT 架构，推进广电网络业务能力升级，使广播电视网络成为未来"物联网""智慧城市"的核心承载网络，通过建立网络数据中心和智能分发网络，提供信息云服务，形成"一云多屏、多屏互动"的传播体系，更好地满足交互型业务与全媒体业务发展需求。

广电网络公司参与智慧城市的建设主要是想利用渠道优势来打造新的用户平台，留住传统用户，使他们在新平台上得以聚集，并增强用户黏性。这种

---

① 巫细波，杨再高. 智慧城市理念与未来城市发展 [J]. 城市管理，2010，17（11）：56 - 60，40.

"视频＋智能应用＋游戏＋电视购物"的家庭电视智慧服务生态链可以使广电网络公司获得家庭大屏的控制权,并将其转变成互联网上的用户入口。

此外,广电网络运营商的差异化发展也有不少亮点:

陕西广电网络公司开拓医疗健康服务:陕西广电网络公司与西安怡康医药连锁有限责任公司签署战略合作框架协议,充分发挥各自的优势资源,建立健康产业利益联盟,构建"陕西广电怡康大健康传媒平台",面向广大用户提供远程问诊、医药电商、健康智能终端、大健康信息传播等业务,打造大健康产业综合服务商。陕西广电利用怡康医药的线下实体门店及线上平台资源,宣传、代理该公司数字电视、宽带及其他相关业务,同时为怡康医药提供互联网光纤接入、无线网络覆盖及专网通道租赁等网络支撑服务。这次合作是陕西广电探索"互联网＋大健康"的一次积极尝试,有利于公司多元化发展。

歌华有线探索电视院线产业链:歌华有线、阿里巴巴、中国电影股份有限公司等6家公司,共同发起组建中国电视院线运营公司,加速推动"中国电视院线"的上线及运营。歌华有线还与中国电影股份有限公司签署合作协议,双方将在业务、资本等方面进行多种形式的合作,包括建设电视院线中影专区,合作投资优质影视剧作品的创作和发行等。"电视院线"是歌华高清交互平台上最受欢迎的应用,众多热门电影在电影院下映的第一时间就会在"电视院线"上线,用户可以及时点播观看这些热门影片。据歌华有线公布的2015年年报数据,电视院线已在天津、河北、重庆、深圳等22个省市落地,覆盖用户达2 000万户。2015年,歌华的电视院线共上映了400余部热门影片,随着电视院线在全国各省市的推广,歌华有线计划加大对各类型影片的版权购买,增加首播、独播影片。

华数传媒发布新媒体生态战略:2015年7月20日,华数传媒网络有限公司在北京举行了新媒体生态战略发布会,首次公布其新媒体生态战略,并发布"华数视频＋"相关产品。华数的新媒体业务已全面展开,并与有线电视网业务形成了具有综合竞争优势的融合媒体平台。华数新媒体生态四大战略包括内容战略、产品战略、共赢战略、人才战略,希望以此打通产业链上下游,打造具有核心竞争力的综合传媒平台,使平台、内容、终端、用户等全产业链实现一体化发展。

第四节　平台融合

互联网的发展具有强烈的平台化趋势，用户在一个应用平台上的互动（互换信息与资源）以及平台整合资源以满足用户的多方面需求是当前互联网发展的主要特点。所以，平台融合的核心问题就是如何建构一个拥有海量用户和多种资源、功能强大的平台，并在这个平台上使用户的需求得到充分的满足，从而使平台具备强大的黏性。传统媒体实现"互联网＋"，正是要通过建设自主可控平台，来汇集海量用户，形成用户数据库，实现用户数据的采集、挖掘、分析及应用。所谓平台融合，就是要将由不同用户入口形成的用户平台有效地连接起来，也就是说，将不同的用户数据库有效地打通，形成一个更大的、普遍联系的平台。

基于以上分析，主流媒体平台化发展的本质是：聚合海量用户、提供多元服务、支持多边资源的价值交换，从而增强用户黏性，建立与群众的普遍连接，围绕媒体核心功能建成全国性或区域性生态级互联网媒体平台。[①]在媒体融合的五个方面中，平台融合对各类数据和资源的聚合与交融，为内容、渠道、经营和管理的融合奠定基础。建设自主平台的意义还体现为增强主流媒体的网络舆论主导权、提升用户和资源的聚合能力、促进媒体商业模式的重构。

我国主流媒体集团经过 20 世纪 90 年代末开始的集团化发展，大多已形成了多元化产业经营体系。但这些多元化经营项目通常没有建构在互联网平台之上，没有形成用户数据库，所以难以增强传媒业在互联网时代的竞争优势。因此，主流媒体集团在平台化发展中，应当把以往的多元经营有选择地转变为互联网平台上的垂直应用。从资源基础理论（resource-based view）的视角出发，支撑这些多元经营的"隐形资源"是有价值的、稀缺的、不可完全模仿的和不可完全替代的"异质性资源"，包括：公信力和影响力、本地社会资本。首先，作为公共信息和权威资讯的发布主体，主流媒体在社会生活中具有公信力和品牌影响力；其次，地方主流媒体与所在区域的政府、企业和社区有着长期稳定的联系，这些社会组织作为本土化资源的拥有者，都是有助于主流媒体拓展业

---

① 宋建武，黄淼，陈璐颖．平台化：主流媒体深度融合的基石［J］．新闻与写作，2017（10）：5 - 14.

务范围的社会资本。

一、主流媒体平台化发展的必要性

（一）平台化才能使主流媒体掌握网络舆论主导权

媒体融合的实践证明，建设自主可控的平台是主流媒体掌握网络舆论主导权的关键举措。具体而言，主流媒体建设自主可控平台的意义包括两个方面。首先，主流媒体需要通过自主可控的平台实现与互联网用户的直接连接。过去十余年间，互联网信息服务商借助互联网传播渠道的迅速发展，打破了传统媒体对传播渠道的掌控，形成了所谓的"去中介化"效应，减弱了传统媒体与受众的直接连接；而传统媒体在与现有互联网平台的各类合作中，通常无法获得直接接近互联网用户的机会。其次，鉴于互联网信息传播的平台化特征，主流媒体只有拥有自主可控的平台，才能够有效控制舆论场的走向，掌控网络舆论主导权。

从"人在哪儿重点就应该在哪儿"到"打造自主可控、传播力强的新型传播平台"，通过媒体融合使主流媒体掌控网络舆论主导权的战略意图正在具体化为执行策略。当下，各种形式的互联网信息服务快速发展，移动资讯应用和移动社交媒体取代传统传播渠道成为大众的主要信息入口，聚合类平台、自媒体公号不断涌现，网络直播、问答社区等都正在成为舆论生成的重要场所。在此背景下，主流媒体通过建设自主可控平台来掌握舆论主导权的任务日益迫切。

（二）平台化有利于主流媒体聚合优势资源、吸引海量用户

如前文所述，主流媒体的平台化发展会带来多类传播主体和资源要素的聚合，也使得媒体平台能够聚集起海量用户。基于平台经济的特点，主流媒体可以采取的策略包括三方面。首先，在资源聚合方面，主流媒体应在强化原创内容生产力这一核心能力的基础上，聚合独具竞争优势的异质性资源，扩展平台功能，形成对用户的多维度服务能力。其次，在用户聚合方面，将传统渠道受众转化为互联网用户，以及通过运营新的互联网垂直应用拓展用户规模，特别应该提到的是，主流媒体应当积极介入"智慧城市""智慧政务"的建设过程中，把通过"互联网＋政务"产生的大规模互联网用户集聚在媒体平台之上。最后，媒体平台对用户和资源的聚合效果，还必须建立在数据库建设的基础上。只有实现后台数据的开放共享和持续更新的平台化运营，才能实现高效的

多边价值交换，从而形成平台经济。

（三）平台化有利于主流媒体重构基于互联网的商业模式

在传统媒体经济中，版权和广告是传媒产业化的两种基本方式。[①] 在互联网技术、数据库技术以及人工智能技术深刻改变了传媒产业运作的当下，这两种产业化方式都需要升级。

在版权领域，由于数字化信息复制和传播的便利性以及互联网传播的无界性，通过版权制度实现信息产品商品化的方式受到冲击。《世界知识产权组织版权条约》中关于数据库版权的规定为传统媒体在互联网时代寻求"新闻获利权"的解决方案提供了一种路径，即遵循使用数据库的思路，通过细化现有规则和建立新的规范，同时恰当使用技术手段，逐步解决传统媒体所生产的原创新闻信息的利益保护问题。[②] 而数据库建设，需要依托于平台化运营对不同的资源要素、产品渠道、用户入口的数据化整合。

在广告领域，互联网平台对公共信息传播的去中介化效应同样发生在商业信息传播领域。在移动传播体系中，信息使用的个人化特征日益凸显，传播主体具体化为个人，而不再是群体，大众传播模式下"广而告之"的营销力在下降。但同样借助于数据库技术和算法，基于对每个用户的需求和偏好的深度挖掘，精准化、定向化的商业信息传播正在得到普遍应用。从广告向精准营销的演进，实际上是对信息传播从大众化向个人化变迁的适应过程。在这一过程中，媒体平台通过多边价值交换，可以实现对特定用户多种需求的精准服务。

在互联网媒体平台上，以新的信息传播模式、资源整合方式和产业运作手段为基础，媒体与其他产业的结合正在孕育新的商业模式，媒体电商就是典型代表。实际上，基于互联网的媒体平台的商业模式重构，就是媒体经济从通过提供广告服务完成价值变现的"双边市场模式"向围绕用户需求通过多边价值交换完成用户价值变现的"平台经济"模式的升级。

信息服务和版权产品，精准营销，以及媒体电商共同构成了新型媒体平台的商业模式，如图 2-2 所示。这三种产品和服务实际上代表着三种类型的多

---

① 宋建武. 媒介经济学：原理及其在中国的实践 [M]. 北京：中国人民大学出版社，2006：32-35.

② 宋建武. 新闻版权即新闻获利权：兼论以数据库版权解决新闻版权问题的可能性 [J]. 现代传播（中国传媒大学学报），2017，39（11）：106-110.

边价值交换活动。信息服务和版权产品中的"边"包括信息的生产者和接受者，这种价值交换是对传统媒体经济中"新闻市场"的升级；精准营销中的"边"包括媒体商、营销商和消费者，这是对传统"广告市场"的升级。而媒体电商因为是媒体运营与电商运营的整合，其包含的"边"较为复杂，包括媒体商、供应商、物流商和消费者。实际上，媒体电商的发展可以划分为三个阶段：内容电商、服务电商和数据库电商，其核心差异在于媒体提升商业交易的效率。目前，大部分主流媒体的电商业务处于内容电商阶段，少数领军企业进入到服务电商阶段。而最终的数据库电商，与前文所述的版权和广告相同，都需要以数据库为支撑和以用户入口为关键的媒体平台作为基础。

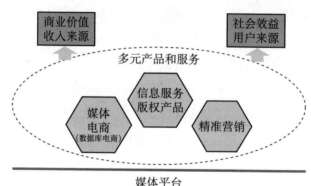

图 2-2 基于平台的媒体商业模式

二、主流媒体建设自主可控平台的核心资源

（一）内容资源

优质原创内容一直以来都是主流媒体的核心优势，而在以全面互联网化为实质的深度融合语境下，在以建设自主可控平台为目标的融合实践中，内容资源主要包括两个方面：面向互联网的内容生产能力和满足个人化信息需求的内容分发能力。如本章第二节"内容融合"部分所述，在媒体融合国家战略的促动下，主流媒体以适应网络传播为目的的内容生产积极性不断增强，通过建设"中央厨房"重构内容生产流程，通过向政务服务拓展，实现了内容聚合能力的提升。

内容分发能力的提升方向是更好地满足个人化的信息需求，其中的技术基础是打通内容数据库与用户数据库，而对于这两方面的资源建设，主流媒体都有待加强。在内容数据库的建设上，主流媒体必须打破传统媒体资源库的思维定式，以坚持主流媒体所承担的网络舆论引导使命为基础，以适应互联网内容分发对数据资源的调用需求为目标，研发出适用于主流媒体的内容标签体系。在此过程中，可以参考互联网内容分发平台面向用户需求的内容标签来建构，但也应突出主流媒体主导舆论和服务社会的重要职责。

（二）政务资源

在内容资源的运营面向互联网化的基础上，用户资源是影响自主可控平台建设水平的关键。就我国主流媒体而言，建设生态级平台的基础是利用党的执政优势，借助"互联网＋政务"的发展，把人民变成网民，把网民变成用户。从马克思主义新闻观的角度出发，新型主流媒体要做做新的社会生活的建设者、组织者，就要把媒体功能从信息传播扩展到政务服务、文化娱乐和城市生活等多个领域。

在建设区域性媒体平台的实践中，通过政务服务获得用户资源较为成功的地区是浙江省、湖北省和天津市。在省委、省政府的支持下，浙报集团建成了"新闻＋服务"的平台模式，而湖北广电和天津"津云"则探索出了"以政府服务为引导的综合服务"模式。浙报集团的浙江政务服务网，建立了以政务为主体、以服务为主线，全省统一架构、五级联动的新型电子政务平台，积累了1 800余万政务服务用户的大数据。浙报集团将政务服务网的功能与自身的媒体功能相结合，深入推进"新闻＋服务"战略。湖北广电的"长江云"基于"新闻＋政务＋服务"的发展策略，与湖北省内各市（州）、县（区）上百家媒体机构合作，建设了119个"云上系列"移动客户端，汇聚了全省各地网络和8 112个"两微一端"产品。天津"津云"客户端开设"津云号"和"津云·云上系列"，先后吸引了天津市内1 808家党政机关和社团的微博、微信内容以及177家党政机关入驻，打造了一个集网络问政、政策查询、便民服务的综合型应用平台。

（三）牌照资源

在主流媒体的融合实践中，互联网专线网络（IPTV）所获得的牌照资源支持较为充分，用户规模实现了较大的增长。截至2020年10月，IPTV已覆盖全国3.07亿用户，成为客厅端主流媒体舆论阵地。但从管控的角度来看，

IPTV 行业的发展还需进一步规范。目前，国家广播电视总局总共颁发了 12 张 IPTV 牌照，但在这 12 张 IPTV 牌照中，只有中央电视台持有全国唯一的 IPTV 集成播控总平台牌照，具有对全国 IPTV 分平台播出内容的管理和审核权力。但在实践中，电信运营商往往会为了保证自身利益的最大化，在总分平台间寻找空间，造成总分对接障碍。各地广电的分平台一方面试图通过 IPTV 实现本省内容对全国的覆盖，另一方面通过在省内对业务的实际运营管理实现 IPTV 本地化，架空总平台。互联网视听运营商则开始投入大量的资金布局硬件市场。这种行业竞争局面如果失控，可能会对播出内容的导向管理构成威胁。

三、主流媒体平台融合的关键要素

衡量主流媒体是否完成平台建设并实现互联网化的标志包含两个方面：一是有没有基于互联网的用户入口；二是有没有对大数据进行整合、分析和应用的大数据处理能力。用户入口与数据能力相结合，才能构成用户平台。因此，用户入口与大数据处理能力是构成主流媒体自主可控平台的两大要素，而用户平台的建设是传统媒体互联网化的关键。

（一）构建用户入口

用户入口是基于互联网连接的、能将用户吸引到互联网平台上的各种技术应用，其最直接的体现就是各种应用软件，这些应用软件的背后支撑是技术和数据后台。例如，微信通过即时通信和圈子社交聚集用户；今日头条通过基于移动端的信息精准分发迅速聚集了海量用户。二者都是典型的用户入口，微信和今日头条的前端界面的背后是海量数据和精密算法构成的技术平台。

目前，主流媒体融合实践中出现的用户入口包括三类，即三种不同的用户聚合路径：内容入口、政务服务入口、本地服务入口。

在内容入口的建设中，主流媒体可以继续发挥在专业内容上的原创优势，具体形式包括移动客户端和家庭大屏客户端。移动客户端的代表性实践进展参见渠道融合部分。家庭大屏客户端的代表案例是湖南广电集团推出的"芒果TV"，它以湖南广播电视台的优质内容为基础，整合第三方专业机构的内容，面向芒果 TV 视频客户端（PC 端、移动终端）、芒果 TV 互联网电视、湖南 IPTV 三类用户入口输送优质内容，为用户提供内容丰富、体验多样、多屏合一的视听服务。支撑这个内容入口的是芒果 TV 生态平台，它是囊括渠道、内容、终端应用、用户的立体生态体系。

参与智慧政务建设是传统媒体聚集大规模用户的有利契机。在中央媒体层面，"新华社"客户端的党政频道集群以"新华社"客户端为门户和入口，按照统一入口、统一标准、统一后台的要求，打造全国党政机关政务服务大平台，为我国电子政务的发展做出贡献。搭建在"新华社"客户端上的地方频道已签约超过 3 109 家，覆盖全国 31 个省、区、市，并已在全国地、市、县实现全覆盖。在各级党委宣传部门的参与和支持下，各级政务服务将通过"新华社"客户端实现"全国一张网、一键通全国"。在地方媒体层面，典型代表是瑞安日报社，根据集团提出的"新闻＋服务"构建了针对新型用户平台的媒体融合发展战略，依托自己的技术开发团队，为当地的智慧政务建设技术平台，并为政务服务平台提供运营维护服务，以及基于线上线下活动的策划服务，从而实现了借助政务入口集聚用户、构建新型媒体平台、重掌"话语权"的目标。

通过发展以本地服务为主体的 O2O 业务实现用户聚合，也是传统媒体融合转型中较为可行的途径之一。浙报集团提出了"以用户为中心，构建枢纽型大媒体"的转型目标，其核心就是通过服务抓用户，通过聚集用户形成平台。其提出的"新闻＋服务""服务集聚用户，新闻创造价值"的理念，就是以优质权威的新闻服务形成品牌和公信力，然后以其他多元化的服务留住用户。围绕集聚用户这个核心思想，浙报集团不仅利用上市公司作为融资平台，通过资本运营并购边锋、浩方游戏平台，将其上的 2 000 多万活跃用户收入囊中，更是通过已经开展的养老业务，结合智慧城市建设正在试点的地方性智慧政务平台、区域电商平台建设和正在布局的网络医院等业务，在浙江省境内广泛聚集用户，力求建立能够聚集大规模用户的媒体平台。

综上所述，传统主流媒体要在互联网思维下构建生态型媒体平台，就必须遵循互联网最基本的互联逻辑：以开放聚合的模式整合多样化的内容，为用户提供互动服务，并考虑跨界整合，以社区服务平台（资讯＋社交＋电商＋服务）的形式为用户提供贴身的信息服务，从而向平台化迈进。

（二）建设数据库

媒体通过建设用户入口为用户平台带来海量用户之后，用户在平台中的各类行为会产生海量数据，对这些数据进行采集、分析、整合、应用是建设用户平台的第二项关键任务。参照互联网商业平台的运营经验，主流媒体应建设三类数据库：内容、用户和产品。

1. 内容数据库

内容数据库不同于媒体资源库，它不仅应用内容生产资源，还应用网络化、标签化的各类社会信息。首先，从内容生产的角度来看，内容数据库通过对内容进行数据化存储，让媒体工作者可以很方便地搜索和提取已有内容，也可以通过数据可视化以创新的形式生产新闻产品。内容数据库的价值在于利用平台整合一些关系国计民生的重要产业的基础数据，形成大数据库，并利用数据挖掘、数据可视化等技术对这些数据进行深度挖掘，从而生产出更多样化的内容。其次，从互联网信息的精准分发来看，内容数据库同样是信息精准分发的基础。从需求侧来说，我们需要通过用户数据对用户进行标签化；从供给侧来说，则需要通过信息分类对内容进行标签化；标签化的内容与标签化的用户需求相匹配，从而实现信息的精准分发。

2. 用户数据库

首先，从媒体的传播效果来说，用户数据库可以让信息有效到达传播对象。我国现在的媒体体系整体存在僵化、官僚化的问题，媒体与老百姓没有处于同一话语体系，很多媒体都在自说自话，自我欣赏。用户数据库可以让媒体了解公众真正感兴趣的话题和叙述方式，媒体应根据用户数据对用户进行分析，以用户最能接受的方式，提供用户真正需要的内容和服务。其次，从互联网信息精准分发的角度来说，信息的精准分发建立在用户数据挖掘和用户标签化的基础上，只有掌握了大量的用户数据，才能形成用户画像，了解每个用户的不同兴趣点，为用户提供有针对性的精准信息分发服务。因此，建设用户数据库是实现信息精准分发的前提，也是为了适应未来以信息推送为主的移动媒体内容传播方式。

3. 产品数据库

未来的媒体平台不只是为用户提供信息服务的内容发布平台，同时还应在平台上通过各式各样的产品，为用户提供各类服务，满足用户更多样的需求，从而以内容吸引用户，以服务留住用户。因此，我们还需要整合平台中的产品资源，构建产品数据库，就是对产品生产企业（即原来的广告客户）的需求与产品特性加以积累、分析、匹配，以此掌握企业的营销传播需要，以及其销售需要。内容与用户需求的匹配，可以实现信息的精准分发；产品和服务与用户需求的匹配，即可进行精准营销和数据库电商，实现商业价值。例如，"中央厨房"未来的内容生产和信息分发也必须建立在大数据的基础之上，才可能实现良性的运转。

综上所述，尽管传统主流媒体在用户入口的建设上已经取得了一些成绩，但是在数据库建设上几乎都还处于起步阶段。一些传统媒体至今仍没有平台意识，只是在媒体融合的大背景下做了一些新产品，并没有意识到要建立用户平台，它们做的产品往往只有前端，没有后台；那些走在行业发展最前沿的传媒集团，虽然认识到了构建用户平台的重要性，但它们目前的成果基本都在用户入口的建设方面，用户入口所连接的数据库及大数据中心仍在建设中。一些传媒集团虽然完成了硬件体系的搭建，但这些硬件设备并未完全投入使用，数据库也还没有导入用户数据。主流媒体应该认识到，在完成用户入口建设之后，还应提升自身的数据库能力，将数据库作为媒体平台的主要资产，通过数据挖掘、数据分析及数据应用，实现精准营销和数据库电商的新商业模式，实现个性化信息内容的生产，实现内容产品的智能分发；在此基础上，通过整合社会信息资源建立起大型内容和用户数据库，实现"数据化生存"。

四、主流媒体平台融合的现有实践

在互联网时代，用户就是群众，就是阵地；用户就是消费者，就是市场。因此，从战略上看，推动媒体深度融合发展、打造新型主流媒体的关键就在于构建自主可控的互联网平台，并在这个平台上建立起最强的用户黏性。事实上，全国各地区的媒体机构探索媒体融合的实践已有多年，其中，浙报集团、湖南广电、湖北广电等都准确地把握了媒体融合的首要任务，认识到构建新的用户平台的重要性，并积极投入人力、物力，开展平台建设，虽然目前还未形成区域性生态级媒体平台，但它们"以构建用户平台"为核心的媒体融合发展思路是基本正确的。

当前，我国正在形成以新型传播平台为核心、打通多级传播资源及社会资源的全媒体传播体系。在此体系中，各级媒体因自身资源禀赋和能力的差异，承担的使命和面临的任务也各不相同。从结构上来看，全媒体传播体系的结构包括全国性媒体、区域性媒体、市县级媒体三层。其中基层融媒体中心是全媒体传播体系的基础，其优势在于贴近群众，能够准确把握群众需求，主要任务是通过建设端口为基层群众提供服务；而区域性媒体、全国性媒体则承担建设媒体平台、为基层融媒体中心提供技术及资源支持的重要工作。

（一）全国性媒体平台建设实践

全国性媒体平台是由用户覆盖全国的主流媒体机构打造的互联网平台，其优势体现在资源整合能力、人才吸引力和资金储备等方面，能够快速形成建设互联网平台所需的技术能力和运营能力。

媒体融合国家战略要求：要在未来着力打造"一批新型主流媒体"和"几家新型媒体集团"[①]，这意味着不同类型的媒体融合转型的任务也不尽相同。对于浙报集团、湖北广电等区域性传媒集团来说，它们能更好地把握本地资源，可以为用户提供更周到的本地服务，其媒体融合任务应是形成区域性媒体平台，打造"新型主流媒体"。而对于中央电视台、《人民日报》、新华社等媒体来说，其面向全国大众，掌握了大量的社会资源，获得的财政支持也最多，其媒体融合任务就是打造全国性的生态级媒体平台，成为"几家新型媒体集团"，它们也是未来我国新型传播体系的主要支柱。

全国性媒体平台应拥有亿级用户服务平台，所以建设"新型媒体集团"仍然应以聚拢海量用户、汇聚大数据资源为核心。全国性媒体应以其社会影响力和市场推广能力以及牌照等行政资源为基础，充分发挥独特的新闻内容生产优势，主打影响力和公信力。

1. 内容聚合型媒体平台——《人民日报》

内容聚合型媒体平台的核心是通过强大的技术能力聚合全行业内容资源，并面向全行业提供服务的媒体平台，这些内容资源不仅包括由专业机构生产的专业内容（PGC），还包括一系列用户生产的内容（UGC）。

在中央级媒体中，人民日报社是内容聚合型媒体平台的典型代表，建设有两个面向互联网的内容聚合与分发平台："全国党媒信息公共平台"（以下简称"党媒平台"）和"全国移动新媒体聚合平台"（即"人民号"），从而其内容聚

---

① 推动传统媒体和新兴媒体融合发展指导意见审议通过［EB/OL］.（2014 - 08 - 21）［2021 -05 - 23］. http: //culture. people. com. cn/n/2014/0821/c172318 - 25511854. html.

合能力得到显著加强。"党媒平台"是以内容聚合为核心的综合运营服务支持平台，可以让入驻机构在保持独立后台的前提下共享内容生产、渠道运营、盈利模式等方面的基础数据和技术。而"人民号"则将内容聚合的范围从主流媒体、政府部门拓展到自媒体、名人等，该举措反映了互联网传播具有的多元和开放特征。

2017 年 8 月 19 日，人民日报社以"中央厨房"为基础、以建设"面向全国党报的公共厨房"为目标，发布"党媒平台"。该平台提供智能化数据共享的后台支持，各家入驻机构可以在保持独立后台的前提下，享受内容、技术、渠道、人才、盈利模式等共享机制。"党媒平台"以"百端千室一后台"为建设目标，基于"中央厨房"连接人民日报社下属各类新媒体终端，并且与地方媒体、行业媒体以及党政机关、企事业单位新闻宣传部门建立合作关系，孵化出多个融媒体工作室。截至 2019 年 4 月，已有包括新闻机构、政务信息平台、大型企事业单位在内的 260 家单位入驻"党媒平台"。

2018 年 6 月 11 日，人民日报社的"全国移动新媒体聚合平台"（即"人民号"）正式上线，该平台内嵌于"人民日报"客户端，聚合来自机构媒体、自媒体、名人、政务、学校、各类社会机构以及与体育相关主题的内容资源。时任人民日报社副总编辑卢新宁在"人民号"上线时表示："人民号"的关键词就是"平台"。只有开放有序的平台机制才能充分释放社会内容的巨大生产力，而优质内容成果和创作者的聚合又可以提升平台的传播力，增强主流媒体的舆论主导力、社会影响力。截至 2019 年 6 月初，"人民号"平台累计申请账号数量超过 18 万家，正式入驻超过 2 万家。其中包括《光明日报》、中国青年网等 2 000 余家各类各级主流媒体，最高检、教育部、北京发布等 6 000 余家国家部委及省、市、县级党政机关和部门，以及十点读书、新世相、果壳等 12 000 余家各类创作领域的头部内容生产者。

2. 综合型智能化媒体平台——新华社

综合型智能化媒体平台的核心是通过应用先进传播技术，实现传统新闻生产流程的全面智能化，为传统媒体集团的各类型业务提供有力的技术支撑。

在中央级媒体中，新华社是综合型智能化媒体平台的典型代表。新华社的自主平台建设体现在三个方面：首先，"现场云"从内容生产平台升级为数据整合平台，聚合各类原创内容数据、各级党政机关政务数据，为新华社的用户提供更优质的内容服务和更方便的政务服务；其次，"媒体大脑"不断创新媒体内容的呈现方式，面向互联网传播环境调整主流媒体生产策略；最后，"新华社"客户端完成迭代，增设多项政务服务，增强端口的用户黏性，呼应平台化过程中整合多种资源的要求。

"现场云"是由新华社主导研发的新闻直播平台，同时，又是可实现"新闻在线生产，在线审核，在线签发"目标的移动采编发系统。"现场云"全国服务平台基于"现场新闻"技术平台，向全国新闻媒体开放"现场新闻"功能应用，提供"一站式"整体解决方案。通过"现场云"系统，记者只需一台手机就可实现素材采集和同步回传，后方编辑部可实时进行在线编辑和播发，从而大大增强报道的全时性和即时性。"现场云"还将统一解决入驻单位的服务器、带宽等系列基础网络资源问题，支持用户实现零成本运营。"现场云"于2017年2月上线，截至2019年4月，已吸引3 100多家媒体及党政机构用户入驻，4万多名采编人员注册使用，基本实现国内所有地市主要媒体的全覆盖。

"媒体大脑"是新华社于2017年底上线的智能化视频生产平台，可向媒体机构提供基于"大数据＋人工智能"的新闻生产、分发和监测服务，并于2017年12月26日发布了首条机器生产内容（MGC）视频新闻。为应对媒体需求，2018年12月27日，"媒体大脑"发布了新版本"MAGIC短视频智能生产平台"。MAGIC的名字由MGC和AI（人工智能）组成，平台集纳了自然语言处理、计算机视觉、音频语义理解等多项人工智能技术，将人工智能引入新闻全链路，着力采集、生产、分发端创新，帮助用户高效完成短视频内容创作。目前，MAGIC平台已在2018年世界杯、亚运会、世界人工智能大会、进博会等重大活动的内容生产中取得了一定成绩，正在为众多媒体机构的日常内容生产提供技术支持和服务。

从2019年2月"新华社"客户端发布6.0版本，率先集成智能语音交互推出新闻助手"小新"，到原生支持AR功能，再到接入"媒体大脑"工具体系、接通Magic智能视频生产平台和最新的AI合成主播，"新华社"客户端一直率先探索智能化在资讯领域的应用。目前，"新华社"客户端技术体系已经集成了"现场云"新闻直播、"媒体大脑"智能视频生产平台、动漫智能生产平台、AI合成主播生产平台等多个智能技术平台，并通过云服务为入驻媒体和机构用户交付诸如智能语音转化、智能内容采集和轻应用开发等智能生产工具。智能化和平台化双引擎，将为提升内容供给、生产效率、阅读体验提供源源不断的动力。

3. 数据级媒体技术平台——中央广播电视总台

数据级媒体技术平台的核心是通过建立数据中台使媒体集团具备强大的数据能力，通过统一的数据采集能力、数据计算能力、数据萃取能力、数据交换能力以及算法能力，并基于混合云服务能力的基础进行构建，具备实时（流）计算、离线计算能力，面向前端业务人员提供高效的应用服务，支持自助报表分析、大屏可视化及智能推荐等多种数据应用，采用前沿技术努力盘活数据资产，从而在传媒领域实现"承技术启业务"的媒体融合发展。

在中央级媒体中，中央广播电视总台的央视网是数据级媒体技术平台的典型代表。目前，我国大多数主流媒体的技术平台，基本上只拥有数字化（IT）能力，而中央广播电视总台的央视网较早启动了数据中台建设项目，使自身具备了数据级（DT）技术能力，并有效地与地方主流媒体集团的技术平台形成能力上的互补。

央视网打造的数据级媒体技术平台包括数据中台、业务中台和视频中台。它联合阿里巴巴等先进互联网企业，集成了统一的数据采集能力、计算能力、萃取能力、交换能力和算法能力，构建了包括 One ID、One Data、One Service 等的数据管理体系，准确地把内容、平台、用户连接起来，提供热点发现、指导调度、内容生产、精准传播、用户运营、效果评估、品牌管理、营销服务等全流程的支撑服务，推进一切业务数据化的进程。目前，央视网的数据中台已经形成"贯通多终端、统一管理"的数据采集分析体系，实现了对央视网多终端的覆盖情况及传播效果进行全流量监测、评估、分析，每天的用户访问记录超过 100 亿条。在此基础上，央视网还通过合作引入第三方公司的外部数据，从而形成更为丰富、多元、立体的全域媒体数据库，以此支撑数字化转型，更高效、更灵动地应对用户需求和竞争环境。

通过构建数据中台，央视网打破了旧生产流程的数据孤岛以及组织体系的阻隔，盘活了自身的数据资产，重新定义了媒体传播链条，大大提升了传播效能。数据中台的建设能帮助央视网连接用户，为将来给用户提供基于内容垂直入口的服务做好了准备。此外，数据中台还让央视网未来能够通过数据的开放合作和共享能力，与政务服务、民生服务、电商服务、社区服务以及文化服务等相结合，建立开放的数据生态，拓宽媒体融合的边界。

（二）区域性媒体平台建设实践

从目前国内媒体融合实践来看，区域性媒体平台的建设路径主要有三种，第一种是区域性生态级媒体平台，其核心在于它所聚合的内容不仅包括传统媒体集团内部，还包括传统媒体集团所在区域内各级媒体资源，以这种方式带动、帮助区域内各级媒体实现融合与转型，为区域内各级媒体提供技术、内容和经营等支撑。第二种是互联网枢纽型媒体平台。构建互联网枢纽型媒体平台的核心是通过服务吸引用户，通过对用户数据库的分析，把握用户需求，调动集团所能利用的各种资源来满足用户的各类需求。在此基础上，将媒体的功能从以往单一提供信息服务，转变为提供以新闻信息为主的多元服务，形成枢纽型传媒集团。第三种是互联网内容生态媒体平台。这类媒体平台坚持以媒体业务为主体、以社区民生服务为支撑的战略布局，通过"精准分发＋社区服务"的模式，积累海量的用户数据，为自身用户平台的建设打下坚实基础。

1. 区域性生态级媒体平台——湖北广电

区域性生态级媒体平台的核心在于它所聚合的内容不仅包括传统媒体集团内部，还包括传统媒体集团所在区域内各级媒体资源，试图以这种方式带动、帮助区域内各级媒体实现融合与转型，为区域内各级媒体提供技术、内容和经营等支撑。

湖北广播电视台打造的"长江云"是区域性生态级媒体平台的代表，该平台在湖北省委、省政府的支持下建成，具有与地方媒体端口的渠道连接能力。"长江云"基于"新闻＋政务＋服务"的发展策略，与湖北省内各市（州）、县（区）的上百家媒体机构合作，建设了119个"云上系列"移动客户端，汇聚了全省各地网络和"两微一端"产品，形成了省市县党政部门和媒体互联互通、共建共享的媒体融合发展模式。

自2016年2月启动以来，湖北广播电视台按照"一地一端"的布局，经过两年多时间，以市县融媒体中心为基础，以各级党政部门为支撑，统筹全省政务信息数据资源，构建起省市县三级共享的区域性生态级媒体平台，初步实现了党的声音全覆盖、信息传播全媒体、新闻政务全汇聚、网络舆情全管控。"新闻＋政务＋服务"的定位使"长江云"突破了单纯的新闻传播服务，向公共和政务服务领域延伸拓展，并以综合型信息服务平台为目标持续迈进。

"长江云"具有三方面特征。首先，"长江云"不只是一家媒体自身内部的融合，而是通过一个省级区域性平台，汇聚省市县三级媒体，从面向全台的新媒体平台升级为面向全省的新媒体平台。目前，"长江云"已实现省市县三级全覆盖，省市县 119 个以"云上"系列命名的官方客户端全部上线。其次，"长江云"的融合，不只是某一类型的媒体融合，而是将所有类型媒介融为一体的融合，参与融合的运营单位既包括传统的广播、电视平台媒体，也包括网站、"两微一端"等新媒体。最后，"长江云"与各级党政部门实现打通与融合，通过设立在"长江云"上的各类政务发布端口，构建了省、市、县三级党政部门"政务大厅"，实现了移动端信息共享，为提升政府公共服务治理能力提供了平台支撑。截至 2019 年 3 月，已有超过 2 220 家各级党政部门入驻"长江云"，其中省直部门 74 家，较好地满足了群众获取信息、网上办事的需要。

在处理省级平台与市县端口的关系上，"长江云"在统一建设基础平台的基础上，实行分级运营，为各市县提供标准化平台和产品模板，并开放技术接口，供各市县自主定制。分级运营的模式最大程度上激发了市县党委和政府的主体责任感，激发了各市县媒体融合发展的内生动力。在管理上，云上客户端实行属地管理，运营主体由当地党委和政府选择决定，像报纸、电视台一样，是当地党委和政府的舆论阵地。在品牌上，云上客户端统一规划、统一设计、统一命名，但品牌归当地所有。在内容上，为各市县提供全媒体直播、移动采编等 32 个功能模块，各地自主配置，以呈现特色。内容版面编排、发布运营、三级审核由各运营主体独立负责，各地可以自建特色频道，如云上恩施的旅游频道、云上潜江的小龙虾频道等。在经营上，各单位在云平台上可独立经营，收入归己；也可以合作运营，利益共享。

2. 互联网枢纽型媒体平台——浙报集团

构建互联网枢纽型媒体平台的核心是通过服务吸引用户，通过对用户数据库的分析，把握用户需求，调动集团所能利用的各种资源来满足用户的各类需求。在此基础上，将媒体的功能从以往单一提供信息服务，转变为提供以新闻信息为主的各种服务，形成枢纽型传媒集团。

依托"新闻＋政务服务"的浙报集团是互联网枢纽型媒体平台的代表。浙报集团是国内较早开始以建设平台型媒体为目标进行数据库建设的媒体集团，其主要特点体现在三个方面：一是依托浙江政务服务网，获取规模较大的用户数据。二是将自身的"中央厨房"经"媒体云"升级为"天目云"，由内容生产平台发展成整合内容、渠道、经营和管理四个方面数据、技术和应用的综合平台。三是依托"富春云"互联网数据中心运营大数据业务。

浙江政务服务网是浙报集团"新闻＋服务"理念在政务垂直领域的探索。浙江政务服务网建立了以政务为主体、以服务为主线，全省统一架构、五级联动的新型电子政务平台。自2014年上线以来，浙江政务服务网已成为浙江全省统一的政务服务互联网门户、统一的行政权力项目库、统一的网上审批系统，并持续借助互联网、大数据、云计算、移动互联网等技术，推行政务大数据治理工程，消除信息孤岛，建设跨部门、跨层级、跨地区数据共享体系，以数据共享推动业务协同，在政务服务中让群众少跑腿，让数据多跑路，让本来难以实现的办事"最多跑一次"成为现实。截至目前，浙江政务服务网注册用户数已超过2500万，日均访问量超过1200万人次。在该平台上，全省3000多个行政机关统一进驻，全面覆盖1300多个乡镇（街道）、20000余个村（社区），已初步实现对行政权力的在线闭环管理，推出行政审批、便民服务、阳光政务、数据开放、公共资源交易五大功能板块，构建了网上政府的雏形。

在新闻信息服务方面，浙报集团的"天目云"作为服务于媒体同行融合发展的商业化产品，它以开放式云架构和微服务形式，提供基础数据、大数据分析、内容生产、数据交易等八类服务。"天目云"通过构建分级管控的"中央厨房"内容生产体系，以统一的底层架构、统一的平台支撑起报、网、端、微、视全媒体形态内容生产，重塑采编流程，适应了不同媒体用户、媒介形态的业务需求。①简言之，"天目云"是以数据驱动业务理念和人工智能技术为依托的媒体融合云解决方案，提供策、采、编、发全流程的跨渠道新闻生产发布平台，同时提供数据分析应用、行为采集、运营分析等围绕媒体生产运营全链条的大数据支撑服务。截至2019年7月，"天目云"已经成为助推浙江省县级融媒体中心建设的重要平台，在浙江省内丽水、嘉兴等多个地区落地。

在大数据业务方面，浙报集团的"富春云"互联网数据中心于2017年12

---

① 天目云：从"融媒"到"智媒"［EB/OL］．（2018-08-31）［2019-12-01］．http：//www.ddcpc.cn/wh/201808/t20180831_209522.shtml.

月在杭州开园,该中心是浙江省重点建设项目。富春云互联网数据中心采用的
IDC全线业务支撑系统是富春云自研自建的集销售、运营、流程、配置、客服
服务、备案、监控、项目管理于一体的信息化系统技术。该系统定位为满足数
据中心的售前支持、售后服务、运营管理、系统备案、告警监控、流程审批、
项目管理等一系列业务需求的IDC支撑系统,技术水平领先于同行业的一体
化信息系统。

3. 互联网内容生态媒体平台——湖南广电集团

互联网内容生态媒体平台的核心是以优质内容为根本建立媒体生态体系,
通过不断强化自身内容生产能力构建起强大的内容生态体系,摆脱传统媒体作
为内容供应商的角色,尝试通过优质内容生态吸引用户,并自主构建媒体
平台。

湖南广电"芒果TV"从国内首个具有广电背景的视频网站,发展到一个
实力雄厚的视频平台,再到形成"多端打通、软硬一体"的芒果TV平台,是
互联网内容生态媒体平台的代表。

所谓多端打通,指的是芒果TV利用自身优质内容资源优势,同时发力移
动端和大屏终端,并通过芒果TV数据基础平台实现移动端和大屏端内容数据
和用户数据的打通。

所谓软硬一体,指的是芒果TV优质内容和自主硬件的一体化发展。在内
容方面,芒果TV依托湖南卫视丰富的优质内容资源以及互联网电视牌照资
源,以"独播"与"自制"作为两大核心内容战略,打造出了全新的互联网电
视内容体系。截至2019年5月,芒果TV手机App下载安装激活量超7.35
亿,全平台日活量突破6 800万,互联网电视终端激活用户数达1.37亿,运
营商业务全国覆盖用户数达1.47亿。

在大力实施内容战略的同时,芒果TV还联合多家终端硬件生产商,开发
出了一系列终端产品,并通过内容捆绑硬件的方式,大力推广硬件产品,构筑
了互联网视频用户平台。2016年8月,芒果TV对外发布自主研发的芒果电视
MUI操作系统,正式宣布进军互联网电视终端市场。在随后的一年中,又相
继发布了两款OTT硬件产品,分别为"青芒"系列和"星芒"系列。

(三) 主流媒体平台融合实践中存在的问题

主流媒体在建设自主可控平台的实践中,已经探索并形成了差异化的发展

模式，然而主流媒体自主可控平台建设中仍存在一些有待解决的共性问题。

1. 内容生产开放性不足

在内容聚合方面，虽然有一些区域性媒体平台已尝试开放聚合用户生成的内容，如东方头条，但绝大多数媒体平台仍处于半开放或尚未开放的状态，它们仍以聚合各级媒体生产的内容为主，或者只聚合了一些合作媒体生产的PGC。出于对内容安全性方面的考虑，主流媒体平台对于广泛聚合内容仍持相对保守的态度，这在一定程度上也体现了媒体平台在内容管控技术和能力方面的不足。党和政府致力于建设的现代传播体系应是开放、聚合海量用户生成内容的平台，未来，主流媒体应进一步探索人工智能等新兴技术在平台内容审核中的应用，在此基础上对社会各类主体开放，由此聚合多元主体生成的海量信息。

2. 对新技术、新应用的重视程度不够

其一，重生产、轻分发。主流媒体平台对新兴技术的应用存在"重生产、轻分发"的问题。全国性和区域性媒体平台均具备一定的技术实力，但其对新兴技术的应用更多是从媒体自身的内容生产需要出发，强调报道形式创新，不断升级媒体技术，对用户需求的关注不足，因此在精准分发、服务用户等方面仍存在较大提升空间。

其二，重硬件、轻软件。主流媒体在建设互联网平台的过程中还存在"重硬件、轻软件"的现象。主流媒体机构在平台建设中，将大量资金投入到硬件设备的购买中，包括不断更新的信息采集设备和数据存储设备，在软件应用开发方面投入不足。事实上，基于互联网和移动互联网的软件应用是真正连接互联网用户、为用户提供服务的端口，主流媒体在平台构建中应集中力量自主研发软件应用，打造用户入口，这是主流媒体平台聚合用户、服务用户的基础。

其三，对数据技术的应用缺乏前瞻性。主流媒体平台在建设初期对数据的重视程度不足，在与商业平台合作的过程中，也无法获得关于自身产品的运营数据。主流媒体因为对数据资源的重视不足，且缺乏关于数据技术的前瞻性，导致其本身缺乏数据且数据技术薄弱。实际上，用户数据是平台最重要的资源，对用户数据的采集、分析与挖掘是平台有效运营的重要前提。

3. 对多元服务功能聚合不足

时任人民日报社副总编辑卢新宁在 2018 年媒体融合发展论坛上表示，我国的媒体融合发展，要突破"覆盖多、影响小""有爆款、没用户"①的瓶颈。目前，主流媒体平台吸引用户、留住用户的手段仍相对有限，导致各主流媒体平台用户活跃度不高。尤其是全国性媒体平台方面，其产品创新主要体现在内容创新方面，爆款互联网内容产品虽然能够在短时间内吸引大量用户关注，但无法让用户持续接触主流媒体端口，几乎不能留住用户。尽管部分媒体平台已经意识到通过服务聚合用户的可行性，但其聚合的服务类型仍相对单一，服务意识、服务能力仍存在提升空间。

第五节　经营融合

经营融合是传统主流媒体作为市场竞争主体，面对互联网市场竞争应做出的组织机构运行及管理模式变革。针对我国主流媒体的组织特征和业务特征，经营融合主要发生在两个方面：其一是作为市场运行主体的商业模式创新，其二是作为组织运行主体的体制机制改革。在内容、渠道、平台、经营和管理五个层面共同构成的媒体融合实践中，经营融合的作用在于提升主流媒体在互联网市场中的可持续盈利能力。

一、商业模式创新

传统媒体商业模式变革的核心在于以内容建设为根本，深入挖掘传统媒体的资源禀赋，发现相对于互联网竞争者而言的稀缺资源，针对市场需求找到差异化竞争优势。我国传统主流媒体的成长与各地区社会、经济和文化生活紧密相连，在过去几十年中，积累了丰富的地方市场资源和社会公信力资源，这是依靠技术优势快速崛起的互联网平台难以获得的无形资产。在第一章第五节的"商业逻辑：从流量变现到用户变现"中我们基于互联网市场需求总结出四种传媒商业模式重构的方式：精准信息服务、媒体电商、知识付费、媒体智库。就目前我国主流媒体的融合进展而言，由于技术能力仍有待提高，精准信息服务仅在"人民日报"客户端和东方头条展开探索；而基于媒体的专业水平和地方的

---

① 人民日报社副总编辑卢新宁：媒体融合如何"合而为一"［EB/OL］.（2018 - 09 - 10）［2019 - 12 - 01］. http://media.people.com.cn/n1/2018/0910/c40606 - 30283544.html.

资源优势，主流媒体在政务新媒体和社区服务两方面已开辟出市场空间。以下将依次介绍关于政务新媒体、社区服务、媒体电商和媒体智库四个方面的商业模式创新。

（一）政务新媒体

2018 年 12 月，国务院办公室发布的《国务院办公厅关于推进政务新媒体健康有序发展的意见》提出："政务新媒体是移动互联网时代党和政府联系群众、服务群众、凝聚群众的重要渠道，是加快转变政府职能、建设服务型政府的重要手段，是引导网上舆论、构建清朗网络空间的重要阵地，是探索社会治理新模式、提高社会治理能力的重要途径。"文件要求政务新媒体应具备三项功能：推进政务公开，强化解读回应；加强政民互动，创新社会治理；突出民生事项，优化掌上服务。而在具体运营方式上"可通过购买服务等方式委托相关机构具体承担政务新媒体日常运维工作"。2019 年 4 月，国务院办公厅再次印发《政府网站与政务新媒体检查指标》和《政府网站与政务新媒体监管工作年度考核指标》，从国家层面对政务新媒体进行了科学管理和规范指导。2020 年 6 月，国务院在《2020 年政务公开工作要点》中提出要加强政府网站和政务新媒体的内容保障，推进政府网站、政务新媒体、在线政务服务平台的数据、服务及应用之间的融合贯通。

政务新媒体作为各级政府部门公开政府信息、政民互动交流的有效工具，为我国地方政府互联网服务能力的建设注入了新的活力。我国各级主流媒体长期与地方政府紧密合作，更在各地的信息普遍化建设中发挥重要作用。作为上情下达和下情上传的重要通道，地方媒体承担地方政府的新媒体运营事务水到渠成。目前，在实践中，深圳、河南、安徽等地的政务新媒体已在主流媒体的支持下收获较好社会反响。

深圳政务新媒体的发展早在 2018 年已在"两微一端"的基础上发展出"多媒一体化"，其领先水平得益于深圳报业集团提供的代运营服务。首先，党报媒体具有较高的政治觉悟、较强的导向把关能力；其次，专业媒体人员具有专业采编资质，不同记者和编辑专门负责不同的行业及领域；最后，作为社会经济较发达地区的专业媒体，深圳报业将内容形态和传播渠道的前沿实践应用于政务新媒体运营。例如，《晶报》创作的微电影《摆渡人》《戏精女护士》等多个爆款政务新媒体产品，已成为全国政务新媒体模式创新的范本。值得一提的是，深圳报业集团将自身融合进展赋能于政务新媒体传播，集团内几家媒体在政务新媒体代运营中也各有特色。《晶报》政务新媒体代运营依托社区新闻中心和政务融媒体中心形成双轮驱动力，规模化发展、25％的利润收益使得这一模式成为转型的核心竞争力之一。深圳新闻网从 2017 年起，以搭建网站（包括 App 端）为核心业务也发展了政务新媒体代运营业务，逐渐形成了网站＋微信、微博、抖音等多媒体代运营平台，服务单位数也接近百家。深圳晚报微政务中心成立于 2016 年底，依托《深圳晚报》"打造中国最移动化的融合型报纸和创意型传媒"的战略，主要开展政务新媒体代运营业务，同时量身定做宣传和传播方案，一站式解决政务宣传需求。目前已经累计服务各级政府部门、事业单位等超过 30 家，承接各类政务项目超过 100 项。

概言之，主流媒体通过政务新媒体代运营业务，其意义不仅在于可以充分挖掘主流媒体的本地资源优势，开辟新的收入渠道，驱动媒体业务升级，更在于将媒体融合实践与社会治理创新紧密结合，积极回应了党和政府对全媒体传播体系建设的战略导向。

（二）社区服务

社区服务是主流媒体深耕本地资源、创新商业模式的另一种重要探索。一方面，随着我国社会信息普遍化和互联网化程度的加深，智慧城市与智慧社区建设获得了政府的大力支持；另一方面，数字化和网络化的社区服务需求也在大众日常生活中日益增多。各地主流媒体在长期的新闻资讯和文化娱乐服务中积累的政府公信力和社会连接力成为介入社区服务领域的基础条件。目前，北京、上海、重庆、浙江、广东等地的省级媒体集团都在省会城市及重要城市运行社区服务，其中浙江省安吉县安吉新闻集团的实践进展较好，可为同行提供有益参考。

安吉新闻集团于 2014 年自主研发并上线了"爱安吉"移动客户端，该平台集 20 多个政务部门的资讯于一体，容纳新闻舆论、社会治理、便民服务等多种功能。新闻 24 小时 50 条次以上滚动播出，每年 100 场以上的直播涵盖县域内的各类活动。此外，"爱安吉"更是一个贴近用户的便民服务平台，其社区服务项目包括：提供有关社会综合信息的消费维权、平安安吉、看安吉等板块；提供有关便民服务的借车扫码、预约挂号、购买电影票、安吉美食等 20个板块。例如，"安吉美食"聚焦全县各地的住宿、小吃、火锅、蛋糕、水果等商户 300 余家，"智慧 5189000"涵盖家政服务、安心维修、特色服务、社区服务、云上家园等栏目。截至 2019 年底，"爱安吉"下载用户已达 20 万，日阅读量达 5 万人次以上，活跃度约为 40％，依托这一客户流量，新闻集团实现了移动端经营创收。

（三）媒体电商

如第一章第五节"商业逻辑：从流量变现到用户变现"部分所述，媒体电商将成为未来媒体的主要商业模式，其可能性在于电商是媒体对其广告业务的延伸和升级，其必然性在于互联网营销的"品效合一"要求媒体传播具备更高效的商业转化率。而对于传统主流媒体来说，开展电商业务的意义更在于重建用户连接，建立用户价值变现的新渠道。根据媒体平台对内容、用户和商品这三项要素的不同整合程度，媒体电商可划分为内容电商和数据库电商两个阶段。就目前而言，主流媒体的电商业务大多处于整合内容创意与商品销售的初级阶段，而数据库电商需要以强大的用户数据库运营能力为基础，所以主流媒体的技术能力仍有待提升。

内容电商是指把商品销售场景内嵌到相关资讯内容的阅读过程中，媒体用户既可以获取实用资讯，又可以直接购买相关商品。这一模式使媒体服务兼具资讯和消费两项功能，并由此创造了三种新的价值：媒体用户的体验升级、内容生产者的价值补偿、商品销售者的营销转化。

湖南广电营销业务的创新与其子公司"快乐购"在媒体电商领域多年深耕所积累的经验有关。快乐购由湖南广播影视集团与湖南卫视于 2005 年合资成立的湖南快乐购物股份有限公司运营，以家庭购物为主营业务，继承并放大了"电视湘军"在媒体内容策划、制作、展示和创意上的传统优势，并且对不同形式媒资管理和视频内容分发具有优秀的技术支撑和控制能力。快乐购在媒体电商行业内首创原产地大直播的行动营销新模式，仅 2017 年内就开展了 22 场原产地直播，销售额超过 1 亿元。[①]为适应移动互联时代的消费环境，快乐购以"视频＋KOL（关键意见领袖）＋品质生活"为理念，把媒体内容制作优势延伸到用户社区，打造"我是大美人"内容电商平台，包括电视节目、

---

① 快乐购：审阅报告及财务报表（2017 年 1—12 月）[EB/OL]．（2018 - 04 - 02）[2019 - 02 - 20]．https://data.eastmoney.com/notices/detail/300413/AN201804011115370861.html.

App、微信公众号等产品，为女性用户提供时尚、美妆一站式解决方案，通过聚集网络红人，以美妆直播＋视频的方式实现直播互动、视频、购买、社区功能，和达人近距离做朋友，形成从内容到购买的闭环。

（四）媒体智库

如第一章第五节"商业逻辑：从流量变现到用户变现"部分所述，媒体智库建设是媒体的社会功能及经济功能的延伸，是媒体基于各类数据收集技术和分析技术的信息加工处理能力的升级换代。媒体智库的功能包括：从信息的收集和分析，到知识的加工和呈现，再到观点的传播和决策建议。在大众传播时代，媒体是社会现象的观察者和报道者，是社会信息和文化的传递者和呈现者。处于社会信息枢纽位置的媒体，事实上扮演着公共智库的角色——媒体提供的各类信息是大众了解社会各部门的运行情况、降低自身行动决策不确定性的最重要参考。进入互联网传播时代，信息爆炸给社会中的个体成员和组织结构带来了更多的信息供给，但信息冗余和噪声也带来诸多决策风险。在此背景下，曾经作为社会信息枢纽的媒体机构所面临的既有机遇也有挑战。对于主流媒体而言，机遇在于长期跟踪本地社情，拥有接近各行各业信息源的权威渠道，拥有一批面向不同行业的专业内容生产人员，还拥有面向本地群众的公信力和传播力。挑战则在于如何充分利用数据化技术在传统新闻报道的基础上生产出更具决策参考价值的信息及知识产品。目前而言，在媒体智库建设方面初步呈现的案例包括两类，一类是舆情服务，另一类是行业咨询服务。

人民网舆情数据中心是第一类的代表。该中心成立于 2009 年，是由人民网控股、人民网与证券时报社合资成立的专业舆情服务机构和信息增值服务机构。2015 年在人民网舆情数据中心的基础上组建了人民网新媒体智库，探索"数据＋咨询"的智库转型之路。人民网舆情数据中心依托《人民日报》、人民网的品牌优势和资源优势，深挖"互联网＋"大数据价值，并结合多年研究成果，面向政府机关、事业单位以及大型企业，提供包含《网络舆情》杂志、舆情监测、舆情培训、声誉管理、品牌传播、新媒体咨询、大数据平台建设、政务信息化建设和融媒体技术应用在内的综合服务。

《南方都市报》（简称"南都"）的媒体智库是第二类的代表。南方都市报的智库型媒体转型实际上是面向互联网市场的媒体业务转型升级，是结合自身优势对媒体融合路径的全新探索。2016 年 10 月，南方报业传媒集团制定《加快融合发展三年行动计划（2017—2019)》，计划用三年时间打造智慧型传媒集团，集团提出"数据优先，南都先行"。2016 年 12 月，在南都成立 20 周年之际，南都提出了"换一种方式"的口号，包括内容生产、话语表达、商业运营、价值投资，均要换一种方式。2017 年，南都的"换一种方式"有了更加明确的指向，计划在第二年进入智库转型目标的实施阶段，并在"办中国最好的报纸"的基础上，更进一步提出了"打造中国最具影响力智库型媒体"的口号。2018 年 2 月，南都在总部成立了大数据研究院，同时在深圳成立了深圳大件事新媒体研究院，两个机构各有所长，协同发展。南都大数据研究院将新闻与智库置于并重地位：新闻生产带动智库生产，智库生产反哺新闻生产。通过数据产品反哺传统内容生产，丰富内容门类，以保持新闻影响力始终在高位运行。深圳大件事新媒体研究院则主攻新媒体方面的研究和突破，也兼顾智库报告等方面的转型。2018 年底，大数据研究院的产品体系已初具规模：以数据新闻、榜单评价、民意调查、智库参考、鉴定测试、评估认证、数据库以及轻应用等产品形态为代表，南都初步形成了 8 大系列 100 个产品的数据智库产品矩阵。目前，现有产品本身已经具备了一定的生态链条，可以复制推广，从而形成了以新闻带动议题、议题带动产品、产品带动市场的模式。不少政府部门、企业行业已经在主动寻求合作，委托南都定制研究报告，南都逐步实现了媒体广告模式之外的新商业模式。

二、体制机制改革

在改革发展的大背景下，传统的媒体管理模式很难适应新型主流媒体的发展，媒体改革势在必行。2020 年 6 月，中央全面深化改革委员会第十四次会议审议通过的《关于加快推进媒体深度融合发展的意见》，提出了改革任务，也就是创新管理。宏观上，它要求党和政府对整个舆论环境的调控工作进行管理创新，以提高治理的有效性，其目标是建设一个风清气正的网络空间；微观上，它要求主流媒体本身要适应发展的需要，对自身的运营方式、管理体制、激励机制等进行改革和创新。宏观和微观两个方面的重点和难点有所差异。本部分将着重微观部分，宏观部分请参考本章第六节"管理融合"。

主流媒体体制机制改革的核心目标是要使媒体机构在组织架构、业务流程、人员体系等内部管理方式上适应全媒体传播体系的运营需要。实际上，我国主流媒体的体制改革在媒体融合战略实施之前已进行多年。从 2003 年中央开始部署文化体制改革试点工作以来，许多束缚文化生产力、创造力的条条框框被打破，多种新兴的文化生产主体产生并迅速发展，媒体行业的体制改革已取得很大成绩。如人民网和新华网这两个标志性的中央级重点新闻网站改制成上市企业，形成了包括新闻采编业务在内的完整产业链，这对原有的管理体制有很大的改革示范作用。

但整体而言，我国主流媒体的机制体制改革仍然无法完全适应基于互联网的全媒体传播体系的需要。虽然领先改革进程的媒体已走上资本市场，但仍有基层媒体仍处在政事不分的状态。此外，在近期的县级融媒体中心建设过程中，一些地方党委和政府为了尽快完成建设任务，采用公益一类事业单位的体制把融媒体中心"包起来"，既无法满足社会主义市场经济的要求，也难以适应互联网运营模式的新需要。公益一类事业单位的运营体制是参公管理，它采取收支两条线的政策，在严格的财务制度下，媒体无法从事经营性活动，员工无法获得激励，竞争力大大削弱。

因此，媒体融合的顺利推进需要进一步推进主流媒体体制机制改革，支撑全媒体传播体系的可持续运营。从体系结构上来看，全媒体传播体系包含着全国性媒体平台、区域性媒体平台、基层融媒体中心。从本质上说，主流媒体的体制机制改革是为了提升主流媒体与互联网媒体同场竞技的能力，所以可从互联网企业的公司治理模式中汲取参考经验。当然，建构全媒体传播体系是媒体深度融合的目标，而深度融合的主要任务之一是增强主流媒体在舆论导向上的主导地位，所以在体制机制转型过程中不能完全以私有企业和市场机制作为标准，需要充分考虑主流媒体作为国有机构和意识形态部门的特殊性。

（一）重塑组织结构

2014 年 8 月，中央全面深化改革领导小组第四次会议审议通过的《关于推动传统媒体和新兴媒体融合发展的指导意见》把"坚持一体化发展"作为重要问题提出。随着媒体融合发展不断深化，媒体运营组织的一体化成为主流媒体管理创新的关键。网络组织是目前互联网平台型企业普遍采用的治理结构。在制度经济学中，网络是和市场、层级并列的资源配置方式。基于交易费用理论，新制度经济学提出市场和科层组织之间的中间环节是节约交易费用的手段。这种介于市场和科层之间的混合模式作为一种新的组织安排模式能够提高交易专用性资源的利用效率。

网络组织结构的特点具体表现为扁平化和网络化。其一，扁平化。互联网公司的技术持有者基于创意资本和技术资源的特殊要求，在公司决策中拥有更大的控制权。该策略通过降低对代理人的激励成本，进而提高公司绩效。其二，网络化。互联网等新兴信息技术冲击了传统的"垂直化"治理模式，推动了企业内组织模式向网络化发展。网络治理模式创新减少了科层制带来的信息交流风险，增加了利益相关者参与治理的权力控制。互联网企业的关键优势在于智力和技术等资源，通过"人性化"的网络治理模式激发人的潜能和凝聚力。在建设全媒体传播体系的战略背景下，结合文化体制改革遗留的组织结构问题，面向互联网市场的竞争环境，平台型媒体组织的组织结构重塑目标应包括：第一，在控制权上，从股东至上取向转变为利益相关者取向，以适应平台经济的多边主体特征；第二，在治理结构上，基于扁平化思路对科层制进行精简，提升公司决策效率；第三，在治理机制上，基于网络组织增强利益相关者的参与能力，提高对市场变化的应对能力。

当平台化成为主流媒体深度融合的必由之路，网络组织的治理结构可以为运营组织的一体化提供一种创新管理解决方案。就新型主流媒体平台而言，需要各子系统在各自发生由"点"到"线"的适应性改进之后，再一体化发展，形成主流媒体自主可控的互联网传播平台。建构这样一个强有力的、自主可控的平台，是一体化可持续发展的基础条件，而一体化的核心问题就是主流媒体在转型过程中，如何通过内容、渠道、平台、经营、管理等方面功能的一体化，来搭建其各项业务和资源的承载主体——平台。这个平台的核心任务就是以互联网作为社会基础连接为前提，以符合互联网发展规律的组织方式、运营方式和技术为手段，通过整合资源来满足用户的多方面需求，最终实现在互联网上重建与社会公众的广泛而紧密的连接。这正是我国主流媒体目前在推动媒体融合向纵深发展阶段所面临的主要任务。这将使媒体融合实现一体化发展，进入各个相关业务"线"编织成"面"的阶段。

(二) 改革激励机制

内容创作和互联网运营都是知识密集型劳动，而人员身份转变是"事业单位企业化管理"和主流媒体互联网化转型共同面临的关键问题。因此，生产力和生产关系两方面的因素决定了，媒体融合的关键在于"人的融合"。"管理的核心是人"，所以对于传统媒体转型来说，组织结构和制度设计的最终落脚点是促成传统媒体人的身份和观念转型。一方面，在传统媒体转型初期，人才结构问题的核心是缺乏经营人才和技术人才，而随着转型的不断深入，问题已然演变为经营人才和技术人才的技能不足以推动转型迈向成功。原因在于经营人才的经营思想是"媒体资源经营型"而不是互联网时代更需要的"用户需求发现型"；而技术人才大多属于"技术保障型"而不是"技术研发型"。在这样的人才结构中，传统媒体难以发现新的用户需要，无法跟踪信息技术前沿，自然就难以有突破性的创新。另一方面，传统媒体的人才问题不仅存在于内部，从整个传媒市场的人才分布来看，对新型媒体人才的竞争已经不只存在于媒体和媒体之间，优秀的互联网企业以及发展迅猛的科技创业企业已经吸引了大批技术型人才。而且，具有传统媒体多年从业经验的资深媒体人也大批加入互联网新兴企业，因为新的平台有助于其更充分地体现个人价值。内外两方面的问题挑战着传统媒体的人才管理机制，倒逼传统媒体集团必须主动对接互联网高度市场化的体制机制，在人才招聘、使用管理、薪酬体系、激励机制等方面形成完善的、有吸引力的体制机制。

在媒体融合过程中，人员管理的问题存在于三方面。其一，我国多数主流媒体在性质上属于事业单位，人员多享"事业编制"，而主流媒体所办网站及其他新兴媒体又大多采用企业体制，按照"企业编制"以市场化机制用人。人员身份"双轨制"造成福利待遇差异，媒体内部人员流动受到限制。其二，薪酬和激励机制吸引力不足，主流媒体中"事业编制"人员薪酬无法与互联网同类岗位竞争，从根本上影响了主流媒体的竞争力。其三，主流媒体内部普遍存在技术力量较弱的问题，具体表现有：技术研发投入不足、技术研发人才不足、决策层中技术型领导偏少，这些问题严重影响了借助新技术新应用对传播方式的创新。

面对激励机制的改革，囿于主流媒体的事业体制，目前绝大多数的主流媒体都没有探索出一套有效的针对新媒体业务发展的薪酬和激励机制，这也是造成各地主流媒体新媒体业务发展相对缓慢的原因之一。但也有一些主流媒体集团大胆探索薪酬和激励机制方面的创新，以吸引人才。湖北广电支持旗下的湖北长江云新媒体集团积极探索创业型互联网企业管理机制：推行扁平化管理，通过"赛马制"鼓励创新探索；将产品经理作为核算单位并充分授权，权责明晰；按业务规模和盈利能力实行动态管理，优胜劣汰。湖北长江云新媒体集团成立至今，已启动了两轮产品经理竞标选拔，激发了大家的创业激情。湖北广电还对旗下小公司的人力资源进行了整合，优化人力资源配置。在人才管理上为专业技术人员搭建双通道，企业化职位称号，重新根据员工绩效来设置岗位。浙报集团在人力资源管理方面，借鉴互联网公司成熟经验，推出"P序列"岗位管理和KPI考核，按能力和业绩定岗定薪，量化绩效指标考核，由原先的岗位管理变为能力评价管理，初步实现了岗位等级能上能下、薪资能高能低、人员能进能出。东方网也在开发"东方头条"的过程中，探索了与骨干技术团队合组技术研发公司，技术骨干在其中持股的新体制。薪酬和激励机制的创新的重要意义不仅在于可以提高员工积极性、提升员工的职业归属感和成就感，更在于能够吸引互联网技术人才，实现技术资源的有效导入，从而增强主流媒体与互联网媒体同场竞争的能力。

第六节　管理融合

管理融合有三层内涵：其一是国家相关管理部门针对互联网内容的法规体系和执法制度逐步完善，对民营互联网企业和主流媒体发布的内容实现统一尺度管理；其二是主流媒体集团要对其网上网下的传播内容"统一管理度量衡"；其三是对主流媒体自主可控平台安全及数据标准的构建。根据中央《关于推动传统媒体和新兴媒体融合发展的指导意见》的精神，管理融合所涉及的问题主要是党和政府对传播秩序的管理和传播资源的布局。随着媒体融合实践的不断深入，我国互联网传播管理体系的建设不断加强，网上网下监管标准逐步一体化。《互联网等信息网络传播视听节目管理办法》《互联网新闻信息服务管理规定》《网络出版服务管理规定》等一系列新规定相继出台，其核心要领主要是解决四个方面的问题，即内容安全、版权保护、平台安全、数据安全。

在媒体转型发展的大背景下，传统的媒体管理模式很难适应新型主流媒体的发展，媒体改革势在必行。2020年6月，中央全面深化改革委员会第十四次会议审议通过的《关于加快推进媒体深度融合发展的意见》明确了当前媒体融合发展的任务，即创新管理。关于创新管理，可以从宏观、微观两个方面来理解。宏观方面，它要求党和政府对整个舆论环境的调控工作进行管理创新，以提高治理的有效性，其目标是建设一个风清气正的网络空间；微观方面，它要求主流媒体本身适应发展的需要，对自身的运营方式、管理体制、激励机制等进行改革和创新。本部分将阐释宏观部分，微观的体制机制改革请参见上一节"经营融合"。在宏观方面，创新管理的主要问题是如何健全在互联网舆论管理方面的政策和法律。虽然近年来一系列管理规定相继出台，但从整体上看，这些规范性文件大多属于部门规章，没有上升到国家立法层级。这和我们国家一直以来的媒体管理结构有很大关系。过去对传统媒体的管理模式基本上属于行政化管理，党和国家对舆论生态的宏观管理可以通过行政架构和行政渠道实施。然而，网络空间的参与主体的结构则与传统媒体时代存在根本差异。在互联网空间，商业平台掌握着主要的传播渠道，这些商业平台从本身的性质上讲，都是独立的法人主体，并不隶属于传统媒体所隶属的行政体系。而大量的所谓"自媒体"和个人用户，作为网络舆论空间的重要参与者，身份独立，难以纳入原有的行政管控范围。

面对互联网空间这一新事物，有关管理部门对它的整体认识、理解以及对管理规则的把握目前都还存在较大局限，管理方式方法上也有待进一步创新、丰富和提升。在这种情况下，我们必须通过更加规范的立法来解决整个网络舆论空间的管理创新问题，以形成与整个社会主义法制相一致的管理系统。

一、内容安全

《关于推动传统媒体和新兴媒体融合发展的指导意见》要求，在传统媒体与新兴媒体融合发展过程中，应重视统一网上、网下管理度量衡，即以相同的审核标准和机制对待网上、网下的内容发布。一些传统媒体对报纸、电视中的内容实行严格的审核制度，对其新媒体产品中的内容管理却没有那么严格，这就是网上、网下管理不统一的表现。不过，大多数传统媒体为了维持其长期以来的媒体形象和公信力，即便是对发布到网上的内容也都经过了层层审核。而在一些互联网商业平台中，自媒体发布的内容只需要经过平台运营商的审核即可发布，一般只要内容合法、基本导向正确，都能很快通过审核；甚至部分网络平台对自媒体发布的内容并不实行审核制，而只是在发现内容存在问题后再将其删除。由于互联网内容聚合平台都聚集了海量信息，平台运营商不可能对自媒体发布的内容进行一一核实、查证，所以给谣言和虚假信息提供了大肆传播的空间。近年来，国家互联网信息办公室、国家广播电视总局、文化和旅游部等监管部门发布的一系列网络管理新规中对网络内容服务主体的限制，对内容管理机制的明确，以及对网络内容发布、转载的具体要求，都是希望规范网络内容服务的审核机制，统一网上、网下的内容审核标准和管理体系。例如《互联网新闻信息服务管理规定》中明确要求"互联网新闻信息服务提供者应当设立总编辑，总编辑对互联网新闻信息内容负总责"。

互联网内容生产门槛的不断降低，带来了持续发展壮大的互联网信息发布群体，在为互联网空间带来丰富内容的同时，也为虚假信息、低俗信息等不良内容提供了传播渠道。不良内容管控已成为互联网治理的重要议题之一，我国政府十分重视互联网内容的建设与管控，出台了大量政策法规，从行业许可、注册备案、审核发布等各个方面对互联网信息传播活动的参与者进行规制。但互联网信息的内容体量和增长速度给政策的实施增加了难度。以资质审核和事后追惩为主的内容管控方式显然与互联网信息的高效传播并不匹配，建立起预警机制以防范不良信息发布造成的危害，才是理想的互联网内容管控方式。

就目前互联网传播平台的内容体量、用户规模及传播效率来看，单纯依靠人工审核会大大增加平台的运营成本，同时降低平台的运营效率。面对现实的监管困境，互联网平台开始借助技术手段解决这一难题。如 Facebook 推出的"事实核查工具"，邀请用户通过下拉菜单将他们看到的可疑新闻报道在该平台上进行标记；随后再由第三方事实核查人员分析被用户标记的内容，并判定其为真实报道还是虚假新闻。字节跳动则依靠人工智能技术模仿人脑机制，低俗图片的被拦截率较之前纯人工拦截提高了 73.71%。

然而，依赖算法技术的智能审核目前尚不能完全替代人工审核，"机器过滤＋人工审核"的协作模式是多数互联网平台普遍选择的审核方式。智能审核需要经过深度学习，内容审核算法的建立则需要对既往数据进行学习，这也是字节跳动和腾讯微信纷纷建立"谣言库"的原因。而不良信息并不总是以相似的面貌出现，演绎和推理不是机器的强项，某一词汇、语句在不同语境下的不同含义同样不是机器能够判别的；而短视频、直播等流媒体形态内容的兴起，更是对智能审核提出了更高的要求。因此，即使百度、腾讯、字节跳动、快手等互联网平台在探索智能审核技术方面均有所突破，也仍在不断扩充其人工审核团队，完善其"人工＋机器"的内容审核体系。

主流媒体也开始与互联网企业合作，探索人工智能技术在内容审核中的应用。2018 年世界杯期间，中央广播电视总台与阿里云合作，通过"算法＋人工"的智能审核模式，实现了对平台用户生成内容的全量检查和防护，包括对上百万条用户评论的实时审核。这次智能审核实践节约了 90％的人工审核成本，审核人员仅需对算法过滤出的疑似内容进行复审，标记是否存在遗漏审核的风险，并及时更新样本库。[①]

二、版权保护

网络平台的内容版权问题一直是网络传播秩序维护的难点。互联网空间的著作权侵权的主要形式包括以下三种：一是未经著作权所有者许可，将曾在传统媒体中公开出版、发行的图书、音像作品进行数字化处理后，上传到互联网空间传播；二是未经授权就对原本由著作权人发布在互联网上的作品进行转载；三是部分互联网视听服务平台盗播其他平台已经获得独家信息网络传播权的影视剧或综艺节目，对独家网络传播权所有者造成了经济损失。其中，新闻性内容与娱乐性内容又分别面临不同的版权管理难题。

首先，网络平台转载传统媒体发布的新闻信息所涉及的版权问题，是网络版权管理中的复杂问题。新闻"版权"问题的实质，实际上是新闻产品的价值实现方式，也就是如何实现凝结在新闻生产里的劳动价值。通过保护原创来保护传统媒体的利益，这个出发点无可厚非；但如何在保护社会公共利益的前提下，妥善安排传统媒体和互联网媒体之间的利益关系则是一个需要互联网以及法律领域专业知识和智慧的课题。《世界知识产权组织版权条约》第五条规定："数据或其他资料的汇编，无论采用何种形式，只要由于其内容的选择或编排构成智力创作，其本身即受到保护。这种保护不延及数据或资料本身，亦不损害汇编中的数据或资料已存在的任何版权。"[②] 从立法的角度看，确立新闻信息的数据库版权不必涉及新闻本身是否存在版权保护的问题，不会存在越权解

---

① 张建军，孙滔，孟方.通过人工智能实现内容智能审核及在世界杯的实战［J］.现代电视技术，2018（8）：52-54，145.

② 世界知识产权组织版权条约［EB/OL］.（2012-12-04）［2022-08-02］.http：//www.gd-copyright.cn/gdcrsp/article/content/201312/586/1.html.

释之嫌；从实践的角度来看，当前互联网媒体获取传统媒体的信息主要依靠爬虫技术在后者网站（数据库）中拿取，正符合使用后者数据库的要件；而且按年付费这种结算方式，也符合连续使用后者动态数据库的特征。因此，遵循合理使用数据库的思路，细化规则，建立规范，解决传统媒体原创利益的保护问题，既符合法律又有利于维护社会公共利益。

其次，娱乐性内容版权侵权行为在互联网空间中亦十分常见。与互联网空间中大量存在的碎片化内容相比，影视剧、综艺节目、网络文学、网络游戏等成体系的内容往往需要一个长期的创作过程，会耗费个人或团队大量的脑力、劳动力，特别是音视频节目的制作还需要投入专业设备及大量资金，一旦出现盗版盗播行为，会对内容制作方造成比较严重的损失。互联网娱乐类内容著作权侵权现象比较严重的原因主要有三个方面：一是侵权手段便捷。互联网内容的盗版不同于传统媒体内容的盗版，盗版图书、音像制品时都需要制作实物，而盗版互联网内容只需要将版权方的作品上传到自己的互联网平台中。二是利益诱惑巨大。娱乐类内容有海量的用户基础，将盗版热门电影、电视剧、综艺节目等内容上传到互联网平台中，可以提升平台的用户浏览量、点击量，这些数据将直接影响该平台的广告收入。三是侵权成本较低。互联网内容著作权侵权行为很难通过事前监管来阻止，事后惩处以经济赔偿为主，而此时侵权行为已经发生，侵权者已经通过盗版内容获得利益，甚至获得的利益远高于事后支付的赔偿费。作品网络传播权侵权行为频发，不仅会损害著作权所有者的利益，同时也会影响内容原创者的创作热情。

我国政府非常重视保护互联网内容版权。我国著作权法在 2001 年修订时就已经增加了"信息网络传播权"；自 2005 年起，国家版权局启动了网络版权保护的"剑网"专项行动，至今仍坚持以数字出版内容版权保护为中心，强化互联网媒体的版权监管力度，在打击互联网著作权侵权行为方面取得了一定的成果。但互联网内容的盗版盗播现象仍然普遍存在，除了政府应加大对此类行为的打击力度、提高违法成本之外，行业协会也应积极倡导行业自律，营造互联网娱乐类内容生态圈的良好氛围。

三、平台安全

新的传播技术对当前的舆论格局产生了巨大影响，公共表达及舆论的形成和发展已经脱离传统媒体的渠道，经由各类互联网平台传播开来，互联网平台的内容导向管理和舆论引导已成为直接关系平台安全运行的重要工作。对于传统媒体所建设的媒体平台来说，其未来必定是一个"原创＋聚合"的内容聚合平台，平台中除了媒体自己生产、购买的内容之外，还将包含大量用户创作的内容，这就意味着媒体在平台内容导向管理方面，必须从对传统媒体的内容监管转型为对网络内容聚合平台所有内容的整体监管，这个任务的难度将十倍、百倍于原有模式，因为内容聚合平台的导向管理有其特殊性。首先，内容聚合平台的导向管理具备更加快速的反应能力、更加敏捷的处理动作和更具前瞻性的舆情预判能力；其次，内容聚合平台上汇聚的大量信息中，会有不同的个体出于各种目的发布的各种信息和评论，混杂着许多不实不良的内容，需要查核处理，监控难度很大。

互联网平台的导向管理体现在防御和进攻两个方面：从防御层面来说，平台应通过技术过滤的方式将虚假信息、低俗内容拦截在平台之外，即便此类内容进来了，也会在算法的规则之下被沉底处理，不可能被推荐成热门内容。从进攻层面来说，平台应通过推荐算法，将用户真正需要的、健康的、重要的内容有效地分发出去。通过制定规则为算法提供正确的指引，在模型确立并不断学习之后，执行算法的机器即可有效地甄别虚假和低俗内容并控制其传播。

因此，利用人工智能保障平台安全的关键在于算法规则的制定，具体可以从以下三个方面考虑：第一，可以通过对虚假和低俗内容的利益结构和动机的全面梳理，分析各类利益主体制造和传播虚假及低俗内容的行为特点，如谋求政治利益和谋求经济利益的行为主体，在制造和传播虚假及低俗内容的行为方面有哪些异同。通过这些分析，为建立模型提供依据。第二，可以通过对网络平台上虚假及低俗内容传播者生产的内容进行文本分析，对其传播行为进行跟踪研究，以掌握这类内容传播者的心理特征及行为特征，从而支持识别模型的构建。第三，可以通过对用户接收和接受网络信息的心理特征及行为的分析，在模型中通过算法干预这一过程，阻断虚假及低俗内容的传播，减轻其传播效果。[1]

---

① 宋建武. 人工智能是虚假新闻的"克星"[N]. 人民日报, 2017 - 03 - 23 (14).

四、数据安全

当互联网成为人们生产生活的新空间，人们的所有在线行为都会转变为网络空间的用户数据。在大数据时代，用户数据已成为一项重要资源，互联网商业平台正在通过对用户数据的采集、存储、分析、应用，不断挖掘和释放数据价值。海量数据不仅将引发全方位的社会变革，也带来数据安全的新挑战，数据泄露、数据滥用、隐私安全等问题正在引发越来越多的关注。

立法部门高度重视数据安全问题。近年来，与数据安全、个人信息保护相关的法律法规相继出台。2017 年 6 月 1 日实施的《中华人民共和国网络安全法》，对个人信息保护提出了专门要求。2018 年 5 月 1 日实施的国家标准《信息安全技术个人信息安全规范》，对个人信息控制者在收集、保存、使用、共享、转让、公开披露等信息处理环节中的相关行为进行规范。《中华人民共和国数据安全法》已于 2021 年 6 月 10 日通过，自 2021 年 9 月 1 日起施行，要求根据数据在经济社会发展中的重要程度，以及一旦遭到篡改、破坏、泄露或者非法获取、非法利用，对国家安全、公共利益或者公民、组织合法权益造成的危害程度，对数据实行分级分类保护。《中华人民共和国个人信息保护法》已于 2021 年 8 月 20 日通过，自 2021 年 11 月 1 日起施行，确立了以"告知—同意"为核心的个人信息处理规则，要求严格限制处理敏感个人信息，明确了国家机关对个人信息的保护义务等，要求全面加强针对个人信息的法律保护。

数据安全涉及每个公民的切身利益，如何合理合规地收集与使用大数据、如何平衡个人信息保护和产业发展，是极其复杂又亟待解决的重要问题。政策层面上，在《中华人民共和国数据安全法》和《中华人民共和国个人信息保护法》出台后，应制定相应的政策，对数据采集、数据流通、数据共享中存在的各类问题做出规定，明确数据产业所涉及的各类主体在数据安全方面应当承担的责任、个人数据商业化利用的边界等问题。商业平台应在法律允许的范围内合理使用数据，做好用户数据保护，避免数据泄露损害用户权益。公民个人也应具备更强的数据安全和隐私保护意识。主流媒体在构建自主可控平台时，应注重将数据保护意识融入平台运行机制中，同时在技术层面加强数据安全防控。

第三章 全媒体传播体系建设的顶层设计与实践路径

"全媒体"不是一个新概念，20 世纪 90 年代开始就有以"全媒体"为名的媒体转型活动，但当时仅是媒体本位视角，当时的探索并不具备今天所说"全媒体"的完整内涵。"全媒体"的完整内涵，应是 2019 年 1 月 25 日习近平总书记在中共中央政治局举行第十二次集体学习时所阐述的"四全媒体"，即"全媒体不断发展，出现了全程媒体、全息媒体、全员媒体、全效媒体，信息无处不在、无所不及、无人不用，导致舆论生态、媒体格局、传播方式发生深刻变化，新闻舆论工作面临新的挑战。"同时他还提出："要形成资源集约、结构合理、差异发展、协同高效的全媒体传播体系。"①

"四全媒体"是基于互联网、大数据及人工智能技术快速发展的现实背景，对现代传播环境和媒体未来发展所做出的分析和判断。传统媒体人所讲的"全媒体"主要是信息多模态、多渠道的呈现，以及媒体多业态的整合，而这只是"全息媒体"表征的一小部分。而全媒体传播体系中的"全媒体"强调的是人类信息交互过程的"全程、全息、全员、全效"，这个"全媒体"的外延涵盖了社会生活的各个领域。如果不把新的"全媒体"理念建立起来，媒体融合实践就很有可能局限于多模态、多渠道或多业态。

本章将要论述的"全媒体传播体系"，是通过多年媒体融合实践凝聚而成的核心理念。2014 年 8 月 18 日，中央全面深化改革领导小组第四次会议审议通过《关于推动传统媒体和新兴媒体融合发展的指导意见》②，该文件中提出

---

① 加快推动媒体融合发展 构建全媒体传播格局 [EB/OL].（2019 - 03 - 15）[2021 - 05 - 24]. http://www.qstheory.cn/dukan/qs/2019 - 03/15/c_1124239254.html.

② 推动传统媒体和新兴媒体融合发展指导意见审议通过 [EB/OL].（2014 - 08 - 21）[2021 - 05 - 24]. http://culture.people.com.cn/n/2014/0821/c172318 - 25511854.html.

的"现代传播体系"是从时间维度对传播体系的表述。2019 年 1 月 25 日，中共中央政治局举行第十二次集体学习时所提出的"全媒体传播体系"①则是从当前信息传播环境及特性的角度对"现代传播体系"的具体化。两者的关联包括三方面：其一，现代传播体系应当充分运用信息技术发展的成果，实现"全程媒体""全息媒体"；其二，现代传播体系下的传播关系也应当顺应信息传播规律的变化，建立公众普遍参与社会信息交互的新型传播关系，实现"全员媒体"；其三，现代传播体系也应通过对多方资源的广泛聚合，在平台化发展的基础上不断拓展媒体功能，实现"全效媒体"。

全媒体传播体系建设是一项系统工程，需要两个支撑点同时发力，如图 3-1 所示。第一个支撑点是做强新型主流媒体，主要体现为全国性和区域性媒体的平台化发展。具体要求有二：增强主流媒体内容生产能力、增强传播能力和服务能力。第二个支撑点是建强用好融媒体中心，此任务由市县级融媒体中心承担。具体要求是将基层融媒体中心建设成为主流舆论阵地、综合服务平台、社区信息枢纽。两大支撑点上下贯通，全国性和区域性平台为融媒体中心提供技术服务，市县级融媒体中心则主要通过建设和运营触达群众的移动客户端，输出各种新闻信息和本地化服务，实现用户和资源的聚合。

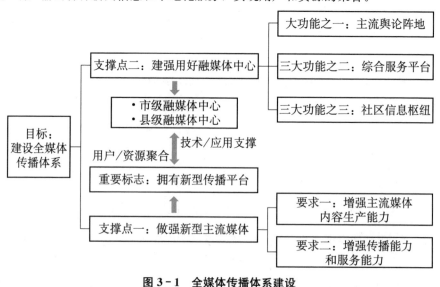

图 3-1　全媒体传播体系建设

---

① 加快推动媒体融合发展 构建全媒体传播格局［EB/OL］．（2019-03-15）［2021-05-24］. http://www.qstheory.cn/dukan/qs/2019-03/15/c_1124239254.htm.

第一节　全媒体传播体系的特征

一、全程媒体

全程媒体是指客观事物运动的整个过程都会被现代信息技术捕捉、记录并存储，即一个事件从开始到结束无时无刻不处在传播链条当中。现代信息技术实现了对信息的追根溯源、实时跟踪、效果评估等各个环节，即时、共域的传播成为现实。这是从时空维度对全媒体时代内容生产特征的理解。

全程媒体得以实现的技术基础包括三方面：一是移动传播体系形成；二是物联网快速普及；三是5G通信技术商用启动。随着移动互联网和移动终端的普及，人人都可以作为网络中的节点而存在，存在于互联网上的用户个人的海量行为数据可以被实时采集并存储，形成了关于人的大数据。物联网和传感器的广泛应用，打破了人类采集信息的行动限制和感官限制，建立起机器收集数据的新维度，人与物、物与物的连接得以扩展，形成了基于物和场景的大数据。5G通信技术的全面商用，进一步加速了"万物在线"和"万物互联"。5G技术具有"广接入、低时延和高速率"的特征："广接入"能够形成泛在网络，"低时延"和"高速率"极大地提升了计算机的运算能力和信息的传输能力，从而各类大数据的流转效率及效益得到显著提高。

全程媒体带来的内容生产方式革新体现在时间和空间两个维度上。在时间维度上，以往信息采集及处理是节点式、阶段式的，而"全程"在字面含义上就已凸显出对过程的重视。基于时间线的完整，信息采集的空间范围得到极大扩展。但需要注意的是，全程媒体的空间扩展主要存在于信息采集环节，而全息媒体则存在于呈现环节。

二、全息媒体

全息媒体是指客观事物在空间存在时的全部信息都会被采集并以多种形式呈现，带给用户全息、立体、多维的感官体验。互联网信息格式多元化，包含文字、图片、音频、视频等多模态形式，打破了传统媒体的物质载体对信息格式的束缚。在大数据时代，在物联网、人工智能、云计算等新技术的支持下，各种各样的传感器使得可供呈现的信息越来越全面。在此基础上，媒体对新闻及其他各类信息的呈现形态也更为立体，用户体验更加丰富。这是从信息技术维度对全媒体时代内容呈现特征的理解。

虚拟现实和增强现实等新兴显示技术是实现全息媒体的典型方式，这些新技术为受众带来了新闻体验的现场感与沉浸感，能让人们从更真切的第一视角进入新闻现场。相比电视等传统媒体，用户借助 VR 技术能够以"缺席的在场"的方式抵达新闻现场，身临其境地感受新闻事件，获得更多的互动体验。

全程媒体、全息媒体是传播环境中的技术环境。作为信息技术革命的成果，"全程""全息"对客观事物运动的各方面信息进行的采集，提高了主流媒体对外部环境认知的全面性。两者还具有相辅相成的关系，"全程"采集到的信息数据是"全息"得以实现的前提，而"全息"呈现带来的用户体验数据又反馈到"全程"记录中，由此形成传受过程的一体化。对于主流媒体而言，可通过打通与各部门、各信息系统的联系，掌握第一手数据，及时发现事物的变化状态与趋势，从而解决信息获取不充分及滞后的问题，提升发布真相的时效性和正确解释真相的能力，成为真相的第一发布者和权威解释者，从而提高自身的公信力和引导力。

三、全员媒体

全员媒体指社会各种主体通过互联网介入社会信息交互的过程，表现在人人都有麦克风，都可能成为信息源，人人都在媒体化，处于网络空间的传播链路上。从社会发展角度看，"全员化"也满足了普通公众参与社会事务的需要。近年来，快手、抖音等短视频平台的兴起，也是公众参与度大幅提升的体现。这是从社会维度对全媒体时代传播主体特征的理解。"全员化"顺应了公众参与社会事务的需要，在某种意义上也意味着整个传播权力的转移和泛化。因此，媒体必须思考内容传播方式的改变。如何适应全员媒体的变化以建设新的社会信息交互空间，是摆在主流媒体面前非常重要的任务。

通过移动互联网的赋能，"受众"实现了向"用户"的身份转变，用户成为关系网络和信息传播的重要节点。用户参与到新闻生产和传播当中，丰富了信息内容的来源。同时，数据技术使得用户在消费新闻后的反馈方式更为即时精确，通过对大量的反馈信息进行智能化分析，可以指导后续的新闻生产、分发等各环节。用户的行为数据可能也伴随着新的内容（如转发、评论、点赞等）的产生，从而回到新的信息的生成采集环节，成为另一个循环的开始。可以看到，全员媒体其实贯穿了新闻生产与传播的全流程。

四、全效媒体

全效媒体指全媒体传播体系效能、效用的全面化。互联网的技术特征使得互联网媒体的发展具有明显的平台化趋势。各种类型的应用，汇聚在同一互联网媒体平台上，这样的媒体平台其功能空前丰富，远远突破了传统媒体较为单一的信息传播功能，正在成为社会的数据总汇和运营枢纽。"全效"是对全媒体时代媒体功能特征的理解。主流媒体要引导群众、服务群众，就要把媒体功能从精神交往层面的引导扩展到可以通过互联网平台聚集各种各样的垂直应用，实现媒体功能的全面化。这是对马克思主义新闻观关于媒体功能理论的重要发展。这一观点回应了互联网平台聚合多种服务形成强大功能，产生用户黏性的趋势，基于这一观点提出的全效媒体概念，对于主流媒体通过建设自主可控平台、推动媒体融合向纵深发展具有重要指导意义。

全效媒体是智慧媒体的最佳应用场所。目前，对于智慧媒体的探索主要集中在两方面，一是智能媒体，二是智库媒体。要想真正变成智慧媒体，无论是智能媒体还是智库媒体，都需要掌握大数据，把自己变成社会数据中枢，这是媒体在整个转型中的关键和核心问题。从未来发展来看，县级融媒体中心的未来发展使主流媒体平台有可能汇聚各方面的大数据，并为智库媒体的发展提供最丰富的应用场景。因此，智库媒体下一步的发展应该是"眼睛向下再向下"。县级融媒体建设有三大功能，即主流舆论阵地、综合服务平台和社区信息枢纽。[①] 其中，在主流舆论阵地建设方面，目前最需要建设分发能力。当前主流媒体面对的困境，主要在于不具备真正触达海量互联网用户的信息分发能力。在综合服务平台方面，县级融媒体应能够聚焦基层政府和人民群众的各种具体需要，把方方面面的数据汇集起来加以分析，提出更加精准有效的解决方案。这将为智库媒体提供最大的大数据应用场景。有关县级融媒体的详细论述参见

---

① 县级融媒体中心建设全面启动［EB/OL］. (2018－09－21)［2021－05－24］. http://www.xinhuanet.com/politics/2018－09/21/c_1123466267.htm.

本书第四章第三节。

第二节　全媒体传播体系的功能

2018 年 9 月，中宣部在县级融媒体中心建设现场推进会上提出"要努力把县级融媒体中心建成主流舆论阵地、综合服务平台和社区信息枢纽"[①]，这体现了县级融媒体中心的定位与功能。在实践过程中，县级融媒体中心的建设离不开各级主流媒体的支持，且县级融媒体中心最终将成为现代全媒体传播体系的重要组成部分，所以这三大功能亦可看作国家对现代全媒体传播体系基本功能的要求。

一、主流舆论阵地：形成强大的网络传播能力

主流舆论阵地的功能定位要求主流媒体在互联网上建立传播力、引导力、影响力、公信力。现代全媒体传播体系的建设意味着各级主流媒体实现纵横连通，在内容、用户、功能方面实现共通共享。随着基层媒体融合发展的落实，主流媒体新闻生产将全面互联网化，从而建设国家、省、市、县（区）各级主流媒体纵向连通的新闻内容数据库成为可能。在内容采集方面，可以实现内容上传自动入库并进行标签化处理；在内容生产方面，方便各级媒体调取自己需要的新闻素材，有利于提高媒体生产效率和内容质量，促进媒体网络传播力的提升。只有拥有自主可控平台并能够吸引用户、留住用户，才能让主流媒体的声音传出去，才能形成互联网空间的影响力。构建现代全媒体传播体系有利于各级主流媒体形成合力，以多元服务满足用户需求，以优质内容维护主流媒体的权威性和公信力。在聚合用户、服务用户和提供优质内容的基础上，只有结合县级融媒体中心贴近群众生活的特征，才有可能真正引导用户，掌握互联网新闻报道和舆论引导的主动权，实现现代全媒体传播体系的主流舆论阵地功能。

二、综合服务平台：党和政府的重要执政手段

构建现代全媒体传播体系，要使媒体平台成为向本地人民群众提供以政务

---

① 县级融媒体中心建设全面启动［EB/OL］.（2018-09-21）［2021-05-24］. http://www.xinhuanet.com/politics/2018-09/21/c_1123466267.htm.

服务为核心的、包括各种本土性服务如公用事业服务和生活服务的平台，以此体现新型主流媒体的服务功能，从而产生强大的用户黏性。

为人民服务是党的基本宗旨，在互联网成为社会基础连接的今天，通过互联网服务群众、为百姓生活提供便利，是党和政府与人民群众密切联系的重要方式之一。构建具备综合服务平台功能的现代全媒体传播体系也是党和政府的重要执政手段。通过汇聚多元用户服务，形成服务用户的能力，要在服务用户的基础上，更好地引导用户。政务服务、公共服务中包含大量关系国计民生的重要数据，完全交由互联网私营企业运营存在一定的风险。政务服务是社会大众日常生活不能避免的，将其嫁接在某一企业的平台上，将为该平台导入大量用户，在一定程度上也将导致社会不公平。

县级融媒体中心的建设可以促进互联网应用的下沉，为县域经济发展注入新动能，推动国家"互联网＋"战略的落地。一方面，区县级基层政府是群众办事的主要窗口，因而智慧政务工作的真正落实还需从基层政府推进，县级融媒体中心的综合服务平台建设应当与当地政府的智慧政务工作的发展结合起来，将已经建成的智慧政务服务接入平台，同时推进尚未完成的智慧政务服务工作，促进不同类型政务数据的联通。另一方面，区县级基层媒体最贴近百姓生活、了解百姓需求，且与当地民营企业联系密切，在建设本地生活服务体系方面较互联网商业平台来说更具优势，能够将在当地有一定影响力且口碑较好的服务型企业聚合到平台中，与广大本地用户建立网络连接，构建有当地特色的 O2O 服务平台。

三、社区信息枢纽：促进社会共识的达成

信息交流促进了人类社会系统的运行。近年来，微博、微信、抖音、快手等互联网平台的迅速发展，正是源于其不仅丰富了人们的信息获取方式，更满足了人们公开表达的需求。伴随移动互联网和智能手机的普及，移动应用快速发展且功能不断丰富，移动直播、短视频等互联网媒体形态的出现，提高了公民表达的便捷程度，充分解放了内容生产力，促进了互联网信息内容的多元化，加速了信息的流动。

主流媒体搭建的互联网平台在发展初期仍以信息供给为主，目前亦开始面向更广泛的内容生产者开放，聚合海量内容。随着现代全媒体传播体系的搭

建，主流媒体平台服务将向基层下沉，县级融媒体中心将为社区成员提供信息交互的空间，以促进社会共识的达成。截至 2021 年 12 月，我国短视频用户规模已达 9.34 亿，占网民整体的 90.5%。① 抖音、快手等短视频应用的迅速崛起，体现出人民群众参与内容生产创作、分享个人生活的需求。构建现代全媒体传播体系，必须要将普通群众参与表达的需求纳入考虑。主流媒体平台除了要将自己的声音传达出去，更要提升其内容聚合能力，聚合其他机构、社会组织及个人创作的内容。一方面丰富平台的内容种类，另一方面通过满足群众表达的需求，建立起属于人民群众的信息交互平台，由此充分体现其社区信息枢纽的功能。

现代全媒体传播体系将成为党和政府治国理政的新平台，治国理政离不开倾听百姓的声音。毛泽东提出的"群众办报"思想，是中国共产党在长期领导新闻工作实践中形成的工作方针和优良传统，也是党的群众路线在新闻工作中的具体体现。在互联网时代，"群众办报"思想正在向"群众办网"转变，形成了社区信息枢纽功能，因此要为人民群众提供一个基于互联网的交流平台，让广大人民群众说出自己的心声。县级融媒体中心建设将促进社区信息枢纽功能的形成。其一，人民群众分享的生活信息，对当地百姓更具价值，具备新闻价值要素中的"接近性"，例如，人们随手上传的交通事故信息，可以为其他本地居民的出行提供参考。其二，人民群众反映的生活需求可以提升基层政府工作成效。社区信息枢纽既能为百姓提供线上交流社区，同时也能够让基层政府更了解百姓生活的真实状况，了解人民的需求，让基层工作能够有针对性地解决问题，让基层治理矛盾在基层直接化解，从而有利于国家的长治久安。

四、三大功能之间的内在联系

（一）以政务服务聚合用户，以本地生活服务提升用户黏性

互联网行业的平台化发展趋势印证了，聚合并留存用户的关键在于搭建生态级服务体系，为用户提供满足其生活方方面面需求的多元化服务，以刚需类服务（如水、电、煤缴费，话费充值等）吸引用户，以高频使用类服务（如订

---

① CNNIC. 第 49 次中国互联网络发展状况统计报告 [EB/OL]. （2022 - 02 - 25）[2022 - 08 - 02]. http://www.cnnic.net.cn/hlwfzyj/hlwxzbg/hlwtjbg/202202/P020220721404263787858.pdf.

餐、网约车、购物等）留住用户，最终在平台内部建立起一个能够形成闭环的服务生态。

主流媒体平台如果仅有信息聚合与分发功能，则只能满足人民生活中信息交流的需求，而随着移动应用的快速发展，能够满足用户信息表达与获取需求的产品越来越多，使得主流媒体平台在聚合用户方面面临巨大的压力。互联网商业平台建设的经验告诉我们，只有提供种类多元的刚需类、高频使用类服务，才能吸引海量用户。主流媒体平台的优势在于：第一，政务服务是刚需类服务，媒体在新闻工作中与各级党政机关联系密切，在自身技术条件成熟的情况下，能够提供安全可靠的智慧政务服务，可以让海量政务数据留在党和国家自主可控的平台中。第二，本地服务多为高频使用类服务，基层媒体相对于互联网商业平台来说，更了解也更贴近本地服务市场，主流媒体的权威性及公信力能为其提供背书，由此争取到与本地生活服务提供商的全面合作，尽可能聚合本地生活服务。由此，主流媒体平台应基于县级融媒体中心建设的契机，构建以政务服务为核心、包含多元本地化生活服务的综合服务体系；同时，充分发挥区县级媒体的组织动员能力，推广融媒体端口，帮助平台快速聚合用户。

（二）通过社区信息枢纽强化本地信息交互

现代全媒体传播体系"社区信息枢纽"的功能定位，有利于强化媒体平台的社交功能。通过为人民群众提供本地化的信息交流平台，可以方便同城、同乡甚至是同一社区的用户讨论日常生活中的问题。

互联网消除了物理空间距离带来的信息隔阂，让相距千里的人可以随时传递信息；然而，互联网也淡漠了地缘群体的交互关系，让身处同一幢居民楼的邻里之间几乎零交流。事实上，现代人的日常生活仍与其所处的地理位置密切相关，同一社区的居民面临着相同的物业、医疗、子女教育等常见问题，因而为地缘群体提供一个交流空间，一方面能够满足人们信息交流的需要，另一方面也能通过交流帮助百姓解决生活中的小问题，拉近邻里关系，促进社会和谐发展。由于社区交流涉及的话题与人们的日常生活密不可分，此类信息的发布与获取本身就是一种高频需求，因此，实现社会信息枢纽功能，可以强化本地信息交互，提升主流媒体平台的用户黏性。

（三）建设主流舆论阵地，在服务群众中引导群众

主流舆论阵地是现代全媒体传播体系最核心的功能定位。在构建现代全媒体传播体系的过程中,主流媒体在其自主可控平台中,以优质的内容产品和多元服务体系,满足最广大人民群众的需求,由此建设起一个与当地人民群众具有强联系和强用户黏性的服务平台,在服务群众中引导群众。"不忘初心,牢记使命",打造新型主流媒体,构建现代全媒体传播体系,其核心是要以正确的舆论导向做好新时代的新闻传播工作。

强化舆论阵地建设、形成网络舆论引导能力既是我国媒体融合发展的重要目标,也是构建现代全媒体传播体系的落脚点。在互联网时代,当互联网商业平台在网络空间中逐渐获得话语权时,主流媒体的舆论引导主动权受到了一定的冲击。在鼓励互联网创新发展的发展形势下,主流媒体唯有与时俱进、不断提升自身服务群众的能力,才能掌握网络舆论引导主动权,才能第一时间将党和政府的声音传递给广大人民群众。

第三节　全媒体传播体系的结构

全媒体传播体系的结构特征,首先表现为全国性媒体、区域性媒体、市县级媒体的上下贯通;其次表现为横向打通,即通过县级融媒体中心三大功能的实现,把基层社会治理、社会运行和社会生活的方方面面串联在一起(前一节已有论述)。由此,现代传播体系就会与社会的治理体系以及社会的基础运营体系有机结合在一起。这样才能形成一个互联网时代的媒体平台,这样的平台才能真正有用户即群众,才能真正发挥它在社会运行中的枢纽作用。

从我国目前的主流媒体格局出发,全国性媒体、区域性媒体、市县级媒体都是全媒体传播体系建设的重要行动主体。但由于各级媒体的资源禀赋和能力存在差异,其在全媒体传播体系中承担的使命和面临的任务也各不相同;还因为我国地区发展不平衡的因素,同级媒体融合发展的现有条件也存在差异。中央在关于媒体融合发展的各项指导意见以及任务部署当中,要求全国性媒体,特别是人民日报社、新华社、中央广播电视总台要建设面向全国的自主可控的新型媒体平台;要求区域性媒体(省级媒体及具备实力的市级媒体)建设以本区域为服务范围、可给予区域内市县级融媒体技术支持的平台。对于市县级媒体,最重要的任务则是通过服务,把基层的人民群众连接起来,建设和运营具备组织动员能力、能够直接触达群众的端口。这就形成了全媒体传播体系"多级平台＋移动端口"的结构特征。

一、全国性媒体平台：打造旗舰，垂直赋能

全国性媒体平台是指活跃用户分布在全国范围内的主流媒体平台，一般由中央级媒体及具备覆盖全国用户能力的媒体构建，其优势体现在资源整合能力、人才吸引力和资金储备等方面，具备快速形成建设互联网平台所需的技术能力和运营能力。目前，全国性媒体平台主要是集内容生产、聚合、分发为一体的内容型平台，一方面广泛聚合全国各级主流媒体机构及其他优质内容供给方，建设内容数据库，另一方面也在与各级主流媒体合作的过程中，为资金及技术实力稍弱的基层媒体提供"互联网＋"发展所需的技术支持和平台支持。未来也需要拓展功能，增强赋能作用。

二、区域性媒体平台：辐射全域，技术支撑

区域性媒体平台主要由省级媒体以及具备建设互联网平台实力的市级媒体建设和运营。区域性媒体在打通区域内政务服务、城市公共服务资源方面具有较强的号召力和协调能力，适合建立辐射一定范围的综合服务平台，平台业务类型可涵盖新闻发布、政务服务及各类城市生活服务等方面。区域性媒体在媒体融合过程中的定位应是将自己打造成为一个技术输出平台，做好与市县级媒体的对接工作，按照县级融媒体中心的功能要求向合作单位输出技术能力。就已有的融合实践来看，区域性媒体平台的建设路径主要有三种。第一是区域性生态级媒体平台，它所聚合的内容不限于传统媒体集团内部，还包括传统媒体集团所在区域内各级媒体资源，以这种方式带动、帮助区域内各级媒体实现融合与转型，为区域内各级媒体提供技术、内容和经营等支撑。第二是互联网枢纽型媒体平台，构建互联网枢纽型媒体平台的核心是通过服务吸引用户，通过对用户数据库的分析，把握用户需求，调动集团所能利用的各种资源来满足用户的各类需求。在此基础上，将媒体的功能从以往单一提供信息服务，转变为提供以新闻信息为主的多元服务，形成枢纽型传媒集团。第三是互联网内容生态媒体平台，这类媒体平台以媒体业务为主体，全面响应政务服务及本地民生服务，通过"精准分发＋社区服务"的模式，发展用户，积累海量的用户数

据，为自主平台的建设打下坚实基础。

三、市县级媒体：嵌入基层，筑牢基石

基层融媒体中心是全媒体传播体系的基础，由县区级媒体、经济欠发达地区或覆盖人口有限的地市级媒体构建。基层媒体的优势在于离群众最近，在服务群众和引导群众方面更容易直接发挥作用。其一，基层媒体的新闻报道主要围绕基层群众生活展开，媒体报道以小见大，从群众身边事入手，引发大家对社会问题的思考，更容易实现对群众的引导。其二，基层媒体尤其是区县媒体，在日常的新闻报道工作中，与地方政府部门、区域内服务行业都有较多接触，为其在建设融媒体中心的过程中聚合地方政务服务、本地生活服务准备了条件，有利于其实现服务群众的目标；与此同时，基层融媒体中心还能够通过提供多元本地服务，广泛聚集当地用户，由此强化自身的网络传播能力，进而在服务群众中提升引导群众的能力。

综上，各级媒体在全媒体传播体系建设中各自承担着不同的作用。在互联网平台生态化发展的大背景下，单一媒体在融合转型过程中总有短板，很难形成竞争力。基于互联网构建的全媒体传播体系可以从纵向和横向分别实现主流媒体机构之间相互联通、形成合力，一方面促进媒体资源、政务资源及公共服务资源的整合与共享，另一方面激励各级媒体充分发挥自身优势：资金充沛、资源丰富的媒体机构负责互联网平台的技术架构及基础设施的搭建；贴近百姓生活的基层媒体则发挥其在打通本地资源方面的优势，以及较强的基层群众动员能力，以符合大众需求的多元服务吸引用户，实现对用户资源的聚合。

第四节　全媒体传播体系的运营模式

一、全媒体传播格局中的主流价值引领

主流价值观不是凝固的教条，而是建立在具体问题具体分析基础上的鲜活的价值判断，这个判断的标准，就是所传播的信息是否与事物运动的本质相符合，对信息的解读是否符合事物发展的客观规律，以及传播方式是否符合绝大多数人民群众的根本利益。因此，主流价值观在信息传播中的引领作用，要在

信息采集、生产、分发、接收、反馈的各个环节中，具体而生动地体现。

首先，要能够利用现代信息革命的成果，特别是大数据技术，全程、全息采集客观事物运动的各方面信息，提高主流媒体对外部环境认知的全面性。对于主流媒体而言，可通过打通与各部门、各信息系统的联系，掌握第一手数据，及时发现事物的变化状态与趋势，从而解决信息获取不充分及滞后的问题，提升主流媒体发布真相的时效性和正确解释真相的能力，成为真相的第一发布者和权威解释者，从而提高公信力和引导力。

其次，主流媒体要学会在全员参与的社会信息互动中，发掘推广体现主流价值的信息元素。互联网平台通过技术赋能，使得"每个人都可能成为信息源"，公众参与社会信息交互过程的积极性被充分释放和调动。主流媒体要更多地从积极角度看待这一现象，以"功成不必在我"的气度，一方面从公众在全员参与过程中发布的内容里发现体现主流价值观的线索和素材，通过进一步整合加工，提升其传播价值；另一方面，也要以平等的态度，积极参与互联网平台的公众互动过程，在这一过程中实现主流价值引领。更进一步，主流媒体还要建设自主可控平台，吸引广大人民群众在自己的平台上实现参与权。这也是"群众办报""全党办报"原则在互联网时代的具体体现。

再次，在全效媒体的服务功能中体现主流价值观。"引导群众，服务群众"是对马克思主义新闻观关于媒体功能理论的重要发展。这一观点，回应了互联网平台聚合多种服务形成强大功能、产生用户黏性的趋势，基于这一观点提出的全效媒体概念，对于主流媒体通过建设自主可控平台推动媒体融合向纵深发展具有重要指导意义。在当前的媒体融合实践中，一批主流媒体通过强化以政务服务为核心的综合服务功能，在聚合用户、凝聚人心方面取得了显著的成效。通过全效媒体的服务形式和内容，主流媒体更加具体深入细致地体现主流价值观，从而实现在引导中服务群众，把引导群众与服务群众有机地结合起来。

二、全媒体传播体系的功能创新：服务人民

2020年9月，中共中央办公厅、国务院办公厅印发了《关于加快推进媒体深度融合发展的意见》。意见指出，要走好全媒体时代群众路线，坚持以人民为中心的工作导向，坚持贴近群众服务群众，创新实践党的群众路线，大兴"开门办报"之风，把党的优良传统和新技术新手段结合起来，强化媒体与受

众的连接，以开放平台吸引广大用户参与信息生产传播，生产群众更喜爱的内容，建构群众离不开的渠道。[①]

关于媒体的功能，新闻传播学理论界以往比较有共识的看法是，"环境监测、社会沟通、文化传承、提供娱乐"；对于党报、党媒的功能，列宁在《从何着手？》一文中提出了著名论点："报纸不仅是集体的宣传员和集体的鼓动员，而且是集体的组织者。"[②] 与新闻传播学的一般理论概括以及传统的党报理论相比较，服务功能的提出，是一个重要而显著的发展。

首先，服务群众的重要性在于通过服务群众，党报党媒能够更加深入和全面地体会和理解人民群众的利益诉求，了解人民群众的呼声，更加实事求是，避免"闭门造车"，从而防止新闻媒体工作中的官僚主义和形式主义，更好地践行群众路线。

其次，服务群众的必要性在于服务功能是运用互联网思维的结果。从国内外互联网传播的实际看，具备多重垂直服务功能的综合性平台往往具有更强更广泛的用户吸附能力，客观上拥有更强的社会连接力、传播力和影响力。"全效媒体"概念所指的就是拓展出服务功能之后的植根于互联网连接基础上的新型媒体形态，这一形态的新型主流媒体，通过服务群众来凝聚群众，进而组织群众、宣传群众、引导群众，寓引导于服务之中。因此服务群众功能的提出，是互联网时代对马克思主义新闻观的重要发展。

三、全媒体传播体系需要合格的运营主体

2020年9月，中共中央办公厅、国务院办公厅印发的《关于加快推进媒体深度融合发展的意见》提出"建立以内容建设为根本、先进技术为支撑、创新管理为保障的全媒体传播体系"，并要求深化体制机制改革，加大全媒体人才培养力度。[③] 全媒体传播工程的实施，需要各地党和政府正确、及时的决策，更需要一个合格主体的有效运营。

---

① 中共中央办公厅 国务院办公厅印发《关于加快推进媒体深度融合发展的意见》[EB/OL].（2020 - 09 - 26）[2021 - 05 - 24]. http：//www. gov. cn/zhengce/2020 - 09/26/content_5547310. htm.

② 列宁 . 列宁全集：第五卷 . 北京：人民出版社，1986：8.

③ 同①.

全媒体传播体系的运营主体需要有党和政府的最高级别的信任，需要有社会公信力，需要具备打通社会各方面资源、了解各方面应用场景的能力，也需要是一个合格的市场主体。唯其如此，它才能有动力、有能力、有条件承担实施全媒体传播工程的责任。在这方面，一些主流媒体积极介入智慧城市、城市大脑的建设和运营，如浙江日报报业集团、宁波日报报业集团、苏州广电集团、佛山传媒集团和江阴融媒体中心等，都在这方面进行了有益的探索。

全媒体传播体系在社会主义市场经济这个基础性资源配置方式中孕育，在互联网技术发展过程中产生，必须具备与社会各种资源广泛对接的强大的自我造血能力和竞争力。因此，培养和激励具有全媒体思维及技能的全媒体人才，使之人尽其才、人尽其用，才能使主流媒体各种资源优势的势能转化为发展的动能。而要实现这个目标，迫切需要进一步深化体制机制改革，创新管理。我国各级各类主流媒体大多实行"事业单位"体制。中央推动文化体制改革以来，大批包括媒体机构在内的事业单位转制为企业。出现了以人民网、新华网为代表，以上市公司为运营实体，包括整个产业链条的新型网络媒体机构。但媒体领域体制机制改革的发展并不均衡，排头兵已经走上资本市场公开上市，而队尾有些媒体机构还没有实现政事分开。这就需要各级各类主流媒体沿着文化体制改革的正确方向，进一步深化改革，创新管理，增强活力，创造出与新的使命相匹配的新机制。这也是主流媒体成为新的全媒体传播体系合格运营主体的基本条件。

第五节 全媒体传播体系的建设路径

一、全媒体传播体系建设是一项社会工程

《中共中央关于制定国民经济和社会发展第十四个五年规划和二〇三五年远景目标的建议》提出："推进媒体深度融合，实施全媒体传播工程，做强新型主流媒体，建强用好县级融媒体中心。"那么，什么是"全媒体传播工程"呢？显然，这是为了建设全媒体传播体系而进行的一项系统工程。

当前媒体融合发展的瓶颈不仅是"有爆款，没用户"①，而且是"有流量，

---

① 人民日报社副总编辑卢新宁：媒体融合如何"合而为一"［EB/OL］.（2018－10－15）［2022－08－11］. http：//media. people. com. cn/n1/2018/1015/c192370－30342212. html.

没平台"。没有自主平台，主流媒体就没有了联系广大人民群众的稳固渠道，既不能够为党和政府服务，又无自身生存和发展的资源，面临的局面将会非常严重。实践证明，主流媒体如果没有自主平台，就没有一切。构建全媒体传播体系就是要从根本上解决这一问题。如何把新型主流媒体建设与县级融媒体中心建设有机结合起来？如何将传统形态的主流媒体通过迭代升级变成互联网平台型媒体？这是媒体深度融合的核心任务。

全媒体传播体系建设作为一种改造、重建社会机构的社会工程，需要从提高社会治理能力、扩大社会参与、提升社会运行效率的目标出发，在互联网成为社会基础连接方式、社会信息化持续发展的背景下，改造、重建社会组织，重新构造社会运行方式。其指导思想主要体现在对作为全媒体概念内涵的"四全媒体"中的全员媒体、全效媒体的阐述中。2019 年 1 月 25 日，中共中央政治局在人民日报社就全媒体时代和媒体融合发展举行第十二次集体学习，习近平总书记指出："媒体融合发展不仅仅是新闻单位的事，要把我们掌握的社会思想文化公共资源、社会治理大数据、政策制定权的制度优势转化为巩固壮大主流思想舆论的综合优势。"① 因此，媒体深度融合需推动全媒体传播体系成为与新时代基于互联网的社会治理体系高度一体化的传播体系。

由互联网平台赋能作用而产生的"人人都是可能的信息源"的"全员媒体"，带来了一种新的社会传播关系。这种新的传播关系，改变了原有的信息交互方式，也改变了社会信息流动的方向，对普通人民群众产生了极大的赋能作用，全面调动了人民群众参与社会活动的积极性，也使党的群众路线和"开门办报"等党的新闻工作优良传统有了更加充分的实现条件。摆在我们党的新闻舆论工作者面前的任务是，如何在主流媒体自主可控平台上有效地聚集海量用户，调动其积极性，并组织其有序地参与社会治理。

全效媒体带来的是新的媒体形态。这个新的媒体形态正在通过全媒体传播体系的基础——县级融媒体中心的三大功能（主流舆论阵地、综合服务平台和社区信息枢纽）② 建设生成。这一媒体功能观，是在互联网时代对马克思主义

① 加快推动媒体融合发展 构建全媒体传播格局［EB/OL］.（2019 - 03 - 15）［2021 - 05 - 24］. http：//www.qstheory.cn/dukan/qs/2019 - 03/15/c_1124239254.htm.

② 县级融媒体中心建设全面启动［EB/OL］.（2018 - 09 - 21）［2021 - 05 - 24］. http：//www.xinhuanet.com/politics/2018 - 09/21/c_1123466267.htm.

新闻观的重大发展。其中综合服务平台、社区信息枢纽功能的实现，将极大地拓展媒体功能，使新型主流媒体为主体的全媒体传播体系，向一个生态级的互联网平台发展。"全效媒体"将首先通过"服务群众"功能实现创新。这种新发展实际上是基于互联网连接而产生的新生事物，互联网平台通过多种垂直应用的聚合，把各种服务资源有效地结合起来。"全效媒体"实际上就是服务功能扩展之后，植根于互联网的一种新型媒体形态，这就是未来媒体的一大功能特点。这一形态的新型主流媒体，通过服务群众来凝聚群众，进而组织群众、引导群众，寓引导于服务之中。在这个过程中，各种面向人民群众提供的政务服务将会汇聚在一个综合服务平台上，并通过一个互联网超级端口提供，在这个系统运转过程中留存和生成的各种工作数据和用户行为数据将被进一步分析，运用于面向人民群众提供的各项本地化的公共服务和生活服务之中，从而大大提高党和政府决策的科学性和精准度，并大大提升媒体的社会服务能力；而社区信息枢纽功能的实现，将会产生基于地缘而组成的新的网络社区，并使传统的地缘政治权力与之一体化运行，从而创造新型的基层社会治理方式。

二、全媒体传播体系建设的技术逻辑及其解决方案

全媒体传播体系建设也是科学尤其是数学的特定应用，通过这一应用，人们要使自然界的物质和能源的特性能够通过各种结构、机器、产品、系统和过程，以最短的时间和精而少的人力生产出高效、可靠且对人类有用的东西。在这个体现为以互联网技术为核心的现代信息技术体系的"特定应用"里，包含有以信息和数据采集、加工分析为主要任务的内容科技，有以信号和数据传输为主要任务的通信科技，有以信息呈现为主要任务的终端显示技术和向各类应用及其用户提供平台服务的平台技术。如何统筹运用上述各大类的科技成果来打造一个主流媒体自主可控的互联网技术平台，是全媒体传播工程作为一项技术工程的核心任务。在当前的媒体融合实践中，已经有了以"5G＋4K/8K＋AI"这样的系统性探索，但如何更加全面深入地运用互联网思维，顺应现代信息技术及其应用的发展趋势，构建系统性的技术战略，仍然是摆在我们面前的一个重要任务。

技术革新是全媒体传播体系建设的核心驱动力。技术逻辑的基本点就是信息技术的应用从数字化向数据化发展。当前，在我国社会信息化过程中，数字

化红利期已经基本结束，今后能够产生红利的是数据级的信息技术应用，推动中国经济社会发展的是数据化，通过各行业数据的打通才能使整个社会运营水平有更大的提升。

数字化通常是把传统的工作流程从线下搬到线上，用代码形成一个程序，让计算机来执行这个程序，这是数字化技术完成的任务。王选先生发明了汉字数字化的方法，他领导方正公司开发了中国第一个采编应用程序，这个程序其实就是当前很多媒体在用的"中央厨房"这套技术的发端，它使媒体摆脱了过去的线下的工作流程，使用计算机处理采编业务，大大提升了新闻工作效率。但今天在建设全媒体传播体系时所面对的任务，仅仅靠这样的采编技术集成已经不够了，这也是为什么"中央厨房"不能适应媒体深度融合的需要的原因。媒体深度融合必须完成数据化，把方方面面的数据打通。

如何打通？这就离不开数据中台，必须有这样一个处理数据的中心。笔者把它形容成核反应堆：首先得有一个物质的外壳（IDC），来存储核原料并具备加速器功能（存储能力和算力）；然后要有核原料，就是数据，当然是经过处理的有效数据；还要有算法，相当于针对核反应过程的控制程序。数据的应用就是数据的匹配，这种匹配需要数据中台去实现。浙江日报报业集团提出面向全省的县级融媒体中心，以云服务提供这样的技术支撑，只有这样才能有效地实现两级平台对一个端口的有效支撑。互联网化的媒体平台，就像是一个装满了数据的大水库，有了这个水库，才能够用各个方面的大数据去支持社会方方面面的运行，从而让媒体成为社会运行的枢纽。这就是当年浙江日报报业集团率先提出要建设互联网枢纽型媒体集团的内在逻辑。

全媒体传播体系的三大功能，都需要特定的技术应用来实现。从主流舆论阵地建设角度看，既需要传播的数字技术，更需要数据技术的支持。尤其是基于移动端，非常需要有依托数据进行精准分发的技术，这是主流媒体机构短缺的。传统媒体人现在存在一些认识上的误区，认为自己能够生产好的内容就会有用户，但这不是互联网连接的逻辑。如今日头条其实就是靠聚合、分发，而传统媒体人总是迷信自身的内容生产力，忽视分发和传播，最后的结果就是沦为廉价的优质内容供应商。此外，社区信息枢纽功能建设，也必须有一个社交媒体平台的功能在里面嵌入。抖音、快手现在不仅在推荐信息，还在通过数据分析推荐用户、构建关系网络。而要想真正为人民群众服务，也必然需要大数据的支持和人工智能的运用。

两级平台的技术支撑能力在这里就要面临考验。全媒体传播体系的三大功能的实现，要求两级平台中至少其中有一级是数据级的。就目前来说，绝大部分的省级乃至中央级媒体的技术平台都只有数字级的能力，即类似"中央厨房"这样的采编技术集成能力，而无法真正地满足人民群众及各行各业的实际需要，并以此触达广大人民群众。在县级融媒体中心包括各级新媒体建设中，如何把"阵地"这个概念全面理解，尤其是把"阵地"控制周边的功能发挥出来？要想建设这样的阵地，我们必须要有和互联网平台同一层级的技术，所以数据中台就是一种必需。而这个数据中台不能仅仅支持媒体应用，它需要统一用户体系建设、统一数据交换和管理、找到特定应用场景的服务方式。

在平台建设问题上，很多地市媒体领导都有这样的疑问："中央要求是省一级建平台，地市媒体怎么办？"从实践经验出发，大多数省一级技术平台目前只能提供数字级的技术服务，那么就有提供数据级技术服务的市场空间，如果地市级媒体集团有能力建设数据级的技术平台，相信其他地市媒体或者县级融媒体中心会需要这样的技术支持。简言之，在全媒体传播体系建设过程中，谁能抓住数据级应用的关键，把它的场景和算法、大数据库建立起来，谁就可以在未来的媒体发展中和媒体深度融合中占据更大、更强、更有利的主阵地。

第六节　建设全媒体传播体系的背景与意义

一、全媒体传播体系建设的背景

全媒体传播体系的建设并非是一蹴而就的，回顾近年来我国媒体转型发展历程，媒体融合发展经历了由表及里、由点到面、由局部到整体的渐进式进程：在经历了做产品、建平台的阶段后，正逐步进入构建融合体系的关键阶段。

（一）第一阶段：创新融合产品

2014 年 8 月 18 日，中央全面深化改革领导小组第四次会议审议通过了《关于推动传统媒体和新兴媒体融合发展的指导意见》[①]，媒体融合上升到国家

[①] 推动传统媒体和新兴媒体融合发展指导意见审议通过［EB/OL］.（2014 - 08 - 21）［2021 - 05 - 23］. http：//culture. people. com. cn/n/2014/0821/c172318 - 25511854. html.

战略高度。全国各级主流媒体基于自身在内容生产上的优势纷纷开展融合转型实践，创新融合产品成为多数媒体转型探索的第一步。这一阶段的主要特征是，主流媒体从适应互联网传播渠道的内容产品创新入手，通过传统媒体内容产品数字化及采用互联网语态实现产品形态上的"互联网化"等手段，研发和制作能够在互联网上广泛传播的内容产品。

一是主流媒体为拓宽网络传播渠道而建设的端口类产品。一方面，主流媒体通过在互联网商业平台中创建账号的方式，借船出海，提升媒体内容的网络传播力。例如，在时政新闻产品创新方面，脱胎于《人民日报·海外版》的新媒体产品"侠客岛"即在微博、微信平台上形成了影响力，它以独特的视角切入社会热点话题，在重大突发事件、争议事件中敢于发声，并形成了与传统党报完全不同的语言风格，在移动互联网时代探索出党报时政新闻传播的新路径。在财经新闻产品创新方面，"麻辣财经"融媒体工作室打造的微信公众号，致力于将财经报道做得如"家常菜"般有滋有味，以视频直播、短视频、H5等全新的内容产品形态，对党中央国务院重要会议、重大方针政策进行解读；将党报报道的深度、高度优势与互联网传播的高效率、广覆盖的特点相结合，力求提前介入重大新闻事件报道，在新闻事件中"发第一声、做第一落点"，并由此引导舆论。此外，针对网络上一些关于经济政策和事件的错误解读，"麻辣财经"也力求第一时间进行回应和澄清；针对财经领域出现的新问题和新现象，不止报道问题本身，还对问题进行专业分析，聚焦如何完善制度及怎样堵住漏洞。另一方面，主流媒体也自主建设新闻客户端，探索内容运营、用户聚合及用户服务的主要方式，"人民日报""澎湃新闻""南方+"等主流媒体新闻客户端，在移动互联网传播中不断强化自身的传播力和影响力。

二是主流媒体运用新兴技术打造的创新型内容产品。近年来，互联网爆款内容产品中不乏主流媒体的身影。在内容生产方面，VR、全景拍摄、机器人写作等新兴技术频频应用于重大新闻报道中，增强了内容的表现力，提高了内容生产效率；在内容呈现方面，基于数据可视化技术的数据新闻产品提升了媒体内容的可读性和趣味性；在用户互动方面，H5、AR、体感互动等技术的应用，增强了用户的参与感，丰富了用户体验。《司徒建国秀》是英国人斯图尔特·威金（即司徒建国）原创的短视频节目，以英国小哥的视角记录中国大江南北的风土人情，用英式幽默记录中国故事。"司徒建国秀"内容范围广泛，既有司徒在中国各地旅行时记录的当地风情，也有一系列对中国传统节日和饮食的介绍，还有反映中国快速发展的"新四大发明"体验感想，这些视频节目不仅让外国人更了解中国和中国文化，甚至也让很多中国人看到了自己没有到达过的那部分中国。

（二）第二阶段：建设融合平台

在经历了融合产品创新的初期阶段之后，媒体融合发展取得了一定进展，但距离构建现代全媒体传播体系、掌握网络舆论战场主动权的目标还有一定距离。2016 年 2 月 19 日，习近平总书记在党的新闻舆论工作座谈会上发表重要讲话，指出一些媒体所做的是"＋互联网"，而非"互联网＋"，"只是将传统媒体和新媒体作简单嫁接……没有实现融合"①。此后，媒体融合发展开始进入"平台化"发展的深度融合阶段。这一阶段的主要目标是，探索建设主流媒体自主可控的基于互联网的新型媒体平台。这类平台以用户为核心，以数据为支撑，致力于内容生产能力的升级，努力实现与人民群众（即广大用户）的互联网连接，并基于互联网实现对内容及其他社会资源的聚合。

平台化是互联网行业的基本发展趋势。当前，各类互联网平台正在成为当下互联网产业的主导者，同时正在成为社会的大数据中心和社会资源的汇聚平台。国内的阿里巴巴、腾讯及国外的 Facebook 和 Google 等具有行业领先地位的互联网公司，通过多元化服务吸引尽可能多的用户，利用大数据技术对多样态业务中产生的内容数据和用户数据进行分析和挖掘，再基于数据实现精准化的信息传播、文化娱乐、生活服务及商品销售。顺应互联网发展趋势和新兴媒体发展规律，主流媒体纷纷探索建设自主可控平台，并以恰当方式吸纳互联网商业平台的建设经验与运营经验。

中央级主流媒体发挥其强大的组织动员能力和资源聚合能力，建设了专注于内容聚合与分发、聚集优质内容生产者的媒体平台。例如，人民日报社通过建设"全国党媒信息公共平台"和"全国移动新媒体聚合平台"，强化了自身的内容聚合与分发能力。"全国党媒信息公共平台"是以人民日报社"中央厨房"为基础建成的"面向全国党报的公共厨房"，聚合了全国各级媒体、党政

---

① 中共中央文献研究室．习近平关于社会主义文化建设论述摘编［M］．北京：中央文献出版社，2017：46.

机关、企业事业单位宣传部门入驻，并为入驻机构提供内容生产、渠道运营、盈利模式等方面的数据与技术支持。"全国移动新媒体聚合平台"的前端是内嵌于"人民日报"客户端的"人民号"，面向媒体、政务机构、名人、学校等更广泛的社会群体开放注册，以开放有序的平台机制充分释放社会内容的巨大生产力。以广泛聚合多元内容生产主体的方式，聚合种类丰富的优质内容，从而提升主流媒体平台的传播力，增强其在互联网空间的舆论引导力和社会影响力。

区域性主流媒体则通过政务服务和生活服务聚合用户，建设生态级媒体平台。例如，浙报集团以"新闻传播价值、服务集聚用户"为发展理念，通过新闻传媒、数字娱乐、智慧服务三大业务板块的建设，将媒体功能从以往单一提供信息服务转变为提供多元服务，形成了枢纽型传媒集团。在政务服务方面，浙报集团作为浙江政务服务网的实际运营者，建立了以政务为主体、以服务为主线，全省统一架构、五级联动的新型电子政务平台。截至2019年3月，浙江政务服务网用户超过 2 300 万，超过全省网民总数的四分之一。政务服务客户端"浙里办"日活跃用户超过 15 万人，平台累计提供网上支付服务 1 亿多人次。①浙江政务服务网真正为方便百姓办事考虑，推动政务服务从"最多跑一次"向"一次也不用跑"升级，适宜网上办理的事项全面实现网上办理。浙报集团还十分重视云计算、大数据、人工智能等新兴技术在推动媒体融合发展中的作用，建设了"富春云"互联网数据中心，以数据技术完善已有的业务内容，支撑媒体融合发展，促进媒体平台的数据化运营与发展。

（三）第三阶段：构建融合体系

自主可控平台的建设是媒体深度融合发展的基石。在平台化发展的基础上，"新型主流媒体"和"新型传媒集团"已初具雏形，这也为构建现代全媒体传播体系打下了扎实基础。2018 年 9 月 20 日，中宣部做出部署，要求 2020年底基本实现县级融媒体中心在全国的全覆盖，2018 年先行启动 600 个县级

---

① 中央党校（国家行政学院）电子政务研究中心. 省级政府和重点城市网上政务服务能力调查评估报告（2019）［EB/OL］.（2019 - 04 - 18）［2019 - 07 - 12］. https://baijiahao. baidu. com/s? id=1631134286158289492&wfr=spider&for=pc.

融媒体中心建设。① 这标志着媒体融合发展进入新阶段。这一阶段的核心任务是，在建设县级融媒体中心的基础上，构建起立体多样、融合发展的现代全媒体传播体系。媒体融合开始从各个媒体机构"单打独斗""各自为战"的初期探索，迈向全面建设现代全媒体传播体系的全新阶段。主流媒体的互联网化将全面下沉，通过县级融媒体中心建设，新型主流媒体平台与人民群众的联系更加广泛而深入，其自身功能将更加丰富，外在形态也将更加完整，有利于在开放多元的互联网生态中筑牢意识形态的主阵地。

目前，全国各地县（市、区）级融媒体中心建设已全面铺开。各地基层媒体根据自身发展情况和资源优势，选择了不同的建设方式。较早进行媒体融合探索的县级媒体，大多以自主建设和孵化为主。例如，浙江长兴传媒集团于2017年成立融媒体中心，以采编播全生产流程为主线，面向电视、广播、报刊、网站、新媒体等全媒体刊播平台，设计开发了融媒体指挥系统。部分地区则依托省级平台布局县级融媒体中心建设项目，例如，江西省各县级融媒体中心的建设主要依托于江西日报社自主研发的"赣鄱云"平台展开，将省、市、县媒体通过融合连成"一张网"，区域内的内容、用户、技术、数据、传播平台打通共享，提供了推进县级融媒体建设的"江西方案"，省级媒体平台建设的价值也得以充分体现。此外，部分地区的县级融媒体中心建设重视借助外部力量。例如，北京地区的区级融媒体建设充分利用区域优势，与人民网、新华网、央广网、人民日报媒体技术股份公司、北京广播电视台、千龙网等中央级和北京市属媒体充分合作，同时联合高校和企业，推动媒介资源、政务资源、科教资源的有效整合。

随着县级融媒体中心建设的全面推进，现代全媒体传播体系的物理架构已基本形成。未来，各级主流媒体还将实现其融合产品、平台之间功能和数据的联通，并真正服务于最广大人民群众，全面完成融合体系的建设。

二、全媒体传播体系建设的意义

2018 年 9 月，中宣部指出县级融媒体中心要重点建设"主流舆论阵地、

---

① 县级融媒体中心建设全面启动［EB/OL］.（2018 - 09 - 21）［2021 - 05 - 24］. http://www.xinhuanet.com/politics/2018 - 09/21/c_1123466267.htm.

综合服务平台和社区信息枢纽"三大功能①；2018 年 11 月，中央全面深化改革委员会第五次会议审议通过《关于加强县级融媒体中心建设的意见》②，第一次将"新型主流媒体""县级融媒体中心"的建设任务在全媒体传播工程的框架下联系起来，这意味着中央在媒体融合顶层设计方面的新发展。按照我国国情，未来有极大可能出现以县级融媒体中心为基础，以区域性的融媒体平台为骨架，以全国性的媒体平台为主导的全媒体传播体系。因此，全媒体传播体系应是各级各类新型主流媒体全方位协同的结果，单一媒体机构难以独立完成全媒体传播体系的建设任务。

（一）强化互联网舆论引导，建设治国理政新平台

互联网时代的新闻传播工作，面临着传统媒体与新兴媒体共同发展的局面，基于互联网的新兴媒体通过技术赋权，满足了广大用户表达的需求，由此具备了更强的舆论场接入能力。而舆论场所面临的现实复杂性超越了以往任何时代，新闻舆论工作的难度也更高。

2014 年 8 月 18 日通过的《关于推动传统媒体和新兴媒体融合发展的指导意见》指出："推动媒体融合发展，要遵循新闻传播规律和新兴媒体发展规律，强化互联网思维，坚持正确方向和舆论导向、坚持统筹协调、坚持创新发展、坚持一体化发展、坚持先进技术为支撑。"③ 由此可见，我国媒体融合发展战略从一开始即强调建设网上舆论阵地，形成网络舆论引导能力。从国家战略的角度来看，媒体融合实际上要求传统主流媒体将工作重心转移到网上，将主要力量投入互联网空间中。要建立互联网舆论阵地并掌握舆论引导主动权，仅靠创新内容产品很难实现，必须基于互联网建设自主可控平台，并通过多元服务将广大用户聚合到平台中，以优质内容留住用户，最终才能实现对用户的引导。构建融合体系的最终目的正是要打造基于互联网的主流舆论阵地，结合功能多元的服务体系，强化互联网舆论引导能力，同时建成基于互联网的治国理

---

① 县级融媒体中心建设全面启动［EB/OL］.（2018-09-21）［2021-05-24］. http://www. xinhuanet. com/politics/2018-09/21/c_1123466267. htm.

② 习近平主持召开中央全面深化改革委员会第五次会议［EB/OL］.（2018-11-14）［2021-05-24］. http://www. gov. cn/xinwen/2018-11/14/content_5340391. htm.

③ 推动传统媒体和新兴媒体融合发展指导意见审议通过［EB/OL］.（2014-08-21）［2021-05-23］. http://culture. people. cn/n/2014/0821/c172318-25511854. html.

政新平台。

（二）纵向打通各级主流媒体机构

基层媒体的融合发展大多停留在创新融合产品的第一阶段。一方面由于大部分基层媒体缺乏平台建设所需的资金和资源，尤其是在经济发展相对落后的地区；另一方面由于基层媒体覆盖范围有限，其内容体量和服务人群都相对较小，不具备建设自主平台的必要性。然而，基层媒体最贴近广大人民群众，在引导群众、服务群众方面能够发挥的重要作用不容忽视。因此，需要区域性和全国性媒体平台提供技术和运营等方面的支持。

建设现代全媒体传播体系，正是要通过纵向打通各级媒体，以实力较大、发展较好的全国性或区域性媒体带动规模相对较小的基层媒体。纵向打通对于不同级别的媒体来说也是互惠共利的：一方面，以中央媒体和省级媒体已经构建的技术实力，帮助市、县级媒体完善互联网基础设施建设，助力基层媒体实现新闻传播与舆论引导的互联网化；另一方面，基层媒体所报道的内容贴近百姓生活，在平台纵向联通后，平台的内容数据库将极大丰富，从而提升主流媒体平台的内容聚合水平与分发能力。

（三）形成服务体系，促进媒体功能多元化

在纵向联通的媒体架构逐渐建成之后，各级主流媒体的内容数据、用户数据将汇聚到几个全国性或区域性平台中。数据打通建立在功能打通、用户共享的基础之上，而这也意味着主流媒体平台将对其所聚集的各类媒体实现功能和数据上的横向打通，优势互补，建立起覆盖多元用户的、集政务服务和本地生活服务于一体的服务体系，更好地服务用户、引导用户。

随着互联网普及率的提升和移动互联网的下沉，三四线及以下城市和县、乡、镇已成为移动传播中的主要增量群体。拼多多、快手、趣头条等新兴互联网应用正是着眼于这一下沉市场，才得以快速崛起，从而印证了这一用户市场的巨大潜力。因此，建设县级融媒体中心是完善现代全媒体传播体系的着力点，通过聚合基层政务、生活服务，提升主流媒体平台服务用户的能力，并以其对百姓生活的"有用性"聚合最广大的人民群众。在此基础上，媒体才能基于自身的内容生产优势，形成对广大用户的引导力。

第四章　专题研究

我国媒体融合转型的征途并非一马平川，而是面临着来自组织内外各个方面的问题，所以如何解决这些问题成为影响融合进程的关键。虽然各级各类主流媒体在路径选择、发展水平上存在差异，但仍有一些共性问题这是大多数媒体单位都无法回避的。本章的四节内容，分别针对主流媒体融合实践中的四个重要问题——组织内部各部分如何协同、主流价值观与新兴技术如何适配、主流媒体与商业媒体如何共生、全媒体传播体系如何促进社会治理创新。这四节内容基于从内到外、从微观到宏观的思路，从普遍联系的视角进一步审视媒体融合。

第一节　中国媒体融合一体化发展的目标与路径

2019 年 1 月 25 日，习近平总书记在中共中央政治局集体学习时强调，媒体融合发展"要坚持一体化发展方向"①。实际上，自媒体融合成为国家战略以来，"一体化发展"就一直是其中的一个重要策略。2014 年 8 月通过的《关于推动传统媒体和新兴媒体融合发展的指导意见》，也把树立"一体化发展"观念作为一个重要问题提出。②但在具体实践中，如何实现一体化发展，却是一个亟待统一认识并认真加以解决的关键问题。这一问题的解决，对于推动媒体融合向纵深发展具有重要意义。

一、媒体融合一体化发展的本质

对于"一体化"（integration）一词，《现代汉语词典》（第 7 版）的解释是

---

① 加快推动媒体融合发展 构建全媒体传播格局［EB/OL］.（2019 - 03 - 15）［2021 - 05 - 24］. http：//www. qstheory. cn/dukan/qs/2019 - 03/15/c _1124239254. htm.
② 推动传统媒体和新兴媒体融合发展指导意见审议通过［EB/OL］.（2014 - 08 - 21）［2021 - 05 - 23］. http：//culture. people. com. cn/n/2014/0821/c172318 - 25511854. html.

"使各自独立运作的个体组成一个紧密衔接、相互配合的整体"。在媒体融合（media convergence）视域里，"一体化"是一个重要的基础性概念，在某种意义上，"媒体融合"就是传播技术一体化的结果，也是在现代信息技术革命的推动下媒体运营在多个方面持续一体化的过程。创造了这个英语单词的美国马萨诸塞州理工大学教授浦尔（Ithiel de Sola Pool）在他去世前一年出版的著作《自由的技术》（*Technologies of Freedom*）中，用这个概念描述了一种新的技术模式："数字电子技术呈现了历史上分离的交流模式之间的融合。剧场演出、新闻事件和演讲都越来越多地以电子方式提供"。他以这种方式描述了一种在数字技术基础上，各种媒介原本不同的内容形态在信息格式和传输方式上开始一体化的趋势，这是较早从媒体技术视角出发对"媒体融合"概念的阐释。相对而言，美国西北大学教授里奇·高登（Rich Gordon）阐述的媒体融合的六类含义，即媒体科技融合、媒体所有权合并、媒体战术性联合、媒体组织结构性融合、新闻采访技能融合以及新闻叙事形式融合，在概念的内涵上则更加接近"一体化"。

在媒体融合政策框架中，主流媒体机构要依托其在传统媒体渠道与终端上的积累，如受众规模、品牌影响力等，发挥其既有的内容生产能力、社会公信力等优势，推动其在新媒体领域的发展，以实现"优势互补"和传播资源的战略转移。这个意义上的一体化发展，在实践中，就体现为主流媒体机构自身从原有的传统媒体形态向新兴媒体形态的升级迭代。从这一理念出发，有业内人士提出了检验媒体真假融合的四把"标尺"，即"是不是在党委统一领导下落实意识形态责任制？""是不是真正'融为一体、合而为一'？""是不是真正实现了'一支队伍，多个平台'，并正在转型为'你就是我、我就是你'的新型主流媒体？""是不是真正以内容创新为根本，是不是充分传承和发扬主流媒体的内容优势、人才优势推出全媒体精品？"持此论者还具体提出，"如果融合之后，内部还有所谓传统媒体、新媒体之分，班子分工还有某个领导专门分管新媒体、某个部门专门做新媒体（网站、移动端）之规定，媒体内部仍然是多支队伍分做多个平台，那就是假融合"，"如果还是报是报，网是网，移动端是移动端，如果还是管理、机制、流程、产品、空间相互割裂的简单报网互动，那就是假融合。"①这些论断虽然不够系统化、理论化，却也涉及了主流媒体在融合发展过程中，在领导体制、组织机构、业务流程、产品生产等一体化范畴内的多个方面的实际问题。

二、媒体融合一体化发展的路径

要解决的问题，第一是"一体化"的主体问题。显然，在现有传播体系中担当舆论引导主力军的以党报党媒为核心的主流媒体集团当仁不让地被赋予了主体地位，即"主力军要上主战场"。这么做，就是要解决"是不是在党委统一领导下落实意识形态责任制"的问题，以保障媒体融合最终目标的实现。在实践中，以主流媒体集团为主体，也在内容生产及经济与技术实力、组织领导体制等重要方面与一体化的任务更为匹配。

第二是媒体技术的一体化问题。如前文所述，媒体融合是由于"数字电子技术呈现了历史上分离的交流模式之间的融合"而产生的。在不断吸收现代信息技术革命的成果之后，当前基于互联网的人类信息交互形态已经呈现出平台化的趋势，平台依托互联网络，通过提供低门槛的各种即时通信手段和信息加工制作技术，向互联网用户普遍赋能，使得人类的传播关系又一次发生革命，产生了"全员媒体"。这个以互联网技术为核心，包括大数据、人工智能等在内的新技术群，构成了当代信息领域的技术前沿，在它的基础上，产生了"全程媒体、全息媒体"。它与之前的各种传统的传播技术（包括不同格式的内容生产的数字化技术）如何一体化？根据主流媒体要通过媒体融合占领网上舆论阵地的总目标，我们必须以最新的前沿技术为基础、为主导来实现一体化。具体而言，就是要建设自主可控的互联网技术及应用平台，并在这一平台上，利用高阶技术对低阶技术的兼容性，实现主流媒体所掌握的、在一个时期内还有应用价值的传统媒体技术与新兴媒体技术的一体化。关于这一问题，习近平总书记要求"探索将人工智能运用在新闻采集、生产、分发、接收、反馈中，用主流价值导向驾驭'算法'"②。

---

① 中国青年报评论员．检验媒体真假融合的四把标尺［N］．中国青年报，2018-10-29（1）.
② 加快推动媒体融合发展 构建全媒体传播格局［EB/OL］．（2019-03-15）［2021-05-24］．http://www.qstheory.cn/dukan/qs/2019-03/15/c_1124239254.htm.

　　第三是媒体运营组织的一体化问题。前述《中国青年报》评论员的文章所提及的检验真假融合的四把标尺，第二把就是关于这个方面的。文章所触及的问题，主要是主流媒体内部要不要保留传统媒体内容的生产部门，要不要专设新媒体内容生产机构，以及要不要有领导层成员分工负责管理这些不同的部门和单位。《中国青年报》评论员态度鲜明，坚决主张"一支队伍，多个平台"（即同一支采编团队生产的内容产品，在多个媒体平台上呈现，通过多个渠道分发）。"得到中宣部的肯定和推广的解放日报·上观新闻整体转型的探索实践"就是这种模式，其特点是解放日报社将所有采访力量全部迁入上观新闻，一支队伍服务报纸和客户端两个平台。但是，由于主流媒体的传统形态产品仍然具有较大影响力，目前中央三大媒体机构（人民日报社、新华社、中央广播电视总台）在组织机构设置上仍然保留着类似"新媒体中心"等专门负责运营新媒体的部门。这种情况的出现，是因为主流媒体从传统媒体形态向新兴媒体形态的迭代，客观上需要一个分步实施的过程。在媒体运营组织的一体化方面，另外一种较为流行的做法是将同一地方具有共同隶属关系的不同业种的媒体机构进行跨媒体合并，这种做法在类型上属于"横向一体化"。主持其事者大多认为这种方式能够"实现资源共享，体现战略协同"，使"集团的整体竞争力和影响力大大增强"[①]，但实践中，由于大多数主流媒体缺乏互联网技术能力和运营能力，不能充分掌握互联网规律、运用互联网思维，这类合并往往不能够提升新的主体在互联网上的影响力，难以真正推动媒体融合向纵深发展，反而在合并过程中常常产生各种内耗。

　　第四是产品设计研发运营及生产流程的一体化问题。产品设计研发运营及生产流程的一体化往往与运营组织的一体化密切联系，在一定条件下，后者往往是前者得以实现的前提。但是，在媒体融合背景下，产品设计研发运营及生产流程的一体化，是建立在相应的技术平台上、通过新技术的应用才能实现的，所以单方面推进运营组织的一体化难以取得成效。近年来，比较有代表性的产品设计研发运营及生产流程的一体化尝试就是所谓的"中央厨房"建设。从技术角度看，"中央厨房"主要是数字化采编发技术的集成，它所支持的产

　　① 上海报业集团、上海东方网股份有限公司实施联合重组［EB/OL］.（2018－05－29）［2021－05－24］. http://media.people.com.cn/n1/2020/0529/c40606-31729013.html.

品生产流程，基本上还是大众传媒传统的由专业人员集中化生产内容产品的模式，虽然这一技术有可能在较大程度上提升内容生产效率和协同性，但与互联网平台上形成的"全员媒体"的传播关系和内容产出方式还有不兼容的地方。这在一定程度上影响了其效能的发挥。

第五是媒体引导功能和服务功能的一体化问题。2018 年 4 月，习近平总书记在全国网络安全和信息化工作会议上提出，"各级党政机关和领导干部要提高通过互联网组织群众、宣传群众、引导群众、服务群众的本领"①；2019年 1 月，习近平总书记在中央政治局集体学习时表示，"要坚持移动优先策略，建设好自己的移动传播平台，管好用好商业化、社会化的互联网平台，让主流媒体借助移动传播，牢牢占据舆论引导、思想引领、文化传承、服务人民的传播制高点"②。从国内外互联网传播的实际看，具备多重垂直服务功能的综合型平台，往往具有更强更广泛的用户吸附能力，客观上也因此拥有更大的社会连接力、传播力和影响力。互联网时代的新型主流媒体，除了要具备强大的信息聚合能力、生产和分发能力，还要拥有能够聚合多种服务资源以满足用户多样化需求的能力。

一般而言，引导功能是主流媒体的传统功能，其工作流程、技术支持和资源配置基本上都是围绕着这一功能的实现来安排的，新型主流媒体想要做到寓引导于服务之中，把二者一体化，一方面要依托新技术建设新型互联网技术平台，以提升数字化的内容产品的生产能力和分发能力，另一方面也要聚合和运用方方面面的社会资源，使自身具备服务功能。从当前的实践来看，借助互联网＋政务的发展和现代社会治理能力建设，将新型主流媒体平台与现代社会治理平台进行一体化建设，是实现多功能一体化的较为可行的路径。

三、媒体融合一体化发展的趋势

回顾媒体融合在一体化转型发展方面的实践，我们发现，在主流媒体的核心业务领域，比较具有实际价值和意义的一体化主要体现在如下几个方面：

---

① 习近平出席全国网络安全和信息化工作会议并发表重要讲话 [EB/OL].（2018－04－21）[2021－05－24]. http://www.gov.cn/xinwen/2018－04/21/content_5284783.htm.
② 加快推动媒体融合发展 构建全媒体传播格局 [EB/OL].（2019－03－15）[2021－05－24]. http://www.qstheory.cn/dukan/qs/2019－03/15/c_1124239254.htm.

其一是内容产品形态的一体化。内容产品的生产是媒体最为核心的业务,这项业务在数字电子技术的发展推动下发生的产品形态的融合,是整个媒体融合的起点,也是媒体融合一体化要解决的核心问题。通过这样的一体化,媒体将能够实现历史上以各种不同形态存在的内容产品之间的自由转换、组合,从而给内容产品创新提供空前的可能性,并大大提升内容产品的生产效率,降低生产成本。这种一体化是以数字采编技术为基础实现的,在我国主流媒体融合发展的过程中,新型的内容产品生产还较为充分地考虑了网络传播的环境特征,比较普遍地使用了与传统媒体表达方式不同的"网言网语",以贴近网民的语境。这是一种聚焦于内容产品这个关键"点"的一体化实践。其性质接近于横向一体化,特点是把多种内容形态通过数字技术融为一体。

其二是内容产品生产流程的一体化。信息数字化处理技术的持续发展,使得在数字采编发技术集成的基础上,通过媒体生产流程再造和组织机构调整来实现内容产品生产流程的一体化成为必要和可能。在这一过程中,通过打通内容产品生产上下游,融多种信息形态为一体的内容生产进入规模化协同生产阶段,使得生产能力更大,生产效率更高。如前文所述,以"中央厨房+流程再造"为特征的一体化,是当前媒体融合一体化发展的主要形式。这种形式,在形态上更接近于打通生产链上下游的纵向一体化模式。在这一阶段,媒体融合的一体化从围绕着相对孤立的单个产品生产的"点"展开,进化到通过一体化来构建数字化内容的生产"线"。

其三是新型媒体各系统的一体化。媒体融合就是主流媒体的互联网化。这是一项系统工程,需要媒体的各子系统在各自发生由点到线的适应性改进之后实现一体化发展,形成主流媒体自主可控的互联网传播平台。建构这样一个强有力的、自主可控的平台,是一体化可持续发展的基础条件,而一体化的核心问题,就是主流媒体在转型过程中,如何通过内容、渠道、平台、经营、管理五个方面功能的一体化,来搭建其各项业务和资源的承载主体——平台。这个平台的核心任务,就是以互联网成为社会基础连接为前提,以采用符合互联网发展规律的组织、运营方式和技术为手段,通过整合资源来满足用户多方面需求,最终达成在互联网上重建与社会公众的广泛而紧密的连接。这正是我国主流媒体目前在推动媒体融合向纵深发展阶段所面对的主要任务。这将使媒体融合的一体化发展,进入将各个相关业务线编织成"面"的阶段。

可以预期，在不远的将来，在互联网发展逻辑的驱动下，在数据化技术的支持下，主流媒体自主可控的全国性互联网平台将与区域性媒体平台与县级融媒体中心连通，通过一体化，形成以全媒体为特征的"现代传播体系"；其功能也将在其与社会治理平台等多种互联网应用平台一体化的过程中得到进一步拓展，从而形成一个以社会运行大数据库（包括媒体内容数据库等）为内核的多面立方"体"。这将是一个涉及社会运行方方面面的、规模和深度空前的超级一体化过程，它将全面而深刻地改变人类的交往方式和生活方式。

我们做出这一论断的根据在于：其一，全媒体（全程、全息、全员、全效）意味着各种信息和数据采集技术融为一体，各种信息格式及其来源融为一体，各类社会成员的内容生产力融为一体，各种社会功能融为一体。互联网及5G和大数据等前沿技术为此提供了技术上的可能性。其二，对于主流媒体而言，媒体融合的实践表明，全媒体传播体系不是某一家主流媒体集团可以独立建设和运营的。其原因在于以单一媒体集团的资金、技术等各方面资源禀赋，无法全面实现上述全媒体的四个特性，只有通过区域性媒体平台连通具备主流舆论阵地、综合服务平台和社区信息枢纽三大功能的县级融媒体中心（它将是平台用户的入口，也是各种信息及服务功能输出的端口），全国性互联网主流媒体平台才有可能打通社会运行各方面所产生的数据资源，使自身成为社会的数据总汇。这将使得这一平台客观上成为社会整体运行的数据中台，对社会运行的各方面提供大数据支持。

这一数据中台，不仅是以平台为核心的现代传播体系的内核，而且也将是社会运行的内核。这是由于现阶段，平台的用户导入及各种服务功能的实现，都需要以政务服务这一基层群众的刚需作为切入点，主要通过县级融媒体中心运营的移动端口来进行。政务服务功能的深化，将为平台导入社会运行的基础数据，这将构成平台实现其他服务功能的基础，也必然会为基于互联网的现代社会治理提供技术手段和数据支持，从而产生社会治理体系的一体化作用。由于大数据本身的可扩展性，这种一体化将逐步扩展到社会生产生活的其他领域，通过实现与其他各种体系的打通，使社会运行的方方面面更加紧密地连接成以一个"超级数据中台"为内核的有机整体。在这次新冠肺炎疫情期间，一些地方的融媒体中心已经开始在区域性媒体平台的技术支持下，通过分发和更新防疫健康码、传递防疫信息、组织采购和分发各类生活资料、开展扶贫电商等方式，让我们初见未来全媒体传播体系的雏形。

第二节　全媒体传播体系与现代治理体系的一体化发展

传播体系，是传播规律、传播关系和传播资源的结合。在国家媒体融合战略发布五周年之时，中国媒体融合实践的发展已进入全面构建现代全媒体传播体系的关键阶段。"现代"是从时间维度对融合体系的表述，凸显了其时代特性；"全媒体传播体系"则是从当前信息传播特性的角度对融合体系的具体化，其实质就是主流媒体基于互联网构建的融合体系。全媒体传播体系是现代传播体系的本质特征。作为一项系统工程，媒体融合战略要求逐步深化全媒体传播体系，即使之适应全媒体时代的传播规律，在全国各级主流媒体全面推进"互联网＋"的基础上，各新型传播平台纵横交错，形成一个基于互联网的立体多样的现代传播体系。

2019 年 1 月 25 日，中共中央政治局在人民日报社就全媒体时代和媒体融合发展举行第十二次集体学习，习近平总书记主持学习并发表《加快推动媒体融合发展 构建全媒体传播格局》重要讲话。① 习近平总书记在讲话中指出，"媒体融合发展不仅仅是新闻单位的事，要把我们掌握的社会思想文化公共资源、社会治理大数据、政策制定权的制度优势转化为巩固壮大主流思想舆论的综合优势"。这一讲话将媒体融合战略上升至社会治理的高度，从党和国家工作的大局出发强调我国媒体融合的必要性和紧迫性——媒体融合需从各个媒体机构"单打独斗""各自为战"的初期探索，迈向全面建设"资源集约、结构合理、差异发展、协同高效"的现代传播体系的全新阶段。

基于以上逻辑，本节就我国媒体深度融合的发展方向展开论述：我国的媒体融合进程有着丰富的本土特色，并在实践中逐步与新时代社会治理体系和能力建设建立起密切的互动关系。在互联网基础设施及应用逐步下沉，并不断重构社会组织结构及社会交往方式的背景下，必须从我国社会发展的方位出发，从治国理政的全局出发，来深刻理解中国语境下媒体融合探索的本质、目标与路径。

---

① 加快推动媒体融合发展 构建全媒体传播格局 [EB/OL]. (2019 - 03 - 15) [2021 - 05 - 24]. http://www.qstheory.cn/dukan/qs/2019 - 03/15/c_1124239254.htm.

一、内在关联：现代传播体系与现代治理体系的共同诉求

（一）"互联网化"是现代传播体系建设的必然逻辑

习近平总书记指出，"人在哪儿，宣传思想工作的重点就在哪儿，网络空间已经成为人们生产生活的新空间，那就也应该成为我们党凝聚共识的新空间"①。主流媒体肩负着传播社会主流意识形态和价值观的重大责任，并进一步承担着巩固全党全国人民团结奋斗的共同思想基础这一重要使命，亟待在互联网环境中解决其传播力、引导力、影响力和公信力的问题，掌握网络舆论阵地主导权。

媒体融合的实践表明，建设基于互联网的自主可控平台是主流媒体掌握网络舆论主导权的关键举措。②具体而言，主流媒体建设自主可控平台的意义包括两个方面。首先，主流媒体需要通过自主可控平台实现与互联网用户的直接连接。过去十余年间，互联网信息服务商借助互联网传播渠道的迅速发展，打破了传统媒体对传播渠道的掌控，形成所谓"去中介化"效应，减弱了传统媒体与受众的直接连接；而传统媒体在与现有互联网平台的各类合作中，通常无法获得直接接近互联网用户的机会。其次，鉴于互联网信息传播平台化的特征，主流媒体只有拥有自主可控平台，才能够有效控制舆论场的走向，掌控网络舆论主导权。

从互联网发展的实践来看，具有影响力和多边价值的平台，必须通过聚合各种应用、整合相应资源，并向互联网用户提供多维度服务的形态来体现。这种形态，使互联网平台具有了强大的用户黏性，汇聚了海量的数据资源。由此可见，一个基于互联网、广泛联系人民群众的媒体平台，若想要持续并真正发挥引导作用，必须把服务群众作为前提，即以"服务群众"实现"引导群众"。③

---

① 加快推动媒体融合发展 构建全媒体传播格局［EB/OL］．（2019 - 03 - 15）［2021 - 05 - 24］．http://www.qstheory.cn/dukan/qs/2019 - 03/15/c_1124239254.htm.

② 宋建武，黄淼，陈璐颖．平台化：主流媒体深度融合的基石［J］．新闻与写作，2017（10）：5 - 14.

③ 宋建武，乔羽．建设县级融媒体中心 打造治国理政新平台［J］．新闻战线，2018（23）：67 - 70.

由此，做大做强网上主流舆论阵地的目标，必然无法脱离建设治国理政平台的具体路径。在平台上，新的权力中心正在形成。互联网平台这种新的社会组织方式，已经开始对传统的治理体系和结构产生挑战。这样的挑战，对党的治国理政提出了新要求，即要求党提升基于互联网进行治国理政的能力，同时在互联网上牢牢把握党的舆论领导权。基于此，主流媒体建设的新型传播平台便是治国理政的新平台，它不仅发挥着新闻媒体机构的作用，更是党代表全国人民提高社会治理能力、推进社会治理体系建设的有效载体，是直接服务群众的渠道和平台。

（二）"互联网化"是治理体系现代化的内在要求

从农业社会的统治，到工业社会的管理，再到信息社会的治理，技术革命催生了人类政治文明的发展和社会治理模式的变革，推进了社会治理体系的完善。之所以强调"社会治理"的视角，其核心原因在于互联网的普及和发展使得社会结构日趋扁平化，社会关系相互渗透，网络世界与现实世界密切交互，底层权力逐渐显现，而过去依靠单一力量、单独部门、单向权力的统治结构已无法应对当前的情况。

从治理主体来看，传统的政务管理、社会治理以政府部门科层制的树状结构为主体，其优势是能够确保政策自上而下执行的标准、效率与质量，但在自下而上的信息反馈、横向信息沟通交互等方面存在不足。跨层级、跨地域、跨系统、跨部门、跨业务的数据共享与流动中存在大量信息孤岛[1]，这是数字政府建设的关键瓶颈。从源头上看，数据的采集存在部门分散采集、采集口径不一致、中间环节多、相互割裂等问题。[2]在联通机制上，也存在横向部门间信息共享动力不足，纵向机构间数据互动机制不畅的问题。[3]再加上传统社会治理结构中的部门本位主义和利益博弈[4]，打破信息孤岛的路径极其复杂。

① 刘淑春. 数字政府战略意蕴、技术构架与路径设计：基于浙江改革的实践与探索 [J]. 中国行政管理，2018（9）：37-45.
② 翁士洪. 数字时代治理理论：西方政府治理的新回应及其启示 [J]. 经济社会体制比较，2019（4）：138-147.
③ 张述存. 打造大数据施政平台 提升政府治理现代化水平 [J]. 中国行政管理，2015（10）：15-18.
④ 谭海波，孟庆国，张楠. 信息技术应用中的政府运作机制研究：以J市政府网上行政服务系统建设为例 [J]. 社会学研究，2015，30（6）：73-98，243-244.

从治理方式来看，互联网已成为社会基础连接，亿万群众聚集于互联网空间中，客观上迫使政府必须通过互联网提供政务服务。但不能否认，在各地推进"互联网＋政务服务"建设中，实体政务大厅与网上政务大厅各自为政、线上线下脱节的状况仍然存在。①随着公民、企业对个性化、精准化政务服务需求的提升，传统的粗放式政务服务面临着巨大的挑战。相关政府及其部门虽然利用政府网站、政务 App、政务微信等政务服务系统为公民、企业提供了多种多样的政务服务内容，但政务服务的有效性、实用性仍存在不足，政务服务内容难以满足公民、企业的个性化需求。②如何借助大数据分析方法与技术，实现传统粗放式服务模式向精准化供给服务模式的转变，为公民和企业提供个性化、精准化服务，成为提高我国电子政务服务水平及社会治理水平的关键。

因此，与传统的单向度管理不同，社会治理在更好发挥政府主导作用的同时，强调开放性、包容性，强调多主体共同参与、各方面有效协同，强调共建、共治、共享，就特别需要"平台"这一新的场域形态。以平台为基础和介质，淡化行政体制的刚性界限，实现不同主体在网络空间中的平等参与，足不出户便可享受各项政务服务和公共服务。

（三）治国理政新平台成为中国媒体融合和社会治理的共同诉求

通过前述分析，不难发现，在互联网背景下，媒体深度融合的关键在于建设基于互联网的现代传播体系，实现主流媒体的互联网化。新时代创新社会治理模式的关键在于应用互联网技术及思维解决社会治理各领域面临的问题，即实现社会治理的互联网化。由此可见，治国理政新平台成为中国媒体融合和社会治理的共同诉求，即基于互联网建设自主可控平台，形成基于互联网连接群众、服务群众的能力。

有研究者曾指出，中国实行以中央政府为中心的一统体制，在这一前提下，中国治理的一个深刻矛盾是一统体制与有效治理之间的矛盾。③ 因此，根

---

① 叶鑫，董路安，宋禺. 基于大数据与知识的"互联网＋政务服务"云平台的构建与服务策略研究［J］. 情报杂志，2018，37（2）：154-160，153.

② 陈涛，等. 推进"互联网＋政务服务"提升政府服务与社会治理能力［J］. 电子政务，2016（8）：2-22.

③ 周雪光. 权威体制与有效治理：当代中国国家治理的制度逻辑［J］. 开放时代，2011（10）：67-85.

据中国的国情，可以将这一自主可控平台建设成为以现有的行政区划为基础的、在一个较大的经济和行政区域内具有广泛影响力的区域性生态级平台。生态级平台是综合型平台，这类平台可以通过其自身功能形成能够满足用户各种需求的闭环。

在分布上，这类平台具有区域特性，这是由我国行政体系及内嵌于其中的传播体系所遵循的区域划分原则所决定的。尽管区域性特征对生态级平台的作用范围有所限定，但在客观上促动这一新型平台深挖本地化的资源优势和市场需求，形成围绕用户需求、以平台为中心的多样化产品和服务格局，从而形成深植于本地市场的媒体服务生态体系，进一步增强用户黏性，牢牢掌握网络舆论阵地的领导权。

在功能上，这类平台具有多边特性，即实现多元主体参与、多边优势互补和多元价值交换。在平台功能中，将自下而上、联通各界的信息采集、加工、发布流程和实时反馈机制引入社会治理，推动信息时代认知规律、传播规律、交互规律与传统政务服务、公共服务、便民服务的有效融合。在推进平台建设的同时，推动社会思想文化公共资源、社会治理大数据、政策制定权的制度优势等各类治理资源的广泛整合，使治理活动成为上下联动、各方协同、实时交互、反馈畅通、公开透明的新形态治理模式。

二、角色期待：现代传播体系在社会治理中的功能认识

(一) 现代传播体系的建设目标

习近平总书记指出："媒体融合发展不仅仅是新闻单位的事，要把我们掌握的社会思想文化公共资源、社会治理大数据、政策制定权的制度优势转化为巩固壮大主流思想舆论的综合优势"①。现代传播体系的建设，是互联网时代中国共产党连接群众、服务群众、引导群众的新方式，将成为党和政府重要的执政手段。这一体系以基于互联网的主流媒体自主可控的新型传播平台为主干，以植根基层的县级融媒体中心为基础，以引导群众、服务群众为方向，成为新时代治国理政的新平台。

---

① 加快推动媒体融合发展 构建全媒体传播格局 ［EB/OL］. (2019－03－15)［2021－05－24］. http://www.qstheory.cn/dukan/qs/2019－03/15/c_1124239254.htm.

1. 做大做强网络主流舆论

互联网时代的新闻传播工作，面临着传统媒体与新兴媒体共同发展的局面。基于互联网的新兴媒体通过技术赋权，满足了广大用户的表达需求，由此具备了更强的舆论场接入能力，舆论场所面临的现实复杂性则超越了以往任何时代，新闻舆论工作的难度也更高。

2013年8月19日，习近平总书记在全国宣传思想工作会议上指出，"要把网上舆论工作作为宣传思想工作的重中之重来抓。宣传思想工作是做人的工作的，人在哪儿重点就应该在哪儿"①；同时他还强调，"很多人特别是年轻人基本不看主流媒体，大部分信息都从网上获取。必须正视这个事实，加大力量投入，尽快掌握这个舆论战场上的主动权，不能被边缘化了"②。由此可见，我国媒体融合发展战略从一开始就强调建设网上舆论阵地，形成网络舆论引导能力。

从国家战略的角度来看，媒体融合实际上要求传统主流媒体将工作重心转移到网上，将主要力量投入互联网空间中。要建立互联网舆论阵地并掌握舆论引导主动权，仅靠创新内容产品很难实现，必须基于互联网建设自主可控平台，并通过多元服务将广大用户聚合到平台中，以优质内容留住用户，最终才能实现对用户的引导。构建现代传播体系的最终目的正是要打造基于互联网的主流舆论阵地，结合功能多元的服务体系，强化互联网舆论引导能力，这也有助于其与基于互联网的现代治理体系一体化发展。

2. 走好"网上群众路线"

群众路线体现着马克思主义关于人民群众是历史的创造者这一基本原理，是我们党的生命线和根本工作路线，也是传播领域"党性和人民性相统一"的灵魂所在。在中国共产党成立之初，媒体成为整个革命事业的重要组成部分，从事新闻工作的知识分子走向基层、服务大众，与社会底层相结合，由此形成的群众路线传统是党办媒体最重要的政治特色。③

在移动传播时代，互联网从一种新兴信息传输渠道转变为网络社会的基础

---

① 习近平在全国宣传思想工作会议上的讲话 [EB/OL]. (2014-08-09) [2021-05-24] http://www.cac.gov.cn/2014-08/09/c_1115324460.htm.

② 同①.

③ 王维佳. "党管媒体"理念的历史生成与现实挑战 [J]. 经济导刊, 2016 (4): 28-31.

设施，这带来了社会权力体系的重构和社会组织形态的革新，也为践行群众路线提供了全新的场域，走好"网上群众路线"成为"以人民为中心"的发展思想的内在要求。一方面，互联网技术赋能开辟了新的表达空间，成为思潮交锋的主战场和公共参与的新场域①，不同阶层的矛盾和现实存在的差异转移并暴露在互联网空间中，矛盾冲突的恣意扩张为促进协商对话和协同治理带来挑战。另一方面，互联网连接多元主体拓展了新的治理模式，成为汇聚民意的新渠道和为人民服务的新平台，有利于预防社会冲突、防止矛盾扩散、增强危机管理，在预防和化解社会矛盾中发挥作用。因此，在互联网成为中国"最大变量"、群众普遍呈现"网民化"趋势②的当下，走好"网上群众路线"、密切联系人民群众也成为必须面对的时代命题。

基于前述分析，现代传播体系建设的关键使命便是使打造网络舆论主阵地和走好"网上群众路线"两方面形成融合之力，以有效应对互联网时代的全新治理命题。而这一目标的实现则离不开基于互联网的自主可控平台——通过建设现代传播体系打造治国理政新平台，真正具备连接群众、引导群众、服务群众的核心能力。

（二）现代传播体系在社会治理中的具体功能

1. 沟通、协调、监督

从结构功能主义的取向出发，经典的大众传播功能假说认为，媒体在传播过程中发挥着环境监测、联系协调和文化传承等功能。在全媒体传播环境中，现代传播体系的这些基本功能仍将进一步延伸和拓展，并基于其在信息传播中的重要作用，在公共生活和社会治理中扮演沟通者、协调者、监督者的角色。

（1）沟通者。

"沟通者"以真实、客观为原则，传递信息、监测环境、创造对话空间。在互联网环境下，社会可见性极大提高，多元主体广泛参与传播活动，极大地冲击了主流媒体的信息传递职能，也带来了虚假信息泛滥、情绪超越事实、群体极化与社会撕裂等"后真相效应"。因此，重申媒体的"沟通者"角色，对

---

① 余丽，赵秀赞. 全球网络空间"观念治理"的中国方案 [J]. 郑州大学学报（哲学社会科学版），2018，51（1）：70-75，159.

② 张涛甫. 从"心"出发，打造群众路线升级版 [J]. 新闻与写作，2016（6）：53-56.

于信息整合、信息传递和数据技术应用等各个层面均有必要性。第一，在信息整合层面，主流媒体机构扮演信息策展人的角色，在与多元内容生产主体合作的过程中，以开放、多节点的方式呈现新闻，并且伴随事件发展及时调整和重构内容，从报道者演变为一个有组织的信息平台，为不同来源的信息提供传播渠道。第二，在信息传递层面，具备公信力和权威性的主流媒体机构，应当在事实核查、真相还原中发挥关键作用，提供更加准确、全面、权威的信息，及时纠偏，引导舆论。第三，在数据技术应用层面，作为新型传播平台，应主动嵌入社会治理体系中，与城市大脑一体化发展，可依托大数据、人工智能、传感器等新兴技术，对社会治理数据进行挖掘、分析与应用，建立联系、发现异常、捕捉信息点与新闻性，大大拓展消息来源和报道内容，增强新闻报道的贴近性和本土化特色。例如利用交通大数据拓展本地路况、交通资讯，通过用电、用气数据反映独居老人的生活状况等。

（2）协调者。

"协调者"以对话、协商为原则，增强各方联系、增进决策能力、维护价值共同体。当前，我国的社会转型伴随着结构分化和利益冲突，畅通社会内部的沟通、协商、公共参与和共同决策无疑是纾解矛盾、达成共识的出路，而避免协商破裂、增强治理能力，则成为现代传播体系的内在使命。第一，在对话协商层面，主流媒体可从更宏观、全局的视角，为传播弱势群体的话语表达和积极发声提供途径，为多元主体呈现诉求、进行利益博弈创造空间，促成社会交流、沟通，并以此找到利益的交集和价值的凝聚点，真正扮演起社会情绪的"减压阀"，才有可能真正发挥媒体融合的赋权功能，提升社会的共治和和谐水平，成为社会治理的缓冲地带。第二，在治理能力层面，媒体机构可在一体化框架下，畅通与社会治理各机构主体的联系沟通机制，更加深入地融入基层工作与危机管理等治理工作中，在公共事务运行与处理过程中充分展现各方的主张、诉求与行动，发挥信息公开、民意收集、公共议事等功能，助推本地社会治理能力的提升。

（3）监督者。

"监督者"以公共性为准则，服务公共生活、监督权力运行、维护公共利益。舆论监督是新闻舆论工作的重要组成部分，最终目的是为党和人民服务，体现的是党性与人民性的一致和统一。现代传播体系承担的"监督者"角色，是舆论监督的延伸，其合法性必须来自以人民为中心、坚持人民性。第一，在工作导向层面，坚持舆论监督与正面宣传的统一性。舆论监督聚焦改革发展过程中的矛盾问题，对各种违法违规的行为和人物进行揭露批评，揭开遮蔽不公的权力之幕，协助党和政府改进决策工作与促进社会发展。但必须明确，舆论监督不是为了简单地揭露矛盾问题，而应着眼于党和国家的事业改革发展的全局，从建设性的视角出发，客观真实地反映问题，有效地引导社会舆论，实现正面宣传的效果。第二，在方式方法层面，应创新基于互联网的舆论监督机制、方法与技术，促进信息公开和及时回应，增进政民互动、政企互动，促使互联网环境中舆论监督更加公正、透明、高效。

2. 连接、服务、运营

在现代传播体系与现代治理体系一体化发展的框架下，媒体作为参与社会治理的多元主体之一，也将进一步拓展角色功能，成为全媒体传播环境下的连接者、服务者、运营者等。

（1）连接者。

"连接者"是现代传播体系/现代治理体系的能力起点，与广泛的人民群众建立起基于互联网的连接。无论是沟通者、协调者还是监督者，主流媒体机构想要真正在公共生活中扮演角色、发挥作用，首要前提便是连接人民群众。在互联网生态下，人民群众普遍地以用户的形式出现，因此，吸引用户、建立连接便是现代传播体系发挥功能作用的内在要求。

互联网平台的构建、互联网应用的发展均取决于用户刚需，党和政府的执政资源是人民群众的生活所无法离开的。因此，综合多方优势资源，将此类政务服务和公共服务聚合在媒体平台中，即可将人民群众汇聚到自主可控平台中。县级融媒体中心的建设，是互联网时代中国共产党连接群众、服务群众、引导群众的新方式。而包括县级融媒体中心在内的现代全媒体传播体系，将成为党和政府重要的执政手段，这一体系将植根于基层，通过县级融媒体中心的综合服务平台和社区信息枢纽功能，将互联网应用下沉至县域，促进"互联网＋"战略落地。[①] 由此，通过县级融媒体中心的建设，基于主流媒体自主可控的新

---

① 宋建武，乔羽. 建设县级融媒体中心 打造治国理政新平台［J］. 新闻战线，2018（23）：67-70.

型互联网传播平台所构建的现代全媒体传播体系，将成为新时代治国理政的新平台。

(2) 服务者。

"服务者"是现代传播体系/现代治理体系的功能拓展，嵌入政务服务，主导生活服务，成为社会生活的建设者和组织者。其中，政务服务能满足广大用户的"刚需"，生活服务则促进用户的"高频"使用，二者结合才能够极大扩展用户规模并增强用户黏性，发挥新型传播平台、现代传播体系的实际价值。

例如，浙报集团以"新闻传播价值、服务集聚用户"为发展理念，通过新闻传媒、数字娱乐、智慧服务三大业务板块的建设，将媒体功能从以往单一提供信息服务转变为提供多元服务，形成了枢纽型传媒集团。截至 2019 年 3 月，浙江政务服务网的用户超过 2 300 万，超过全省网民总数的四分之一。政务服务客户端"浙里办"的日活跃用户超过 15 万人，平台累计提供网上支付服务 1 亿多人次。而借鉴美团点评、拼多多等商业平台嵌入居民日常生活的经验，提供与用户生产生活息息相关的"高频"服务，可以极大增强用户黏性，在服务群众的过程中实现用户、数据和资源的聚集。

(3) 运营者。

"运营者"是现代传播体系和现代治理体系不断发展的驱动力量，理顺平台与端口的关系、广泛拓展运营资源，真正实现"全效媒体"。

在运营主体层面，作为现代传播体系的基础和"触角"的县级融媒体中心，在围绕"主流舆论阵地、综合服务平台和社区信息枢纽"三大功能打造地域化客户端时，将获得植根县域的运营资源，更加广泛的用户、资源与数据，同时必须具备相应的运营能力，才能极大实现平台的价值增值。而这一端口也将成为本地的一站式综合服务端口，满足本地用户生产生活的各项需求，由此可见，基层的融媒体中心承担着运营责任，客观上也必须成为一个现代城市基于互联网的运营的主导力量，即成为一个智慧城市的城市运营商。

在运营资源层面，"新闻＋政务＋服务"是主要运营资源。一方面，通过各类便民惠民服务的聚合，可有效盘活各地社会资源，汇聚各类区域性生活资讯，提供丰富的本地化服务项目，打造出一个具有区域特色的一站式综合服务平台；另一方面，基于对综合服务大数据的标签化处理和对服务中各类实体的精准刻画，可以进一步打通信息流、用户流和商品流，实现基于用户场景化行为特征的精准推送，促进定制化的产品生产，构建基于数据库的电商平台。

（三）两大体系一体化发展

1. 纵向打通各级主流媒体

基层媒体的融合发展大多停留在创新融合产品的第一阶段。一方面由于大部分基层媒体缺乏平台建设所需的资金和资源，尤其是在经济发展相对落后的地区；另一方面也由于基层媒体的覆盖范围有限，其内容体量和服务人群都相对较小，不具备建设自主平台的必要性。然而，基层媒体最贴近广大人民群众，在引导群众、服务群众方面能够发挥的重要作用不容忽视。因此，需要区域性和全国性媒体平台提供技术和运营等方面的支持。

建设现代传播体系，正是要通过纵向打通各级媒体，以实力较大、发展较好的全国性或区域性媒体带动规模相对较小的基层媒体。纵向打通对于不同级别的媒体来说也是互惠共利的：一方面，中央媒体和省级媒体以已经构建的技术实力，帮助市、县级媒体完善互联网基础设施建设，助力基层媒体实现新闻传播与舆论引导的互联网化；另一方面，基层媒体所报道的内容贴近百姓生活，在平台纵向联通后，也将丰富平台的内容数据库，提升主流媒体平台的内容聚合与分发能力。

2. 横向形成平台服务生态

在纵向联通的媒体架构逐渐建成之后，各级主流媒体的内容数据、用户数据将汇聚到几个全国性或区域性平台中，而数据打通要建立在功能打通、用户共享的基础之上，这也意味着主流媒体平台将对其所聚集的各类媒体实现功能和数据上的横向打通，形成优势互补，从而建立起覆盖多元用户的、集政务服务和本地生活服务于一体的服务体系，更好地服务用户、引导用户。

随着互联网普及率的提升和移动互联网的下沉，三四线及以下城市和县、乡（镇）已成为移动传播中的主要增量群体，拼多多、快手、趣头条等新兴互联网应用正是着眼于这一下沉市场，才得以快速崛起，从而印证了这一用户市场的巨大潜力。因此，建设县级融媒体中心是完善现代传播体系的着力点，必须通过聚合基层政务、生活服务，提升主流媒体平台服务用户的能力，并以其对百姓生活的"有用性"聚合最广大的人民群众。在此基础上，媒体才能基于自身的内容生产优势，形成对广大用户的引导力。

第三节　县级融媒体中心建设

在移动互联网应用快速发展的背景下，区域性用户，尤其是县域用户，已经逐步成为移动互联网应用最大的增量群体。快手、拼多多等活跃于这一细分市场的互联网商业平台的迅速崛起，从侧面印证着下沉市场用户群体的巨大潜力。伴随着互联网应用及产品的下沉，以现有的行政区划为基础的、在一个较大的经济和行政区域内具有广泛影响力的区域性生态级平台，是有效回应社会治理与媒体融合的内在诉求的重要路径，而县域传播资源与治理资源的整合和运营则成为区域性生态级平台建设的破题关键。

有研究者认为，县域是国家上层与地方基层、中央领导与地方治理、权力运作与权力监控的"接点"部位。[①] 县域作为接点，"既汇聚了国家的权力又聚集了基层社会的无规则，既包含国家又包含社会，更包含了两者的互动而形成的一种'结构场'"[②]。县域是国家和社会直接互动的场域，这是县域基层治理创新的逻辑起点，也是县级融媒体中心建设必须回应和实践的社会现实，县级融媒体中心建设的"融"必须有着更为丰富的维度，即"应融尽融、能融尽融"。

县级媒体依托同级行政体系而存在，几乎独家拥有本地区的传播资源，也是最接近基层人民的通道之一。通过县级融媒体中心建设，实现渠道下沉和资源整合，聚集起海量用户并建立用户黏性，构建起区域性生态级平台，具有较强的可行性。

在媒体融合的国家战略框架中，县级融媒体中心建设是在互联网传播环境下，建设现代全媒体传播体系的一项基础性工作。2018年8月21日至22日，习近平总书记在全国宣传思想工作会议上指出，"要扎实抓好县级融媒体中心建设，更好引导群众、服务群众"[③]。2018年9月20日至21日，中宣部在浙

---

① 徐勇．"接点政治"：农村群体性事件的县域分析：一个分析框架及以若干个案为例 [J].华中师范大学学报（人文社会科学版），2009，48（6）：2 - 7.

② 谢小芹．"接点治理"：贫困研究中的一个新视野：基于广西圆村"第一书记"扶贫制度的基层实践 [J]. 公共管理学报，2016，13（3）：12 - 22，153.

③ 习近平：举旗帜聚民心育新人兴文化展形象 更好完成新形势下宣传思想工作使命任务 [EB/OL]. （2018 - 08 - 23）[2021 - 05 - 24]. https://www.ccps.gov.cn/zl/xxzyjhjszl/201812/t20181209 _ 114782. shtml.

江省湖州市长兴县召开县级融媒体中心建设现场推进会，对在全国范围推进县级融媒体中心建设做出部署安排，要求 2020 年底基本实现在全国的全覆盖，2018 年先行启动 600 个县级融媒体中心建设。会议指出，"加强县级融媒体中心建设，是加强和改进基层宣传思想工作、推动县级媒体转型升级的战略工程"，"要把准功能定位，坚持分类指导，因地制宜开展工作，努力把县级融媒体中心建成主流舆论阵地、综合服务平台和社区信息枢纽"①。

习近平总书记在全国宣传思想工作会议上提出了"在基础性、战略性工作上下功夫，在关键处、要害处下功夫，在工作质量和水平上下功夫"② 的要求，而县级融媒体中心建设正是构建现代全媒体传播体系的一项基础性、战略性工作，也是媒体深度融合的关键处和要害处，不把这项工作做好，通过媒体融合使主流媒体牢固地掌握网络舆论主导权、完成现代全媒体传播体系构建的任务就难以落到实处。

一、县级融媒体中心建设的进展、问题及策略

(一) 县级融媒体中心建设的四种模式

通过对全国多个县市的县级融媒体中心建设情况进行调研和考察分析，我们发现，各地根据各自不同的基础建设状况和媒体基础建设水平、媒体融合发展水平，结合本地资源和实际能力，在寻找本地进行县级融媒体中心建设的突破口方面，思路开阔、反应迅速，融入了很多创新举措，取得了一定成效。本节选择四种具有代表性实践及推广价值的建设模式进行分析。

1. 县区领导牵头，全面打通区域资源

从媒体融合的探索经验来看，无论是内部各类服务资源（也是运营资源）的打通，还是外部技术资源的导入，都并非易事。从县级融媒体中心的功能设定上看，完成其建设任务需要整合的力量、导入的资源远远超过以往单一主流媒体的融合实践，因此，县级融媒体中心建设绝不单纯是县级党委宣传部门和

---

① 县级融媒体中心建设全面启动［EB/OL］. (2018 - 09 - 21)［2021 - 05 - 24］. http：// www. xinhuanet. com/politics/2018 - 09/21/c _1123466267. htm.

② 习近平：举旗帜聚民心育新人兴文化展形象 更好完成新形势下宣传思想工作使命任务 ［EB/OL］. (2018 - 08 - 23)［2021 - 05 - 24］. https：//www. ccps. gov. cn/zl/xxzyjhjszl/201812/ t20181209 _ 114782. shtml.

主流媒体的任务。

根据中宣部的定位，县级融媒体中心的基本功能是作为县域"主流舆论阵地"，但在互联网环境下，这一功能的发挥需要依托党和政府的执政优势，聚合所在区域各领域的社会资源，为人民群众提供综合服务，通过服务群众，使人民群众成为平台的忠实用户，从而达到以主流舆论引导群众的目的。

北京市延庆区自 2018 年 3 月启动融媒体中心改革开始，区委书记、区长全程参与统筹谋划，促进相关部门通力协作。经过三个月的改革，延庆区完成融媒体中心机构设置、流程再造、人员整合、平台搭建、新媒体矩阵建设、业务培训等一系列工作，于 2018 年 6 月 16 日正式挂牌。延庆区将融媒体中心建设列为冬奥世园服务保障工作的重要内容，通过提升地区党媒的新闻生产能力，讲好延庆故事、塑造城市品牌、提升城市形象。融媒体中心建设分为三个阶段有序推进。第一阶段的工作任务是"调研实践，实现融媒体中心挂牌运行"；第二阶段的工作任务是"完善提升，挖掘融媒体中心的改革势能"；第三阶段的工作任务是"探索创新，释放融媒体中心的创造力和生产力"。①

2. 提升内容质量，巩固主流舆论阵地

在中宣部对县级融媒体中心三大功能的表述中，"社区信息枢纽"是指县级融媒体中心应当为社区成员提供信息交互的空间，以促进社会共识的达成，进一步实现"引导群众"的重要使命。建设社区信息枢纽需要较大的用户数据量和本地资讯数据量，以及功能强大、完善的数据分析和计算工具。就目前而言，县级媒体建设的技术水平有限，可以先从整合各类媒体资源入手，持续增强掌控主流舆论阵地的能力。县级融媒体中心可以通过将原有分散的媒体资源合而为一，重塑内部组织机构和采编机制，提升报道资源的利用效能，高效地挖掘信息资源，制作具有地方特色的融媒体产品，避免同质内耗，形成传播合力。

2011 年 4 月，长兴传媒集团由长兴广播电视台、长兴宣传信息中心、县委报道组、"中国长兴"政府门户网站（新闻板块）跨媒体整合而成，是全国第一家整合广电和报业资源的县域全媒体传媒集团。2017 年 4 月，长兴传媒

---

① 董喜延. 积极推进融媒体中心建设 扎实服务基层群众生活 ［J］. 传媒，2019 (2)：24 -
26.

集团打通旗下十部室共 11 个媒体平台，成立融媒体中心，进一步巩固县级媒体的"喉舌"阵地。在融合技术方面，长兴传媒集团以采编播全平台生产流程为主线，面向电视、广播、报刊、网站、新媒体等全媒体刊播平台运行，可实现多屏互动、全流程实时掌控、调度以及大数据统计、分析等功能。在融合产品方面，长兴传媒集团推出"传播组合拳"，打通区域内的新旧媒体，汇聚"长视新闻""小彤热线""观点致胜"等多个优质电视节目，以及"97.3 太湖之声""106.6 新闻交通等广播频率"和《长兴新闻报》《太湖晨报》等精选报纸。

四川省仁寿县融媒体中心推出"大美仁寿系"官媒，重点打造以客户端为主的"准、新、微、快"移动新闻产品。仁寿从自身条件出发，走出了一条从"＋媒体""媒体＋""仁寿＋"到"仁寿统"的媒体融合发展之路，基本达到了抢占全媒体舆论场、掌握区域内社情民意的目的。首先，仁寿融媒体中心将原分属 3 个单位的 11 个媒体平台（1 报、2 台、2 网、5 微、1 端）整合成 6 个媒体平台（1 端、2 微、1 网、2 台），着力构建集中统一的县域新闻资讯、权威发布和舆论引导格局。其次，仁寿融媒体中心还搭建官方舆论场，针对自媒体多、网民活跃，乱曝光、乱发帖、乱投诉等突出现象，开办"有奖爆料"政务微信公众号，打通所有新媒体平台爆料通道，引导全县群众参与社会治理。再次，仁寿融媒体中心借力草根社交群，打造"小小草根系"社交平台，借助本地有影响力的自媒体，通过"合作＋扶持"，搭建起与群众联系的民间通道。仁寿融媒体中心最有影响力的自媒体"仁寿圈"，利用"草根"身份，通过其已建立的论坛和 300 余个微信群，搜集各类信息、社会动态，适时适度推送主题稿件，传递正能量。最后，仁寿融媒体中心主导组建了由全县知名自媒体、网络大 V 和政务新媒体组成的仁寿新媒体联盟。以盟主身份引导参与者加强行业自律、进行业务交流、开展采风联谊、策划主题活动，把全县新媒体紧紧地团结在一起，在引导重大舆论时做到统一口径、步调一致、及时预警。

3. 提升服务水平，聚合本地群众

在习近平总书记关于县级融媒体中心建设的系列论述中，特别值得关注的是他对服务功能的强调。在 2018 年 4 月 20 至 21 日召开的全国网络安全和信息化工作会议上，习近平总书记要求"各级党政机关和领导干部要提高通过互联网组织群众、宣传群众、引导群众、服务群众的本领"①。习近平总书记对利用互联网手段引导群众和服务群众的论述是一以贯之的系统思考，其中"服务群众"的观点，是在互联网时代对马克思主义新闻理论的重大发展。

县级融媒体中心建设不能简单地整合县域各类媒体机构，也不能只依靠孤立的"中央厨房"建设。想要完成使新型主流媒体与服务对象在互联网上建立密切联系的任务，必须以用户为中心，广泛聚合和有效运营各类本土资源。主流媒体既要打通与县域党委和政府各级组织各个部门的联系，也要打通与本地各类企事业单位的联系。通过各项垂直应用的渗透和各类便民惠民服务的聚合，为所在区域人民群众提供一站式综合服务的互联网端口。

在服务群众方面，浙报集团所属的瑞安日报社积累了相对完善的经验。瑞安日报社从媒体融合改革之初，就考虑系统化的底层架构及整体综合改革，提出了"花五年时间建设四大平台"的发展目标：以本土新闻和智慧资讯为核心的信息服务主平台，以网络问政和智慧行政为核心的政务服务主平台，以消费电商和智慧社区为核心的生活服务主平台，以众创空间和特色小镇为核心的产业服务主平台。瑞安日报社是国内较早尝试参与智慧政务建设的媒体机构，早在2011年就推出网络问政PC端，同时也为当地的智慧政务建设搭建技术平台，代运维的政务新媒体几乎涵盖所有部门及镇街。瑞安日报社自主研发了浙江省内的第一个集网站、微信公众号、App、微博于一体的"四位一体全媒体网络问政平台"，实现后台数据共享、前台同步显示。在智慧社区方面，瑞安日报社与瑞安市社会服务中心合作，于2017年11月推出了"81890智慧社区"平台。基于上述转型实践，瑞安日报社将自身业务从广告经营逐步拓展到城市生活服务和产业服务，既以优质项目反哺和壮大传统媒体业务，又以社会资本的嵌入积极推动瑞安的传统产业转型升级，践行服务人民群众的政策导向。

4. 提升技术能力，贯通省级平台与县级端口

各地的县级融媒体中心要想达成中宣部要求其具备的"主流舆论阵地、综合服务平台和社区信息枢纽"三大功能，最关键的是要有一个能够实现连接用户、服务用户的互联网运营平台。但大多数县域尚不具备平台建设能力。从实

---

① 习近平：自主创新推进网络强国建设 [EB/OL]. (2018-04-21) [2021-05-24]. http://www.xinhuanet.com/politics/2018-04/21/c_1122719810.htm.

际出发的解决方案是，省级主流媒体集团建立技术和运营平台，并向县级融媒体中心输出完整的端口建设解决方案；县级融媒体中心负责聚合本地资源、运营各自端口，并向省级平台反馈必要的本地数据，以便省域内媒体融合的统筹规划。

但需要明确的是，在共建县级融媒体中心时，省级主流媒体集团与县级融媒体中心不是上下级关系，而是平台与端口的关系，双方的基本关系类型是独立主体之间的合作共赢模式。基于此种模式建设的县级融媒体中心，一方面与省级平台共享内容生产、公共服务等功能模块；另一方面通过本地化的"新闻＋政务＋服务"，汇聚用户，向平台导入用户数据与信息，并展开业务落地运营。

目前，许多省份正在尝试此模式。以湖北广电的"长江云"平台为例，平台目前聚合了119个地市级媒体端口，如"云上恩施""云上孝感""云上黄石""云上潜江"等，以"前台独立、后台共享、可管可控、互助互利"的资源共享模式开展运营。

在地方端口中，湖南省浏阳市融媒体中心的实践值得参考。湖南省委积极领会中央精神，指定了《湖南日报》和红网两家省级媒体机构作为县级融媒体中心技术平台搭建方。浏阳市融媒体中心依托《湖南日报》的"新湖南云"、新湖南客户端和背后的数据中台，打造了浏阳本地的县级端口"掌上浏阳"App。"掌上浏阳"是浏阳市政府的官方信息发布平台、大数据分析平台、"智慧城市"运营平台、新闻资讯发布平台。"掌上浏阳"内包含天天学习、智慧环保、智慧党建、E监督、掌上税务、智慧教育、智慧停车、智慧旅游、智慧人社、公益扶贫、云保险、全国工商举报平台等12个"智慧城市"项目。上线不久，"掌上浏阳"App已成为浏阳市信息量最大、点击率最高、最受关注的综合信息服务平台，点击量、阅读量和下载量稳居全国县市前列。

（二）县级融媒体中心建设的关键问题

我国区县数量多且差异大，县级融媒体中心的建设发展水平自然参差不齐。但就融媒体中心的建设实践而言，各地在观念、进程、技术上已浮现出一些共性问题。

在观念上，众多区县尚未意识到，县级融媒体中心建设是当前媒体深度融合和构建基于互联网的现代全媒体传播体系的重点工作——以实现基于互联网建设治国理政新平台为目标，以推进社会治理现代化工程为基层支点，并需要完成"引导群众、服务群众"的任务。一些地方政府仍将融媒体中心建设视为媒体体系内部的一场改革。这样的思想观念容易将融媒体中心的建设或改革局限在一个较小的视野范围内，忽视县级融媒体中心在推动新型社会治理模式中将会发挥的重大作用。

在进程上，大部分县级融媒体中心的建设还停留在一期工程，即"主流舆论阵地"建设，如打造全新的基于数字技术的新闻生产"策采编发"体系——"中央厨房"，且有不在少数的县级媒体将县级融媒体中心建设简单等同于一期工程。小部分县级媒体开始进行二期工程即"综合服务平台"建设，将本地区的政务服务、公共服务、便民生活服务等服务功能，通过融媒体中心进行集成。仅有个别发展速度较快、理念较为先进的县级融媒体中心，正在逐步探索三期工程即"社区信息枢纽"建设，对地方受众的信息发布和传播进行精细化管理。

在技术上，大部分融媒体中心在技术平台建设中，都存在自身建设能力不足、保障能力不够、缺乏数据技术和云技术的问题；在数据的获取和应用上，大部分融媒体中心也都遇到了瓶颈。从客观条件来看，因地理、经济、发展空间等因素的制约，大多数地区的区县在吸引互联网、大数据等技术类人才方面缺乏竞争优势，存在"人才难引进、难留住"的问题，因此，县级媒体大多选择和一线城市的第三方公司合作建设数据平台、云平台等，然而由于没有掌握核心技术和核心数据，难免为融媒体中心的后续发展埋下隐患。

从既有的媒体融合探索经验来看，无论是内部各类服务资源（也是运营资源）的打通，还是外部技术资源的导入，都并非易事。从县级融媒体中心的功能设定看，完成其建设任务需要整合的力量、导入的资源远远超过以往单一主流媒体的融合实践，因此，这绝不单纯是县级党委宣传部门和媒体的任务。这个中心及其运营的以互联网端口为主的各种渠道，必须上联下达，横向打通，要从"单打独斗"迈向"协同作战"。为此，必须处理好以下问题。

1. 理顺内外关系

建设为所在区域人民群众提供综合服务的能力，需要理顺内部和外部关系，打通社会资源。县级融媒体中心的基本功能是作为县域主流舆论阵地，但在互联网环境下，这一功能的建立和发挥作用需要依托党和政府的执政优势，聚合所在区域各种社会资源，为人民群众提供综合服务。因此，县级融媒体中心建设不能简单地将县域各类媒体机构整合，也不能只依靠孤立的"中央厨房"建设。想要实现使新型主流媒体与服务对象在互联网上建立密切联系的任务，必须以用户为中心，广泛聚合和有效运营各类本土资源，既要打通与县域党委和政府各级组织各个部门的联系，也要打通与本土各类企事业单位的联系，通过各项垂直应用的渗透和各类便民惠民服务的聚合，盘活县域社会资源，构建起能够运用海量的用户数据、精准的用户画像、丰富的生活服务项目与有引导力的内容资讯，为所在区域人民群众提供一站式综合服务的互联网端口。

这一过程，实际上也是互联网这一引领性技术及其应用向基层全面下沉的过程，它将使互联网发展的成果更好地造福基层人民群众，满足人民群众对美好生活的期望，同时实现互联网技术赋能，对县域经济发展产生拉动作用。在这方面，浙报集团所属瑞安日报社已经有了较为完整的实践。近年来，瑞安日报社立足本土资源，从构建基于"新闻＋服务"的区域中心第一传媒的定位出发，提出建设"四大平台"的发展方向，即以本土新闻和智慧资讯为核心的信息服务主平台，以网络问政和智慧行政为核心的政务服务主平台，以消费电商和智慧社区为核心的生活服务主平台，和以众创空间和特色小镇为核心的产业服务主平台。通过这一系列战略调整，瑞安日报社将自身业务从广告经营逐步拓展到城市生活服务和产业服务，既以优质项目反哺和壮大传统业务，又以社会资本的嵌入积极推动了瑞安当地的传统产业转型升级，践行着服务人民群众的目标和要求。

2. 理顺建设平台与运营端口的关系

建设基于互联网连接用户、服务用户的能力，需要理顺建设平台与运营端口的关系。

当前的县级融媒体中心建设，其核心任务是通过整合本土资源，建设一个基于互联网向特定区域的人民群众传播党和政府的声音、通过互联网手段提供以网上政务服务为核心的综合服务的新型传播体系和服务体系。作为县区的主流舆论阵地，它要将原有分散的媒体资源合而为一，重塑内部组织机构和采编机制，提升报道资源的利用效能，高效地挖掘信息资源，制作具有地方特色的融媒体产品，避免同质内耗，形成传播合力；作为综合服务平台,它要直接面向基层人民群众,从人民群众的需求出发,从单一的新闻传播功能逐步拓展至综合服务功能,借鉴大型商业互联网平台嵌入居民日常生活的经验,有效聚合和运营地方的政务服务、公共服务和便民服务资源,在服务群众的过程中实现用户、数据和资源的聚集,做大做强主流媒体的品牌影响力与综合实力;作为社区信息枢纽,县级融媒体中心还要充分依靠社区生活场景,利用移动化、精准化、社交化的信息互动,高效调度本土资源,成为基层社区生活的枢纽,在本地化的多元主体参与、沟通、对话中创造更多的社会共识,产生协同价值。最终,以县级融媒体中心的广泛连接和功能升级,推动基层治理体系和治理手段的现代化,成为治国理政大平台最广泛的"触角"与最坚实的"基础"。

从技术特征看,这样的互联网运营平台需要较大的用户量、较高的技术能力和较完整的技术体系作为支撑,而这些资源多数县域尚不具备。比较可行的解决方案是,在具备条件的省级主流媒体集团建立技术和运营平台,向县级融媒体中心输出资源,从而使县级融媒体中心成为省级新型媒体平台的运营端口。目前,以湖北广电的"长江云"平台为引领,浙报集团的"天目云"、江西日报集团的"赣鄱云"、湖南日报集团的"新湖南云"、四川日报集团的"四川云"、广西日报集团的"广西云"、天津新媒体集团的"津云"等,都在实现省级新型媒体平台与县级网络传播端口的连接方面进行了各有特色且卓有成效的探索和尝试。以"长江云"平台为例,平台目前聚合了119个地市级媒体端口,如云上恩施、云上孝感、云上黄石、云上潜江等,以"前台独立、后台共享、可管可控、互助互利"的资源共享模式开展运营。在这里需要明确的是,省级主流媒体集团与县级融媒体中心不是上下级关系,而是平台与端口的关系,双方的基本关系类型是独立主体之间的合作共赢模式。基于此种模式建设的县级融媒体中心,一方面与省级平台共享内容生产、公共服务等功能模块,另一方面通过本地化的"新闻+政务+服务",汇聚用户,向平台导入用户数据与信息,并展开业务落地运营。

(三)县级融媒体中心的发展策略

在提出适合我国县级融媒体中心的发展策略之前,我们需要对其功能和作用进行深入研究和探讨。对此,习近平总书记的要求是:"要扎实抓好县级融媒体中心建设，更好引导群众、服务群众"①；中宣部在县级融媒体中心建设现场推进会上强调："努力把县级融媒体中心建成主流舆论阵地、综合服务平台和社区信息枢纽。"②这些要求的共同之处是突出了县级融媒体中心的舆论引导功能和服务功能。其中特别值得关注的是习近平总书记对服务功能的强调，联系他在2018年4月20至21日召开的全国网络安全和信息化工作会议上的讲话要求"各级党政机关和领导干部要提高通过互联网组织群众、宣传群众、引导群众、服务群众的本领"③，可以发现，习近平总书记对利用互联网手段引导群众和服务群众的论述是一以贯之的系统思考，其中"服务群众"的观点是互联网时代下马克思主义新闻理论的重大发展。

从互联网发展的实践看，平台化是其基本趋势之一，而这一趋势主要是通过平台聚合各种应用、整合相应资源，并向互联网用户提供多维度服务的形态来体现的。这种形态使互联网平台具有了强大的用户黏性，同时汇聚了海量的数据资源。由此可见，一个基于互联网、广泛联系人民群众的媒体平台，若想要持续而真正发挥引导作用，必须把服务群众作为前提。

综合国家政策与行业背景，我们可以得出这样的结论：县级融媒体中心建设是媒体融合的深化，是在互联网传播环境下，建设现代传播体系的一项基础性工作。而县级融媒体中心作为基于互联网的新型媒体平台的端口和基础，其功能和作用主要体现为扩大新型媒体平台的传播效果，向新型主流媒体平台导入信息、用户及本土资源，借助新型媒体平台的技术能力和资源开展本土业务运营，具体可以归纳为"主流舆论阵地、综合服务平台和社区信息枢纽"。其中"主流舆论阵地"是指县级融媒体中心应该成为县域新闻报道和舆论引导的主导力量；"综合服务平台"是指县级融媒体中心应该成为向本地人民群众提供以政务服务为核心的、包括各种本土性服务如公用事业服务和生活服务的平台，以此体现新型主流媒体的服务功能，从而产生强大的用户黏性；"社区信

① 习近平：举旗帜聚民心育新人兴文化展形象 更好完成新形势下宣传思想工作使命任务[EB/OL]．（2018-08-23）［2021-05-24］．https://www.ccps.gov.cn/zl/xxzyjhjszl/201812/t20181209_114782.shtml.
② 县级融媒体中心建设全面启动［EB/OL］．（2018-09-21）［2021-05-24］．http://www.xinhuanet.com/politics/2018-09/21/c_1123466267.htm.
③ 习近平：自主创新推进网络强国建设［EB/OL］．（2018-04-21）［2021-05-24］．http://www.xinhuanet.com/politics/2018-04/21/c_1122719810.htm.

息枢纽"是指县级融媒体中心应当为社区成员提供信息交互的空间,以促进社会共识的达成。

按照这一功能模式建构的县级融媒体中心,不是一个个分散的功能单一的媒体机构,而是基于互联网的现代传播体系的基础,是这一体系的有机组成部分。它依托党的执政优势,整合各种执政资源,通过提供政务服务及其他公共服务这一"刚需",将人民群众聚合在主流媒体自主可控的新型媒体平台上,从而建立其网络传播能力;它导入各项政务服务,成为网上政务服务端口的运营主体,从而成为党和政府的重要执政手段;更重要的是,它植根于基层,是基于互联网的县域综合服务平台和社区信息枢纽,将发挥把互联网业务下沉到县域基层的作用,从而推动"互联网+"战略落地。综合这些功能,我们对县级融媒体中心建设这一基础性战略举措的判断是,通过县级融媒体中心建设,党和政府将会把以主流媒体自主可控的新型互联网传播平台为核心的现代传播体系,打造成新时代治国理政新平台。

基于上述分析,县级融媒体中心的建设肩负着巩固基层舆论阵地、壮大主流舆论的政治使命,遵循着现代传播体系建设的客观规律,面临着助力平台化发展的具体任务和有序融入社会治理新平台的核心要求。在建设初期应当始终把握建设的重点与关键,依循清晰明确的行动路线图,以真正实现引导群众、服务群众的要求。概括来说,从当前实际出发,县级融媒体中心建设需要把握如下关键点。

1. 整合传播资源是首要措施,面向移动端做增量

目前,我国多数县域的各级各类主流媒体缺乏互联网传播平台。在这一状况下,一些县级党政机构的政务公开主要通过互联网商业平台实现,如入驻微博、微信、抖音等,大批商业化运作的自媒体账号也借由互联网商业平台活跃于网络舆论场上。主流媒体在县域网络空间中传播主体多元化,缺乏协同,造成主流价值观的舆论引导力不强,不利于构建基层舆论的良性生态。基于此,县域的"播、视、报、网、端、微"等传播资源要全面打通,通过重塑内部组织机构和采编流程再造,提升报道资源的利用效能。

2. 独立端口是运营基础,技术平台是驱动力量

在移动传播时代,如何在网络空间形成的海量信息资源中寻找到适合个性化需求的内容,实现精准分发,已经成为媒体竞争的关键点。对于县级融媒体

中心来说，想要精准识别本地用户的需求和使用场景，提升传播效率，必须提升自身的智能化技术支撑。纵观当前各地县级融媒体中心的建设情况，导入内容生产技术较为顺利，例如借助成熟的全媒体内容生产系统，实现新闻线索管理、采访调度管理、内容制作管理等功能。但内容分发层面的技术支撑仍较为薄弱，大数据抓取、智能分析以及搭建基础性的用户数据库、内容数据库的技术难度较高，是县级技术资源难以企及的。因此，县级媒体要融入"平台化"趋势，并非一定要自建平台，应作为主流媒体自主可控的新型媒体平台的用户入口和服务端口以实现高效率运营。当前，较为可行的方案是集中力量建设省级技术支撑平台，县级融媒体中心则在省级平台的支持下建设和运营本土化的有独立形态的移动互联网端口。这样既保证了底层架构的统一协调，又可在应用层进行特色化的多元探索。

3. "新闻＋政务＋服务"是主要运营资源

在近年的媒体融合实践中，不少主流媒体集团在"新闻＋政务＋服务"方面做出了有益的探索。浙报集团率先提出"以服务集聚用户，以新闻传播价值"的"新闻＋服务"理念，在坚持主流媒体以高质量新闻内容构筑品牌公信力的同时，以优质的服务强化用户对平台的信任与依赖。目前，浙报集团已形成了政务服务、OTO电子商务、网络医院、养老服务、区域门户集群等多种综合服务能力，通过政务服务、公共服务等的互联网化，聚合了超过2 000 万的本地强关系网络用户。①县级融媒体中心植根于本土，与基层人民群众的日常生产、生活"唇齿相依"，在完成新闻信息生产和分发服务的同时，还可以借鉴大型商业平台借助互联网应用嵌入居民日常生活的经验，聚合和运营所在区域的政务服务、公共服务和便民服务资源，在服务群众的过程中实现用户、数据和资源的聚集；还要积极探索对本地电商、文化、旅游、教育等市场资源的开发和运营，建构起一个能够依托市场资源良性循环的运行模式。

4. 运营队伍建设与体制机制改革是关键支撑

主流媒体转型发展的关键是建设一支能够适应媒体融合发展和互联网平台运营，涵盖内容生产、商业运营和技术支持等多专业能力的人才队伍。其中，

---

① 宋建武，陈璐颖. 浙报集团媒体融合的探索之路 [J]. 传媒，2017 (10)：9 - 14.

特别要注意通过体制机制改革，建立适应媒体融合发展的人员招录、绩效考核、薪酬激励和运营管理体系，吸引人才、留住人才、激发创新活力，为县级融媒体中心建设创造支持性环境，促进宣传队伍和媒体人在观念上实现恰当且到位的转变。

在县级融媒体中心建设过程中，各地新闻宣传主管部门和各主流媒体集团应当认识到，这一建设任务负载着巩固基层舆论阵地和推进国家治理体系现代化的重大使命，应当运用互联网思维，遵循现代传播体系建设的客观规律，把握建设的重点与关键，以引导群众、服务群众为方向，建设好新时代治国理政新平台。这将使以新型主流媒体平台为核心的现代传播体系，成为我们党的执政体系中，离互联网最近、离大数据最近、离人民群众最近的一支骨干力量。

二、从疫情防控看县级融媒体中心的发展方向

2020 年，突如其来的新冠肺炎疫情是对社会治理体系的一次严峻考验。社会治理的重心在基层，基层防控工作的落实是应对疫情的关键，全国各地刚刚组建不久的县级融媒体中心，也迅速吹响了"战疫"的号角。在此次疫情防控中，县级融媒体中心在基层社会治理中的作用与价值凸显出来，而要实现"引导群众、服务群众"的目标，还需推进与基层社会治理体系的一体化。

（一）县级融媒体中心全面投入疫情防控工作

全国各地的县级融媒体中心全面投入新冠肺炎疫情防控工作，一方面及时向基层群众传递疫情资讯，宣传防控措施，另一方面也为群众提供便民服务，帮助群众解决特殊时期生活中的困难。

1. 开设疫情专栏，及时传递权威信息

疫情期间，人们对本地信息的需求不断上升，比起对全国和世界的疫情发展趋势的整体把握，人们更关注自己所居住的社区有没有新增病例、同城感染者的行动轨迹、所在区县采取的防控措施等。公开发布疫情进展及防控工作的权威信息，及时澄清不实传言，能够缓解群众的焦虑和恐慌心理。县级融媒体中心与地方政府合作，打通权威信息传播的"最后一公里"，通过其所构建的新媒体矩阵，开设疫情专栏，及时将官方信息传递给当地百姓。湖南省衡南县融媒体中心在其"智慧衡南"客户端和"衡南新闻网"开设"抗击疫情，衡南在行动"专题，实时播报全县抗疫行动。湖南省永顺县融媒体中心记者深入县

人民医院采访，第一时间将确诊病人的收治情况、救治动态传递给当地群众，使谣言没有传播空间。

浙江省各县级融媒体中心，在移动端抗击新冠肺炎疫情专题专栏中，除了及时更新当地疫情防控信息之外，还为群众宣传阐释党中央最新指示精神，传达省委省政府、市委市政府最新工作部署，普及新冠肺炎预防知识，为群众提供尽可能全面的权威信息。

2. 创新内容产品，增强社会凝聚力

抗击新冠肺炎疫情，离不开社会各界和广大群众的团结一心。县级融媒体中心充分发挥基层工作优势，通过报道一线抗疫故事，创作文艺作品，组织线上互动活动等方式，坚定群众战胜困难的信心。

（1）深入一线挖掘抗疫故事。

为应对疫情，很多人放弃春节假期，甚至连续数十日坚守工作岗位，平凡的付出背后不乏感人的故事。县级融媒体中心的记者深入抗疫一线，挖掘医务工作者、党员干部、公安民警、社区工作者、志愿者等担当作为的感人事迹，创作了大量既有品质、又有温度的融媒体内容作品。山东省海阳市融媒体中心推送的《我是党员我先上！方圆街道北城阳村党支部书记王洪军抗击疫情在一线》一文，讲述了村党支部书记在摸排走访疫情工作时不慎骨折，却不顾伤痛，依然拄着双拐奔走在防疫一线的事迹，他号召"党员干部先行"，强调"干群团结、一致抗疫"，用实际行动激励村民保护自己、保护家人。①湖南省娄星区融媒体中心创作的《疫情面前，医生夫妻"逆行"奔赴抗击一线》一文，报道了娄底市中心医院的一对"80后"医护夫妇的故事，他们在大年三十共同递交《请战书》，虽在不同岗位，却共同履职尽责，贡献自己的力量。这些温暖的故事，传递了社会正能量，凝聚了人民群众共同抗疫的信心和决心。②

（2）创作文艺作品。

疫情暴发时正值中国传统节日春节，节日的氛围并没有因为疫情而烟消云

---

① 景立婷．烟台发挥县级融媒体中心作用，打通疫情防控宣传"最后一公里"［EB/OL］．（2020－02－06）［2021－05－24］．http://yantai.sdchina.com/show/4485411.html.

② 曾振华．娄星区：疫情面前，医生夫妻"逆行"奔赴抗击一线［EB/OL］．（2020－01－26）［2021－05－24］．http://news.ldnews.cn/counties/louxingqu/202001/620274.shtml.

散，各县区融媒体中心在这个特殊的春节里，创作了大量防疫宣传主题的文艺作品。河北省卢龙县融媒体中心组织文艺工作者录制了快板节目《齐心协力防肺炎》："竹板一打响连天，我给各位拜个年。您在家中过春节，有件大事听我言：今年春节不一般，新型肺炎在传染；各位乡亲听我劝，自我防护保安全；春节期间别串门，手机聊天来拜年……"① 朗朗上口、通俗易懂的快板在卢龙县各村的大喇叭里播放，以百姓喜闻乐见的形式向千家万户传播疫情防控知识，提高居民防疫意识。湖南省株洲市渌口区融媒体中心推出打油诗《"新"年好》，用大白话讲大道理，消除广大村民对疫情的恐慌。安徽省太湖、广德、宁国、屯溪等县级融媒体中心分别录制了《同心同行》《致敬》《生命的阳光》《逆行》《断发出征》等原创歌曲，并制作 MV，通过广播电视和新媒体矩阵发布，为全民团结共抗疫情加油鼓劲。这些文艺创作充满了民间智慧，也凸显了地方特色，让防疫宣传更接地气。

（3）组织群众参与内容创作。

为丰富防疫期间人民群众的居家生活，一些县级融媒体中心还组织发起了线上互动活动，鼓励广大人民群众分享自己的生活故事。河南省项城市融媒体中心组织了"宅在家"抖音 PK、"征集最美口罩照""我为父母做道菜""俺家麦霸 PK 赛"等系列有奖活动，得到群众广泛响应。"宅在家"抖音 PK 活动在两天内收到视频、图片、音频 2.2 万个。② 海南琼海市融媒体中心为在酒店集中隔离的湖北籍旅客组织了"隔空运动会"，每天"打卡"两次，不限运动项目，大家将运动过程拍成视频发到微信群里，群里每天会评选出最佳创意奖和最佳家庭氛围奖。"隔空运动会"鼓励大家每天适量运动，为在异乡隔离观察的人们提供了一些小欢喜。互动活动为隔离在家的群众增添了生活乐趣，也满足了群众参与和分享的需要。

3. 提供多元服务，帮群众之所需

疫情对人们的生活和工作造成了一定影响，一些县级融媒体中心积极提供

---

① 储学敏. 打通抗疫宣传"最后一公里"：我市 9 家县级融媒体中心打好疫情防控宣传攻坚战［EB/OL］.（2020-03-11）［2021-05-24］. https：//www. thepaper. cn/newsDetail_forward_645 0923.

② 冯大鹏. 河南项城：融媒体中心丰富群众"宅"生活［EB/OL］.（2020-02-07）［2021-05-24］. https：//baijiahao. baidu. com/s？ id=1657842473344934347&wfr=spider&for=pc.

多元服务，帮助群众解决困难。

（1）提供便民服务。

疫情期间的便民服务，一方面要满足群众的日常生活需要，另一方面还要满足群众的防疫需求，如帮群众缓解"买不到口罩"的难题。浙江省瑞安市融媒体中心推出了"瑞安抗疫便民服务平台"，一方面提供每日菜价、超市商店营业时间等生活服务类信息的查询；另一方面提供发热门诊、定点医院查询，口罩预约购买等防疫相关服务。浙江省安吉县融媒体中心通过"爱安吉"客户端和"安吉发布"微信公众号，为群众提供口罩预购通道。截至 2020 年 3 月中旬，当地已有 15 万余人次通过"线上预约、线下领取"方式，预约购买口罩 76 万多个。①

（2）助力复工复产。

随着疫情防控形势逐渐好转，各地复工复产工作有序展开。一些县级融媒体中心汇集复工复产信息，通过其媒体矩阵推送给广大群众，助推工业农业复工复产。浙江省兰溪市融媒体中心通过传统媒体与新媒体相结合的方式，多渠道发布就业信息，实现"零接触""不见面"沟通，为数十家企业解决了用工需求上千人。浙江省宁波市鄞州区融媒体中心与区人社局合作，在其"鄞响"客户端推出"千企万岗"频道和"鄞企复工权威指南"，实现求职者、用工企业、人力资源机构"无缝对接"。截至 2020 年 3 月上旬，该平台累计为 1 821家企业发布了 15 986 个岗位需求，已有 4 300 余人达成就业意向，登记返鄞员工达 3 650 余人。②

（3）打通农产品销售渠道。

疫情期间的交通管控导致物流运输困难，农产品滞销给全国多地农民带来很大压力。县级融媒体中心积极投入爱心助农工作，打通农产品销售渠道。长兴传媒集团推出"云帮扶"战疫助农公益活动，通过融媒体直播，为滞销农产品寻找买家。直播期间，群众可以直接通过直播链接和"长兴鲜"微信公众号下单购买，也可直接联系农户订购。安徽省"海豚云"省级平台与各县级融媒

① 李中文. 浙江各地县级融媒体中心：媒体融合，汇聚战疫力量［EB/OL］.（2020 - 03 - 10）［2021 - 05 - 24］. http://media.people.com.cn/n1/2020/0310/c40606 - 31624457.html.
② 同①.

体中心联手京东集团，开通了"安徽省农产品绿色通道"，由"海豚云"联合县级融媒体中心收集省内滞销农产品的信息，为农户提供一揽子线上销售服务，解决滞销农产品上行问题；还针对滞销农产品搭建专线解决运输问题，让优质农产品快速送至用户手中。海南省琼海融媒体中心也通过其"琼海发布"客户端，帮助当地一位农民解决了 4 万多枚咸鸭蛋的滞销难题。①

4. 回应群众关切，及时解决问题

建立畅通的政民沟通渠道是疫情防控工作的关键。一些县级融媒体中心在防疫期间为党委、政府与群众之间搭建了沟通平台，了解社情民意，及时回应群众疑问，并将群众反映的问题反映给相关部门及时处理，帮助群众解决困难。湖北广电"长江云"融媒体平台联合全省各级主流媒体，在其云上系列App 上开辟"湖北权威发布"专栏，解读重大政策，同时针对群众就诊难、确诊难、住院难，医疗物资保障不足，社会捐款分配等群众关切，及时向有关部门、地方核实督办并回应群众。浙江省浦江县融媒体中心联合"帮忙老哥工作室"，开通 24 小时民情热线，由老干部、志愿者轮值，将市民反映的问题转交有关部门办理，同时就百姓普遍关心的问题进行公开回应。

5. 组织群众参与疫情防控

新冠肺炎疫情的暴发导致基层工作量成倍增长，数量有限的社区工作人员难堪重负，组织群众参与疫情防控显得十分必要。浙江省海宁市融媒体中心与新时代文明实践中心合作，通过其"大潮"客户端发动 12.8 万名文明实践志愿者、562 个志愿服务团队投入疫情防控阻击战②，实现线上发动与线下服务的有机结合。河南省项城市融媒体中心充分调动其在建设期间组织起来的 16万名"媒体专员"队伍，上传本单位、本地区有关疫情防控的视频、音频、图片、文字，并通过其运营的 42 个微信公众号和 70 个网站，开启全天直播③，实现疫情防控信息及时、充分传播。由此，普通群众成为融媒体中心的通讯

① 龙梦瑜，刘梦晓. 7 个市县融媒体中心在疫情防控期间发挥平台优势权威信息"掌上通"架起沟通"连心桥" [EB/OL]. (2020 - 03 - 05) [2021 - 05 - 24]. http：//wenchang. hainan. gov. cn/wenchang/22276/202003/7376aa32e6194f49a1d61810fdc02be3. shtml.
② 黄琳. 浙江县级融媒无缝对接处"爆款" [EB/OL]. (2020 - 03 - 18) [2021 - 05 - 24]. https：//www. chinaxwcb. com/info/561358.
③ 宋建武，彭洋. 从疫情应对看县级融媒体中心建设的成效 [EB/OL]. (2020 - 03 - 14) [2021 - 05 - 24]. http：//media. people. com. cn/n1/2020/0314/c40606 - 31631642. html.

员，随时随地向公众传达当地疫情防控新进展。

由上述梳理可见，各地县级融媒体中心全面投入疫情防控工作，但不同地区的县级融媒体中心的防疫工作侧重点有所不同，如湖南省县级融媒体中心重视内容创新，浙江省各县级融媒体中心则尤其重视服务群众。

（二）县级融媒体中心的发展现状与现存问题

新冠肺炎疫情防控是对各地县级融媒体中心的一次"突击大考"，值得肯定的是，在战略部署一年多之后，各地县级融媒体中心已基本形成了互联网信息内容生产与发布能力，一批走在融合发展前列的县级融媒体中心，已具备了一定的服务群众、组织群众的能力。然而，不同地区的县级融媒体中心的发展水平参差不齐。整体来看，县级融媒体中心的综合服务平台和社区信息枢纽功能仍存在较大发展空间，群众在基层信息传播中的参与度仍有待提升。

1. 发展现状

（1）互联网信息生产与发布能力已基本形成。

从县级融媒体中心在疫情期间传达权威信息、创新内容生产方面的表现可以看出，县级融媒体中心具备较强的互联网内容生产能力，能够顺应移动传播规律，以百姓乐于接受的情景短剧、快板、对话、图解新闻等形式，创作防疫宣传类短视频、H5互动作品等。县级融媒体中心也能够统筹安排传统媒体和新兴媒体传播资源，通过广播电视、"村村响"大喇叭、新媒体传播矩阵及时更新疫情消息，传播特色内容产品，从而一方面通过发布权威信息帮助人们了解身边的疫情动态，另一方面通过一线抗疫故事和生动的文艺作品增强社会凝聚力。

（2）各级媒体建立纵向联动机制。

此次疫情期间的新闻工作体现了我国各级媒体之间的联动机制，纵向联通的融合传播体系正在逐步形成。县级融媒体中心向上对接省级、中央级媒体平台，提供内容产品，开展联合辟谣工作；向下为村广播提供播报内容和技术保障。

首先，县级融媒体中心将其创作的内容产品提供给省级、中央级媒体平台，这些内容产品通过各级媒体平台的推送，让基层抗疫故事传遍全国。

其次，县级融媒体中心与省级平台合作，共同应对疫情期间的本地谣言。浙江省各县级融媒体中心积极对接"捉谣记——浙江疫情辟谣"省级平台，通过对有关部门的采访，及时澄清涉及本地的相关谣言，并转载省、市级媒体发布的辟谣内容。湖南省委网信办联合省内主流媒体结成"辟谣侠盟",省级党媒红网建立了与各县级融媒体中心对接的辟谣快速反应机制,当基层出现传言时,县级融媒体中心工作人员第一时间上报并督促当地相关单位核实,迅速辟谣,县级融媒体中心直接对接红网,在红网"辟谣侠盟"专栏和其他显著位置及时推送辟谣信息。

最后,县级融媒体中心还为农村"村村响"广播提供播报内容和技术保障。湖南省辰溪县融媒体中心派出一支农村大喇叭巡查队,负责入村抢修设备,保障县内293个行政村(社区)、700多个广播终端同步发声[1],确保防疫信息传递到每个角落。

(3)新闻工作中的服务意识不断增强。

县级融媒体中心在疫情防控期间积极为群众提供服务,尤其是走在媒体融合发展前列的浙江省各县级融媒体中心,针对疫情期间的特殊情况,为群众提供定点医院查询、口罩预约、线上招工、农产品销售等多元服务,帮助群众解决不同层面的问题。一些县级融媒体中心尽管尚不具备直接通过互联网服务群众的技术能力,但在新闻工作中仍表现出了较强的服务意识。安徽省休宁县地处安徽、浙江、江西三省交界处,为了保障疫情信息传播无死角,休宁县融媒体中心考虑到大部分山区老年人只能听懂当地方言这一实际情况,特邀请4位当地方言发言人录制了休宁方言、婺源方言、屯溪方言等4个版本的音视频,通过宣传车、应急广播、流动小喇叭等平台循环播报。[2] 海南省琼海市融媒体中心通过其客户端发布求助信息,帮助一位在酒店进行医学观察的1岁湖北女童寻找某品牌婴儿奶粉,当地居民在微信群、朋友圈接力转发该信息,女童在当天就收到了多位爱心人士捐赠的5罐奶粉。[3] 这些县级融媒体中心的综合服务平台功能虽然仍有待开发,但在疫情防控中充分体现了为群众着想、帮群众解决问题的精神。

---

① 王嫣,文梦瑶. 辰溪融媒人:甘当"逆行者" 深入抗疫一线[EB/OL].(2020-02-14)[2021-05-24]. https://hn. rednet. cn/content/2020/02/14/6723813. html.

② 刘蓓蓓,黄铮. 安徽基层防疫宣传:61个县级融媒中心的战"疫"行动[EB/OL].(2020-02-20)[2021-05-24]. http://media. people. com. cn/n1/2020/0220/c40606-31596052. html.

③ 琼海市融媒体中心. 琼海第一时间伸援手 暖了湖北旅客心[EB/OL].(2020-01-29)[2021-05-24]. http://qionghai. hainan. gov. cn/ywdt/qhxw/202001/t20200129_2741844. html.

2. 现存问题

依据党中央对县级融媒体中心建设的部署，县级融媒体中心应通过"主流舆论阵地、综合服务平台和社区信息枢纽"[①]三大功能建设，实现"更好引导群众、服务群众"[②]的目标。当前，全国各地县级融媒体中心已能够统筹县区内所有媒体资源，建成传播矩阵，及时发布官方信息；但绝大多数县级融媒体中心的综合服务平台、社区信息枢纽功能仍有待完善；县级融媒体中心打造的基层端口在服务能力和社交功能方面仍有待开发或完善。

（1）综合服务能力有待提升。

从县级融媒体中心在此次疫情防控中的表现可以看出，仅浙江、湖北等地的县级融媒体中心能够通过其自主建设的基层端口为当地百姓提供服务，或及时回应群众关切；多数县级融媒体中心仍以信息生产与发布为主。

在互联网成为社会基础连接的今天，通过互联网服务群众，为百姓生活提供便利，是党和政府与人民群众密切联系的重要方式之一。县级融媒体中心仅通过新闻资讯功能很难实现对本地用户的广泛聚合，还必须打造以政务服务为核心的、包括多种本地服务如公用事业服务、生活服务的综合服务平台，形成服务用户的能力。只有在服务用户的基础上，才能更好地引导用户。例如，一些县级融媒体中心在疫情期间，通过其自主客户端为当地百姓提供口罩预约渠道，由于这项服务能为群众有效解决防疫物资短缺的困难，因此能将大量本地群众转化为媒体客户端的用户。不过，能够直接为群众提供便民服务的基层端口仍是少数，综合服务能力是聚合群众、引导群众的前提，也是大多数县级融媒体中心的短板之一。

（2）群众参与不足。

此次疫情让我们看到了突发事件中基层治理工作的难点。疫情防控期间，居民生活出行受到限制，为群众提供生活必需品、照顾独居老人、排查居家隔离的病人等工作全部落到社区工作人员的肩上；在疫情严重地区，即便派大量

---

① 县级融媒体中心建设全面启动［EB/OL］.（2018－09－21）［2021－05－24］. http：// www. xinhuanet. com/politics/2018－09/21/c_1123466267. htm.

② 习近平：举旗帜聚民心育新人兴文化展形象 更好完成新形势下宣传思想工作使命任务［EB/OL］.（2018－08－23）［2021－05－24］. https：//www. ccps. gov. cn/zl/xxzyjhjszl/201812/ t20181209_114782. shtml.

党员干部下沉到基层，也招募了大量志愿者，仍难以应对复杂且繁重的社区工作。这也从侧面反映了加强群众参与和强化社区自治的必要性。县级融媒体中心应通过社区信息枢纽功能的建设与完善，为广大群众提供参与基层事务的平台。

县级融媒体中心作为最贴近基层群众的主流媒体，只有为广大群众提供参与和表达的互动平台，才能真正形成社区信息枢纽功能。县级融媒体中心建设的基层端口，大多仍以单向发布信息为主，存在信息交互功能不足的问题。疫情期间一些不实信息的传播也与群众缺乏本地信息沟通渠道有关。例如，有些居民在家中看见小区内出现救护车、穿防护服的人，若不清楚具体情况，很容易因为猜测而引起恐慌，甚至通过微信、微博等社交网络传递这种恐慌情绪；实际上，救护车可能只是来接普通病人，穿防护服的人可能只是在转运隔离人员。如果有地理社区线上交流平台，为居民与社区工作人员提供交流的空间，则能够让人们及时了解事情的真相，避免以讹传讹。

（三）县级融媒体中心与基层社会治理体系一体化

此次疫情防控工作凸显了县级融媒体中心建设与基层社会治理工作的相辅相成，地方政府与基层媒体合作，有利于媒体资源、政务资源、公共服务资源的整合与共享，有利于进一步完善县级融媒体中心的综合服务平台与社区信息枢纽功能，充分发挥大数据、人工智能、云计算等新兴技术在基层社会治理中的作用。

1. 一体化的必然性

县级融媒体中心"主流舆论阵地、综合服务平台和社区信息枢纽"的功能定位，决定了其建设与完善也离不开基层社会治理体系的支持，而具备三大功能的县级融媒体中心能够在基层社会治理中发挥重要作用。

（1）综合服务平台：形成基层党委和政府基于互联网的重要执政手段。

互联网商业平台建设的经验告诉我们，只有提供种类多元的刚需类、高频类服务，才能吸引海量用户。

党和政府提供的政务服务是人民群众生产生活都需要接触的，是典型的刚需类服务。因此，接入政务服务是县级融媒体中心聚合本地用户的重要方式。区县级基层政府是群众办事的主要窗口，智慧政务工作的真正落实还需从基层政府推进。县级融媒体中心的综合服务平台建设应当与当地政府的智慧政务发展工作结合起来，将已经建成的智慧政务服务接入平台，同时促进不同类型政务数据的联通。

本地生活服务多为高频类服务，区县级主流媒体最贴近百姓生活，了解群众需求，贴近本地服务市场，在建设本地生活服务体系方面相较互联网商业平台来说更具优势，能够将在当地有一定影响力且口碑较好的服务型企业聚合到平台中，与广大本地用户建立网络连接，构建有当地特色的O2O服务平台。

县级融媒体中心通过在其自主建设的客户端实现综合服务功能，能够获取多维度的用户数据，有利于提升党和政府在互联网空间服务群众的能力，进而成为党和政府的重要执政手段；还能盘活基层方方面面的资源，促进国家"互联网＋"战略在基层落地，让互联网新兴技术更好地应用于基层，为当地的社会经济与社会发展提供新动能。

（2）社区信息枢纽：提升基层社会治理的活力。

治国理政离不开倾听百姓的声音。毛泽东同志提出的"群众办报"思想，是中国共产党在长期领导新闻工作实践中形成的工作方针和优良传统，也是党的群众路线在新闻工作中的具体体现。在互联网时代，"群众办报"思想正在向"群众办网"转变，而形成社区信息枢纽功能，正是要为人民群众提供一个基于互联网的交流平台，让广大人民群众说出自己的心声。

此次疫情期间，一些县级融媒体中心在自主客户端设立疫情相关专栏，为群众提供反映问题、求助政府的通道，架起政府与群众之间沟通的桥梁；还有一些县级融媒体中心通过抖音、微信等互联网平台组织群众参与内容创作，分享自己的生活状态。这些都是建设社区信息枢纽的探索与实践，有待进一步深入和优化。

疫情让人们意识到地缘社区同样需要线上交流平台。县级融媒体中心应通过与街道、社区、小区物业公司等合作，在主流媒体端口上构建与各个地理社区相对应的线上交流群，打通线下、线上社区的互动空间。

社区信息枢纽功能建设，一方面能够强化政府与群众的联系，畅通社情民意的表达，提高基层治理的针对性，让矛盾化解在基层，有利于国家的长治久安；另一方面也能增强本地群众之间的沟通，有助于提升基层社会的组织化水平，强化社区自治能力，改善基层社会治理能力薄弱的状况。

（3）主流舆论阵地：在服务群众中引导群众。

主流舆论阵地功能是县级融媒体中心的核心功能。媒体融合的实质是主流媒体的互联网化，主流媒体一直肩负着重要的政治责任，是党和政府治国理政的舆论阵地。当前，县级融媒体中心已基本具备互联网内容生产与创新能力，但要真正形成主流舆论阵地功能，必须确保信息内容的有效传播，必须基于互联网与群众建立广泛连接，实现对本地群众的广泛聚合。

因此，县级融媒体中心要实现"服务群众、引导群众"的目标，首先需要通过综合服务平台建设，以政务服务聚合用户，以本地生活服务提升用户黏性；然后需要通过社区信息枢纽建设，强化本地信息交互，提高用户活跃度；在实现聚合用户、服务用户之后，才有机会进一步通过优质的内容产品引导用户。在为用户提供综合服务体系和交流互动空间的基础的同时，县级融媒体中心的舆论引导能力也将不断提升。

2. 一体化的具体路径

县级融媒体中心与基层社会治理体系一体化的关键在于运用数据中台技术实现社会治理大数据与媒体大数据的联通，进而实现前台应用的功能联通、数据共享，打造具备三大功能的超级客户端。

在一体化建设过程中，地方政府与县级融媒体中心各有分工。第一，地方政府数据管理部门应着力推进社会治理数据库建设，保障支撑社会运行的智慧公安、城市监控、环保监测、精准扶贫、综合治理等大数据的汇聚与存储。第二，县级融媒体中心负责运营提供多元服务功能的前台超级客户端。第三，县级融媒体中心和地方政府可对接中央级媒体平台或有条件的省级媒体平台，共同完成数据中台建设。由此，既能在数据共享的基础上实现服务升级，也能确保数据掌握在党和国家手中，保障数据安全。

当前，我国各级政府开始通过构建大数据管理中心实现对政务大数据的管理。政务大数据是覆盖地区所有人口的全样数据，且包含多元维度，除了需要对其进行管理之外，更重要的是如何通过应用发挥数据价值。只有横向打通各部门的政务数据，形成社会治理数据库，并通过统一用户身份和数据标准，才能实现对社会治理大数据的挖掘与利用。

县级融媒体中心将负责运营具备政务服务、本地生活服务、新闻资讯、社区信息交互等多元功能的超级客户端。一方面，通过为用户提供内容产品和多元服务，获得多维度用户数据，形成用户画像，可全面了解群众需求。另一方面，通过社区信息枢纽功能，在增进用户沟通的同时，吸收社情民意，并及时反映给相关管理部门，跟进问题解决进展，可实现对政府工作的监督。由此，县级融媒体中心通过运营超级客户端，成为连接政府和群众的桥梁，既向群众传达政府的权威声音，也将百姓心声、群众需求及时传递给政府，因而在基层社会治理体系的运行过程中也发挥着协调、沟通与监督的作用。此外，社会治理大数据有利于媒体监测环境变化，为媒体创新内容生产提供原材料。

事实上，在此次疫情防控中，已有县级融媒体中心与地方政府联动工作的尝试。2020 年 2 月，上海市 16 个区级融媒体中心按照市委的统一部署，开通了疫情防控工作问题建议征集渠道，面向群众征集疫情防控工作的问题并迅速交有关部门处理，及时反馈结果。其中，杨浦区融媒体中心依托其"上海杨浦"客户端上的"我要问政"功能，通过区里的"扬声器"工作平台，建立起融媒体中心同步联动相关单位快速协调解决问题的工作机制。有群众在平台上反映小区防控不到位的问题，相关街道在 2 小时内即进行了处理并反馈。①这一探索让我们看到了县级融媒体中心与基层治理体系一体化发展的可行性。

疫情就像一场"大考"。有相当一批县级融媒体中心已经成为此次抗疫工作中的中坚力量，除了在权威信息发布、防控知识宣传方面表现突出之外，在服务群众、组织群众方面也做出了卓有成效的探索。疫情防控工作折射出大多数县级融媒体中心建设中仍存在的问题，也更明确了其未来的发展方向：县级融媒体中心应强化与地方政府合作，共同建设为本地居民提供多元服务的自主客户端，在服务功能、用户数据方面实现共享共通，形成县级融媒体中心与基层社会治理体系的一体化，提升党和政府在互联网空间服务群众、引导群众的能力。

第四节　信息精准推送中主流价值观的算法实现

一、为什么要对信息进行精准推送

尽管对于哪一年是所谓的"移动互联网元年"，业内尚有争议，但是进入

---

① 茅冠隽. 上海 16 个区级融媒体全部开通疫情防控工作问题建议征集渠道［EB/OL］.（2020－02－17）［2021－05－24］. http：//n. eastday. com/pnews/1581886843014739.

2010 年，我国开始了"移动互联网时代"却是普遍的共识。

移动互联网带来了什么？它对人类的信息传播产生了什么样的影响？随着个人移动智能终端、移动数据传输网络、移动应用平台的发展，以这三大要素为支撑的移动传播体系形成了。在此基础上，以移动支付为核心的各种移动应用层出不穷，吸引了海量网络用户。自 2012 "移动元年"以来，手机网络新闻用户规模持续上涨，早在 2020 年底，手机网络新闻用户（7.41 亿）就占整体网络新闻用户（7.43 亿）的 99.7%。[①] 移动传播的重要地位在媒体融合政策的发展中也有凸显。

在此背后，更加深刻的变化是移动传播体系的形成对人类传播关系的影响。

移动传播体系的普及带来了一场移动传播革命，这是对人类大众传播模式的颠覆。大众传播建立在少数人能够先期垄断信息的基础上，之后通过大规模通信工具向公众传播。而基于互联网的移动传播则是每一个普通用户都能成为传播主体，所以这个传播革命首先是对传播关系的革命。在过去的大众传播过程中，传者和受者两种角色的边界很清晰。但当下的互联网传播中则出现了这样的情况：一个用户前一秒是传者，下一秒就是受者。移动传播体系所具有的终端便携性和使用私密性的特征强化了这一过程和趋势。

移动传播革命带来的另一个根本性变革是信息传播的个人化。由于移动终端是一个高度个人化的智能终端，可以跟每个人匹配，这样就使用户个体在人类的信息传播过程中第一次作为独立主体出现。而且现有技术可以实现对个人需求的发现、记录、收集和分析。在此情况下，用户个体的信息需求，经由竞争机制，必然会被商业组织或社会机构想办法予以满足。在中国较早将这一思路付诸实践的就是字节跳动公司的移动客户端今日头条，它成功地引发了中文信息分发领域的"头条化"。[②] 而在大众传播时代，信息接收者的个人特性是被忽略的，传播学概念中的大众就被假设为基本上无差异的，或者其差异可以

---

① CNNIC. 第 47 次中国互联网络发展状况统计报告［EB/OL］.（2021 - 02 - 03）［2021 - 05 - 23］. http://www.cac.gov.cn/2021 - 02/03/c_1613923423079314.htm.

② "头条化"指的是国内移动互联网资讯分发平台普遍采用算法推荐技术，为用户提供内容精准分发服务。这一技术由今日头条首次在国内市场应用，之后类似的移动应用天天快报、一点资讯等都纷纷采用，由此出现以精准分发技术应用为特征的所谓"头条化"。

被忽略的人群。按照媒介经济学的分析角度，人们使用的传播工具实际上是家庭消费品，一份报纸全家读，一台电视机全家看，无法区分谁是信息的接收者。

伴随着互联网技术的进步，社会信息化正在持续推进。一方面，各类社会组织、个人把海量的信息上传到互联网平台上，存储在互联网空间里。在这个基础上，有了海量信息在互联网上的留存和呈现。另一方面，如前文所述，移动终端的个人化特性使得用户个人的信息需求可以被捕捉，去除交集部分之后，从整体上看这样的个人信息需求仍然是海量的，这样就产生了移动传播时代的特殊矛盾：海量信息资源如何与个人化信息的海量需求相匹配，以实现有效率的传播。[①]

从当前移动互联网的传播实践来看，通过信息精准推送提升传播效率，以实现海量信息供给与海量信息需求之间的有效匹配，是解决移动传播时代的特殊矛盾的有效途径。这是因为基于算法的精准推送技术大大提升了传播效率。美国学者施拉姆在《传播学概论》中为解释个人如何选择信息传播路径，列出了下列公式[②]：

$$\frac{可能的报偿}{费力的程度} = 选择或然率 \text{（probability of selection）}$$

在理想化的智能推送过程中，一方面是将公式中"可能的报偿"做到最大值，因为智能推送的默认逻辑就是向用户推送他最关心、最感兴趣的信息；另一方面，将用户获取信息的"费力的程度"降到最小值。因为目前智能推送基本上都是基于移动互联网传播体系，这种新型传播体系与大众传播体系相比，能够让用户以最短的时间、最少的金钱和最小的精力来获取到这些信息。从这个角度看，智能化的精准推送基本上就是信息选择"或然率公式"的最优解，它兼备了最大的分子值和最小的分母值，因此具备了最大的"选择或然率"，即用户对具备精准推送能力的媒体选择概率最高。[③]

从信息处理能力的角度看，海量信息资源与海量的个人化信息需求相匹

① 宋建武，黄淼. 移动化：主流媒体深度融合的数据引擎 [J]. 传媒，2018（3）：11-16.
② 施拉姆，等. 传播学概论（第二版）[M]. 北京：中国人民大学出版社，2010：106.
③ 宋建武. 智能推送为何易陷入"内容下降的螺旋"：智能推送技术的认识误区 [J]. 人民论坛，2018（17）：117-119.

配，必须通过由用算法训练过的机器来执行。以今日头条客户端为例，其内容数据库目前每天要处理来自 2 000 多家专业媒体机构、7.5 万多个各级党政机构的政务头条号和各类自媒体头条号的 60 多万条各类信息，这样的数据量，不利用算法是无法有效处理的。基于以上分析，我们的结论是，移动传播必然是精准传播，而且必须借助算法推荐技术来实现。

二、当前信息精准推送的核心算法逻辑及其缺陷

"你关心的，才是头条。"这句今日头条曾经的信条，用于概括当前信息精准推送的核心算法逻辑十分恰切。客观而论，这个表述并无大错。问题在于：如何体现"你关心的"？在当前信息精准推送的核心算法中，点击量体现了关注度（热度），二者被认为存在正相关关系。

但是人们在移动传播体系中的点击量意味着什么？笔者曾经指出，"用户使用移动终端的场景近乎个人独处，具有私密化特征。在这样的状态下，人们所表现出来的信息需求，常常是猎奇心重，对低俗内容较为敏感，这类低质量信息往往点击量较高。这就造成了在需求侧，平台通过以往采用的取值方式所采集到的信息需求特征，主要是比较低俗和原始的需求"[①]。换句话说，这样的点击量体现出来的关注度（热度），更多地反映了一条信息的所谓"趣味性"。而发表在美国《科学》杂志上的一项研究结果证明，在社交媒体上，虚假信息会比真实信息获得更快、更持久的传播。研究人员认为，与真实信息相比，虚假信息的"文风更新奇和哗众取宠，迎合了公众的猎奇心理。假消息往往能激发人们的恐惧、厌恶、惊诧等心理状态，而真相带来的更多是期望、悲伤、喜悦、信任等心情"[②]。显然对公众趣味的过度迎合，会造成虚假信息和低俗信息的快速传播。

当然，当前的主流精准推送算法也充分考虑了信息的时间（时效性）、地理位置（接近性）等"环境特征"，甚至也比较多地考虑了"协同特征"（考虑

---

① 宋建武. 智能推送为何易陷入"内容下降的螺旋"：智能推送技术的认识误区 [J]. 人民论坛，2018（17）：117 - 119.

② 新研究说社交媒体传播假消息更快 [EB/OL].（2018 - 03 - 13）[2018 - 08 - 26]. https://baijiahao. baidu. com/s? id=1594788915723488320&wfr=spider&for=pc.

不同用户之间的相似性，一定程度上体现了人的社会性），这些算法规则的基本价值取向都是使推送的信息获得更高的点击量，但都回避了一个根本问题，就是信息的"重要性"。

从国内典型的信息精准推送平台的实践看，精准推送的实现主要有以下环节：其一是建立内容数据库来聚合海量信息；其二是建立用户数据库来记录用户身份和行为数据；其三是建立标签体系，标注内容信息与用户数据，以便于匹配和调用二者；其四是确定规则，寻找相应算法，建立数学模型，开发计算机程序；其五是利用大数据训练算法程序。就这一过程看，导致一套信息精准推送系统出现虚假内容和低俗内容泛滥的主要环节是内容数据库的信息质量和算法规则的价值取向。就国内一些典型信息精准推送平台来看，迅速增长的良莠不齐的自媒体号，使得内容数据库中鱼目混珠，大量不负责任的信息充斥其中，有了这样的"供给侧"，配合上以博取最大点击量为主要价值取向（这能够给平台运营方和内容提供方带来最大商业利益）的算法规则，难以避免地会更多地迎合用户个人在独处时的各种原始欲望，例如陷入对低俗内容的过度关注。而这个过程的循环，就会导致平台陷入"内容下降的螺旋"。①

三、社会选择与主流价值观的引领

香农（Shannon）提出的"信息是用来消除随机不确定性的东西"② 在传播学和信息管理学界都得到了普遍认可。霍顿（F. W. Horton）给信息下的定义是："信息是为了满足用户决策的需要而经过加工处理的数据。"从这些经典定义看，信息的主要功能就是帮助人们做出正确的判断和决策。

人类社会的决策（选择）方式可以分成两大类，即个人决策和社会决策，信息的重要性在很大程度上就体现为不同的信息对这两类决策的价值和影响，要把握信息的重要性，显然需要分析这两种决策方式的异同。一般而言，特定个人对特定事务的处理是如下这样一个过程：

① 宋建武．智能推送为何易陷入"内容下降的螺旋"：智能推送技术的认识误区［J］．人民论坛，2018（17）：117-119.
② 曲炜，朱诗兵．信息论基础及应用［M］．北京：清华大学出版社，2005.

事务产生→关于事务本身的各种信息→个人价值观（个人偏好）→个人判断→相关环境信息→选择及行动

在这一过程中有两类信息会影响到个人的选择和行动：其一是关于事务本身的各种信息；其二是与该事务相关的环境信息，如该事务与其他事务的联系，其他家庭和社会成员对该事务的态度等。前者会作用于个人价值观（个人偏好），帮助个人做出基本判断；后者将帮助个人分析依据这一基本判断做出选择、采取行动的利弊，从而影响到该个体最终的选择和行动。

在这一选择和行动的过程中，信息的重要性主要体现为信息所表征的事务与个人利益相关联的深度与广度，在一定意义上体现为信息对个人社会化程度的影响，也就是对特定个人与其所处的社会环境建立一致性的影响。这是因为，作为"社会关系总和"的人类个体，其利益的实现在很大程度上取决于该个体是否适应其所处的社会环境，尤其是在涉及社会交往和公共事务方面。

当我们把"重要性"理解为"价值和影响"，并试图讨论信息对个人和社会做出选择、采取行动的作用的时候，实际上我们是在讨论信息的"使用价值"（在马克思主义政治经济学的范畴内）或者说"效用"（在西方经济学理论的范畴内）。

关于使用价值和效用的测量，都存在着明显的争议：

第一个问题是使用价值或效用在特定个体之间的可比性问题。马克思主义政治经济学认为，使用价值是指物品能够满足人们某种需要的属性，具有质的不可比较性。在实际生活中，我们常常会发现，同一物品或劳务，对于不同的人，其使用价值并不相同。在效用理论中，效用被认为是"消费者从某种物品中所得到的满足程度"。对效用的衡量方法，则有基数效用论和序数效用论之争。基数效用论基于边际效用理论，试图以 1、2、3 等数字为基数来衡量效用的大小；序数效用论认为效用无法具体计量但可以通过排序来比较大小，试图按第一、第二、第三等序数来反映效用的高低，这是一种按偏好程度进行排列顺序的方法。[①] 但无论是基数效用论还是序数效用论，其对效用的量度，都是以确定一个共同的社会偏好为前提的，也就是把所有社会成员的个体偏好，通过一定的规则，聚合为一个整体的偏好，并依据这一偏好对特定物品（劳务）

<hr />

① 叶航. 西方经济学效用范式的逻辑缺陷 [J]. 经济学家，2003 (1)：93 - 97.

的效用做出判断。

这就带来了第二个问题，即如何把个体偏好聚合为一个整体偏好（社会偏好），并产生了个体偏好（重要性判断）与社会偏好的一致性问题。

从理论上说，社会偏好的形成主要有两种，一种是特定个人或少数人（精英）的偏好通过特定机制自动成为社会偏好，另一种是通过"多数决定"的规则和相关机制，使一个集体中多数成员的偏好成为社会偏好。作为社会选择机制，两种方式各有利弊，本书无意讨论这一问题。本书所关注的，是两种不同的机制对信息传播的需求和影响。

在第一种社会选择机制下，社会的信息传播系统需要保障有权为社会做出决策的特定个人或少数人（精英）获得充分的信息，以保证他们做出的选择和行动是正确的；并且要向公众及时而充分地传播这些决策本身以及支持性信息，以利于社会成员接受这些选择和行动。

在第二种社会选择机制下，社会的信息传播系统需要保障所有社会成员获得充分的信息，并为此给每一个社会成员提供表达的机会和条件，以利于通过讨论，促进社会共识的达成，并保证他们做出的选择和行动是正确的。

但是，这个通常被称为"民主决策"的过程是否真的能够保证每个社会成员的意志都被尊重和采纳呢？肯尼斯·约瑟夫·阿罗（Kenneth J. Arrow）的"不可能性定理"通过数学推理证明，"在备选对象的个数≥3，社会每个社会成员的偏好次序的形式是任意的的情况下，要同时满足下面所有条件的社会福利函数是不可能存在的"①。

这些条件是：

（1）社会选择是完备的，即对应于任意一种全体个人的排序，都能产生一种社会排序，且至少有三种社会状态可供选择，即完备性原则。

（2）个体可以有任何偏好——每个社会成员都可以自由地按自己的偏好进行选择，即公民主权原则。

（3）社会对任意两种备选状态的排序都不受其他无关备选状态变化的影响，即独立性原则。

---

① 许良英. 关于阿罗不可能性定理和民主理论关系的理解：同陈志武、崔之元同志商榷[J]. 政治学研究，1988（6）：56-59.

（4）社会价值与个体偏好之间有正向关联，即一致性原则。

（5）不存在能把个体偏好强加给社会的可能，即非独裁原则。①

这个著名的"阿罗定理"表明，满足所有一般条件的"民主"选择要么是强加的结果，要么就是独裁的结果。换句话说，一个秉持"多数决定"规则的社会，其社会选择的效率实际上是建立在无视上述"公理"中某一个或多个条件的基础上的。因此，在一定意义上，即使是所谓的"民主国家"，为了提升达成社会共识的效率，也需要主流价值观的引领。

四、主流价值观的算法实现

在大众传播过程中，对于信息重要性的判断实际上主要是"媒体精英"根据自己的"专业"规范和价值观做出判断，并据此对信息进行筛选后分发给公众的。尽管专业媒体机构制定了不同的专业规范，但是，在执行中仍然有较大的模糊地带。当这个过程由经算法训练过的机器来执行的时候，很显然，相关的规则需要进一步明确和细化。

传统大众传媒的编辑们通常从五个维度判断新闻价值：

（1）时效性：事件发生时间到传播的时间；

（2）接近性：事件发生地点与受众的地理距离；

（3）显著性：事件所涉及人物的知名度；

（4）重要性：事件对受众的影响度；

（5）趣味性：事件所涉及的人类情感因素。

今日头条的信息推荐算法，被认为是国内乃至全球最具代表性的信息推荐算法。这个推荐系统的核心是"拟合一个用户对内容满意度的函数"②，这个函数需要输入三个维度的变量。第一个维度是内容，每种内容都有很多自身的特征，可以提取出来做推荐；第二个维度是用户特征，如职业、年龄、性别，还有其显现出来的各种兴趣，以及可以通过数学模型刻画出的隐性用户兴趣；第三个维度是环境特征，用户随时随地移动，出现在工作场合、通勤、旅游等不同的场景中，其需求信息偏好会"移步换景"。模型会结合这三个维度的数

① 阿罗. 社会选择与个人价值（第二版）[M]. 上海：上海人民出版社，2010.
② 今日头条算法原理（全文）[EB/OL]. (2018-01-16) [2021-05-24]. https://www.toutiao.com/a6511211182064402951/.

据，给出推荐内容在特定场景下对特定用户是否合适的预估。而用于验证的反馈则是信息推送之后用户的点击量，即热度。

比较这两种信息处理方式，我们发现，新闻价值五个维度中的时效性和接近性基本上属于推荐系统标签维度的环境特征，而显著性属于推荐系统标签维度的内容特征（可以通过人物识别及知名度建立判断标准），都是可以获得相对客观的数据的。重要性和趣味性则属于对特定内容的传播特性的主观性模糊预估。这种对传播特性的预估，目前的推荐算法模型是通过多个维度的数据运算来实现，并主要依靠点击量来衡量。结合前文的分析，由于个人移动终端的使用场景和人的心理特性，点击量反映的"你关注的"，实际上更多地表征了特定的资讯内容对于用户的趣味性，而信息的重要性如何体现，仍然是当前推送算法模型的盲区。

所谓重要性①是不可数的抽象名词，通常是指某一特定事物和个人及组织被认为有很大价值和影响的性质。对于重要性的衡量方法，会计学上有所谓"重要性水平"，是指特定会计数值对判断总体经营结果的影响度。对重要性指标的设定离不开对重要性概念的理解。

对于信息（包括新闻）的重要性的理解，需要从信息（包括新闻）对人们的作用和影响来入手分析。

在移动传播体系中，个性化精准推送以所谓的"千人千面"解决了个体间信息的使用价值不可比的问题——理论上，精准推送的信息都是"用户"个人最需要的信息。社会的"公共信息"，也越来越多地体现为用户（公众）个人信息需求的交集部分，而不再表现为少数社会精英为公众选定的那些信息。但正如"阿罗定理"在理论上和国内一些互联网资讯平台在实践中所证明的，失去了社会主流价值观引领的"精准推送"所导致的信息个人化，对社会共识的形成和社会成员个人的社会化，是存在着不良影响的。为了克服这种不良影响，我们需要深入研究主流价值观如何通过算法工具来实现传播，而不是把算法当作洪水猛兽。

综前所述，在制定体现主流价值观的算法模型、建设新型主流媒体平台的

---

① 国内的一些学者对这一概念做了扩展性解释，认为"重要性"应包括利益上的"接近性"，而这个意义上的"接近性"应该作为"重要性"的衡量标准。

精准推送能力的过程中，有如下问题值得重点思考：

其一，充分体现信息对于用户个人的"重要性"。

移动传播体系中的信息分发效果，依据主流价值观做出的判断是否能够广泛传播，社会是否能够在这样的信息底层上达成共识，最终都取决于用户的点击、打开和阅读、播放。因此这个模型必须以信息对于用户个人的"重要性"作为出发点。这种"重要性"的判断标准，应当是信息对于提升用户个人"社会化水平"的"价值（使用价值，效用）"。在这一过程中，既要通过建立用户数据库来分析用户个人的信息需求特征，以充分满足其合理、合法、合规的信息需求，也要通过分析用户的信息结构，针对其不足之处，精准推送相关信息。

其二，建立品类丰富、高质量的内容数据库。

移动传播时代的信息传播是个人化传播，而用户个人的需求是空前丰富的。他们不仅需要新闻等公共信息和娱乐资讯，更需要各类生活资讯和自我表达的空间。互联网技术提供了这样的可能性。因此，新型主流媒体平台需要比自己以往和比互联网商业平台在更大范围内聚合各类信息和数据，并建立具有更多维度的科学的标签体系，在此基础上通过评估各类资讯的内容与社会主流价值观的一致性，来决定内容取舍及是否推送，从而在一个品类丰富、高质量的内容数据库的基础上建构精准推送能力。

借助移动传播体系，人类的传播活动正在从大众传播走向个人化的精准传播。这也是互联网和大数据技术的发展趋势所决定的。新型主流媒体平台必须顺应这一潮流，以更高效率、更多维度向公众提供各类信息服务，并将主流价值观植入其中，以提升公众个人的社会化水平和达成社会共识的效率。

第五节　全媒体传播体系中主流媒体与互联网商业平台的竞合关系

在媒体融合发展的进程中，主流媒体和互联网商业平台是竞合与共生关系。主流媒体担负着重要的政治责任，是党和政府治国理政的重要工具，在互联网环境下必须继续增强其生产和传播的效力。其中，建设自主可控平台是主流媒体实现深度融合不可或缺的手段。

一方面，在平台化发展的过程中，商业平台在技术研发和商业运营等方面积累了大量经验，可以通过媒网合作助力主流媒体的互联网化转型。一些商业平台已经形成生态级的体量，不仅支持着新闻等公共信息的分发，还发挥着通信、社交、电商、本地服务等多种社会功能，客观上是社会经济发展新动能的构成部分。基于媒网合作，主流媒体在政治导向和社会资本方面的优势可以促进商业平台在合法经营前提下的健康发展。

另一方面，在推进社会信息化和互联网下沉的进程中，面对总量有限的用户注意力和支付能力，主流媒体和商业平台也存在某些竞争，恰当的解决方案仍有待探索。

基于以上背景，本部分首先对"媒网竞合"的内涵进行阐释，而后从现代全媒体传播体系的全国、省级、市县这三个层面探讨互联网商业平台与主流媒体的竞合共生。

一、媒网竞合的内涵

(一) 优质内容供给与巨量用户需求的结合

在内容市场中，主流媒体通过互联网商业平台可以触达巨量用户，而商业平台需要优质内容来吸引新用户和增强用户黏性。

主流媒体产出内容的质量有至少两方面的保障。其一，内容生产是创意和知识密集型劳动，从业人员的专业素养和技能是决定产出质量的重要因素。在主流媒体的内容生产人员构成中，接受过新闻传播相关专业系统性教育的人员占较大比例，尤其是在全国性和省市级主流媒体中，内容生产人员通常都来自专业排名靠前的高等院校。其二，主流媒体机构在长期发展中形成了稳定的组织结构、工作流程和考核机制，为内容生产实践提供了标准化的制度规范。诚然，如果这些制度得不到面向互联网的传播规律的调整，有可能成为主流媒体互联网化转型的掣肘。

在当前实践中，可以通过技术手段提高主流媒体内容在信息流中的权重，使主流媒体官方账号获得较大关注度和影响力。但商业平台掌握着用户身份和行为等可以对内容生产和运营带来参考价值的反馈数据。因此，在媒网关系中，内容供需的合作与用户数据的竞争相伴而生。

（二）社会资本与平台资源的结合

互联网商业平台在互联网空间中提供多元服务，其中的一些需要以线上线下的资源整合为基础，例如电子商务、政务服务和城市服务。作为商业机构，商业平台对社会公共资源的调动和运营能力有限，而且从维护社会公益的立场出发，公共资源在开发和利用的过程中需要避免可能存在的商业利益干扰。

我国各级主流媒体与相应级别的行政部门有着天然的联系，在长期的公共信息服务中还与地方企业和消费者建立了信任关系。这些社会资本可以为打通线上线下的服务场景提供便利，助力主流媒体将主营业务从内容供应扩展到基于互联网的综合服务。

"下沉"是近年来我国互联网产业发展的主要趋势，将信息化和网络化的生活方式从中心城市向发展相对缓慢的县域市场进行推广，对商业平台和以互联网化为目标的主流媒体来说都既是社会责任又是发展契机。因此，互联网产业在地方市场中的"最后一公里"，需要主流媒体和商业平台携手共进。

（三）互联网人才的竞争

在人工智能时代，内容产业不只是创意和知识密集型产业，更需要技术研发和商业运营的人才资源。在人才激励措施方面，相较于主流媒体的福利条件，快速成长的互联网商业平台提供的优渥待遇，对各类专业人才的吸引力越来越大。尤其是技术型岗位，商业平台对人力资源的投入远超主流媒体。

实际上，主流媒体在人才资源竞争方面所面临的挑战，不仅包括成本投入能力，也体现在人才观念上。传统的媒体人才结构，基本上是以"文章高手"为主的人文学科人才占主导地位的结构。近年来，一些经营人才和技术人才加盟进来，原有的结构有所改善。但是毋庸讳言，当下媒体的经营人才，主要还是"媒体资源经营型"人才，更多地考虑如何经营好现有媒体资源，还不是互联网时代更需要的"用户需求发现型"人才；而媒体现有的技术人才，大多数是技术保障型人才，而不是技术研发型人才。基于这样的人才结构，主流媒体难以发现新的用户需要，无法跟踪信息技术前沿，自然就难以有突破性的创新。[①]

（四）数据资源的竞争与合作

数据是机器记录人类思想和行为的方式，是计算机程序运算的符号，是网

---

① 宋建武. 媒体融合时代的创新 [J]. 新闻与写作，2014（8）：1.

络经济运行的燃料，是互联网市场的通货。数据资源在人工智能时代的核心地位，决定了其归属及使用权的价值。在主流媒体与互联网商业平台共存的局面下，数据资源的竞争主要表现在两个方面。

其一，媒体原创内容的知识产权（版权），以及核心内容被拆分或转化为其他呈现形式后的获益权。以数据库版权的方式解决内容获利权的问题，是在生产与分发这两个产业链环节之间建立良性合作的可行路径。①

其二，用户在互联网商业平台中消费内容产品所产生的行为数据，包括浏览、点赞、转发、评论、停留时长等。商业平台通过算法技术，将这些行为数据与用户的其他数据结合起来运算，提供个性化推荐服务，实现了用户价值的最大化开发和利用。但如果没有包括主流媒体在内的各类内容供应，平台将无法吸引海量用户，也无法维持用户黏性。在这个意义上，主流媒体与商业平台之间不应是排他性的竞争关系，而应基于合理的权责分配，建立可持续的紧密合作。

二、各级主流媒体与互联网商业平台的竞合

（一）中央媒体

1.《人民日报》

（1）全国"党媒平台"：优质内容供给与个性化用户需求的桥梁。

全国"党媒平台"是人民日报社贯彻媒体深度融合的国家战略，基于"中央厨房"建设取得的阶段性成果和经验，在党媒内容生产系统与互联网商业平台之间搭建的桥梁。

在主流媒体内容产出的集纳方面，截至 2019 年 6 月 1 日，入驻全国"党媒平台"的机构单位共计 281 家，覆盖全国 32 个省、自治区、直辖市。② 每日从入驻媒体聚合进入"党媒平台"的原创内容量超过 5 万条。"党媒平台"采用人工智能技术对这些内容进行数据化、标签化等程序的处理，提升主流媒体内容对互联网平台分发技术系统的适应性。

① 宋建武. 新闻版权即新闻获利权：兼论以数据库版权解决新闻版权问题的可能性［J］. 现代传播（中国传媒大学学报），2017，39（11）：106－110.
② 人民日报全国党媒平台与搜狐新闻达成合作 联合推出"党媒推荐"频道［EB/OL］.（2019－07－03）［2021－05－24］. http://media.people.com.cn/n1/2019/0703/c14677－312111 41.html.

在面向互联网传播规律的内容分发方面,自 2018 年 6 月以来,"党媒平台"陆续在今日头条客户端、一点资讯客户端、搜狗旗下的搜狗搜索和今日十大热点两个客户端,以及搜狐新闻客户端开辟了"党媒推荐"频道。该频道由全国"党媒平台"提供内容支持,依托互联网平台在内容处理、分发等技术领域的雄厚实力,应用个性化推荐机制,为用户提供全国各大主流媒体的优质信息,促进正能量内容在互联网平台的广泛传播。

此外,在重大新闻事件报道中,"党媒平台"还与互联网平台合作发起主旋律内容征集和传播活动。例如,在汶川特大地震十周年之际,《人民日报》"党媒平台"与今日头条发起以"铭记劫难,致敬重生,以己之力,勇往直前"为主题的大型互动活动;"抖音"客户端上线♯5·12,我想对你说♯话题,当日参与人数超过 8.3 万,视频播放总量突破 4.7 亿,点赞量超过 2 167 万。

(2)快闪时光博物馆:打通线上线下传播,塑造新型社会动员力。

2018 年下半年,人民日报社新媒体中心在北京、上海、深圳三地推出了"快闪时光博物馆"主题活动,围绕"改革开放四十周年"的主旋律话题,突破传统媒体以内容为载体的传播方式,将舆论导向、社会风尚、线上传播和线下动员浓缩到能够唤起公众集体记忆的场景中。在三场活动的过程中,人民日报社新浪微博、微信、客户端、快手、抖音等平台参与时光博物馆话题互动的总人数超过 6 亿,全网总讨论量接近 30 亿人次①,快闪"时光博物馆"成为新媒体中心团队继"军装照"之后的有一个爆款产品。

2. 新华社

近年来,新华社与互联网商业平台的主要合作包括"AI 合成主播""媒体大脑·MAGIC 短视频智能生产平台"和"DN. A(digital natives action,即数字原住民行动)新腾行动"。这三项合作是媒体专业生产能力与商业平台技术优势以及人工智能产业发展趋势的结合。

2018 年 11 月 7 日,新华社联合搜狗发布全球首个合成新闻主播——"AI 合成主播",运用最新的人工智能技术,"克隆"出与真人主播拥有同样播报能力的"分身"。这不仅在全球 AI 合成领域实现了技术创新和突破,更是在新闻

---

① 深度拆解"时光博物馆"事件 解码人民日报爆款"炼成术"[EB/OL]. (2018 - 12 - 18)[2021 - 05 - 24]. http://news.163.com/18/1218/13/E3AI34RF000189DG.html.

领域开创了实时音视频与 AI 真人形象合成的先河。2019 年 2 月 19 日，"AI 合成主播"从过去的坐着播新闻升级成有更多肢体动作的站立式播报，可以实现逼真的语音合成效果和更加逼真的表情生成、自然肢体动作以及嘴唇动作。

2018 年 12 月 27 日，在第六届中国新兴媒体产业融合发展大会上，新华社和阿里巴巴正式发布了"媒体大脑·MAGIC 短视频智能生产平台"。该平台由数据工坊、媒资平台、生产引擎、主题集市四大智能设施构成。平台上设置了多个智能模板，覆盖时政新闻、突发事件、体育赛事、时尚娱乐等多个场景和领域。平台能够对进入的媒资进行智能分析，自动识别具有较高新闻价值的事件，如火灾、地震等突发事件，帮助记者、编辑在报道中争分夺秒。在体育直播、金融等特定领域，平台从数据采集到视频发布，实现了数据可视化、数据视频化、视频自动化。在发布现场一个上午的现场演示中，该平台共生产 186 条短视频，其中 97 条为机器生产，89 条为人机协作生产。①

3. 中央广播电视总台

中央广播电视总台在深度融合进程中与互联网商业平台的合作主要集中在基础技术领域。

2018 年 12 月 28 日，中央广播电视总台与中国电信、中国移动、中国联通及华为共同签署合作建设 5G 新媒体平台的框架协议。"5G 新媒体平台"将首先启动"5G 媒体应用实验室"的联合建设工作，在国内选取 10 个左右试点城市和相应的测试点，建立端到端的应用试验系统，全力推动 5G 核心技术在 4K 超高清节目传输中的技术测试和应用验证。

2019 年 7 月，央视网与百度智能云达成战略合作，双方拟共建人工智能媒体研发中心，联合打造媒体产业人工智能产品，将"云＋AI"能力深入应用到央视网各个场景中。该合作主要包括三项内容：首先是共同建立人工智能媒体研发中心；其次是联合打造媒体产业人工智能软硬件产品；最后，百度智能云还会为央视网提供云主机、内容加速（CDN）、安全等多项云计算服务。②

2019 年 1 月 1 日上线的移动客户端"学习强国"是由中宣部主管，立足

---

① 新华社推首个媒体大脑［EB/OL］.（2018 - 12 - 28）［2021 - 05 - 24］. http：//www.xinhuanet.com/zgjx/2018 - 12/28/c_137704048.htm.

② 百度智能云与央视网战略合作 拟建 AI 媒体研发中心［EB/OL］.（2019 - 07 - 18）［2021 - 05 - 24］. https：//tech.qq.com/a/20190718/004031.htm.

全体党员、面向全社会的优质平台。互联网商业平台阿里云为这个客户端提供技术支持，中央广播电视总台负责其日常运营维护。

（二）省级媒体

1. 基础技术应用

移动互联网技术对媒体行业具有重塑作用，移动网络服务的硬件厂商和软件服务商均积极推进与省级广电媒体的合作，这也呼应着"流量自由"时代媒体内容视频化的产业趋势。

作为国内移动硬件厂商的代表，华为公司与多个地区的省级媒体建立了与5G网络相关的基础技术合作。其合作媒体包括：山东广电网络有限公司、山东广播电视台、北方广电网络公司、四川广播电视台、河南广播电视台、新疆广电网络股份有限公司。其中，与山东广电网络有限公司共建的"5G联合创新应用实验室"已揭牌成立，将在5G行业业务孵化和示范推广、广电5G新媒体研究、全媒体云平台等方面开展研究；与其他省级媒体则已签署战略合作协议，内容主要围绕共建超高清传输体系、智能终端应用等。

此外，作为移动软件服务商代表的腾讯公司与河南、新疆和贵州的省级广电媒体均以"互联网＋广电"为主题建立了合作，将以融媒体建设为起点，探索大数据、云计算与社会各领域的发展应用相结合，共同推进智慧城市建设。

2. 本地内容分发

本地内容与个性化推荐平台的资源整合也是省级媒体与互联网公司的合作重点，而且与基础技术应用相似，这类合作也主要在广播电视媒体中展开。相比于主流媒体在分发平台上开通官方账号的合作方式，在以下两项合作中，省级媒体内容产出的价值得到更多维度的开发，互联网平台的技术优势也逐渐从分发环节上溯到生产环节。这样的合作可以使省级媒体的融合发展从"相加"向"相融"升级。

2018年9月1日，广西人民广播电台与今日头条宣布达成合作，未来双方将在加强版权内容保护、深度发掘优质内容、运用短视频打造电台栏目与主持人IP等方面展开合作。广西人民广播电台旗下的综合广播、经济广播、教育广播、交通广播、文艺广播、旅游广播、对外广播七个频率将整体入驻头条号，并纳入今日头条版权保护范围。

2018 年 11 月 26 日，四川广电网络与百度、爱奇艺达成战略合作，共同推出一款兼具广电 4K、高清电视直播、爱奇艺视频点播、百度语音控制功能的 4K 智能机顶盒——"蜀小果"。据介绍，这款机顶盒在点播上，汇聚了爱奇艺全量版权视频，包含 4 000 多部 4K 影片、10 000 多部杜比影片及 VIP 独播内容；还配备百度 DuerOS 对话式人工智能操作系统，支持语音搜索和换台，可识别四川地区数十种方言。此外，"蜀小果"还具备 AI 推荐技术，具有"标准"和"儿童"两种收看模式，可根据需求随意切换，支持儿童声纹识别，自动过滤惊悚、恐怖等视频，家长还可控制收看时长、节目内容等。

3. 多元业务拓展

多元业务拓展出现在电商平台京东与重庆和四川地区省级媒体的合作中，该类合作表明，省级主流媒体可以借助互联网公司的技术条件，加快从信息服务向综合服务的产业升级。

2018 年 10 月 24 日，重报都市传媒集团与京东物流签署合作协议，在云计算、大数据、智能物流供应链、品牌营销等多方面展开全面合作。此外，上游数据新闻中心和京东数据研究院将联合建立"重庆消费大数据研究中心"，专注于贴近民生的内容，发布经济、消费领域的数据分析报告，增加媒体的影响力和权威性。

2019 年 5 月 13 日，四川广电网络与京东企业业务签署合作协议，宣布将共同打造一整套的会员增值服务体系，具体内容包括会员权益商城的搭建、门店供应链的数字化升级、线下门店的无界零售改造。

（三）市县级媒体

市县级媒体是完成现代全媒体传播体系建设的"最后一公里"。该层级主流媒体与互联网企业的合作主要体现为引入大数据的技术力量，加速融媒体中心从数字化向数据化的升级发展。对于市县级媒体而言，本地化原创内容和社会资源是其优势，但内容资源多以档案管理的方式存储，难以适应互联网分发平台的调用方式。因此，以凡闻科技为代表的互联网公司基于大数据技术提供了"数据驱动、盘活存量、提升增量、开放合作"的建设模式，以数据为核心服务于内容生产，融合各级媒体。该模式已在市县级媒体建设中初见成效。

三、借船出海：提高国家媒体影响力

在借力商业媒体平台方面，人民日报社在移动互联网上的传播已经形成了全新的体系，在每一个领域、平台几乎都可以呈现一个亮点：截至 2019 年 7 月，人民日报社的新浪微博粉丝量突破了 9 000 万，微信公众号粉丝量达到 2 650 万，在抖音、快手上也积累了共 2 000 多万粉丝，在三大中央级媒体中名列前茅。①

2017 年"两会"期间，"人民日报"客户端推出 H5 产品《两会喊你加入群聊》，模拟微信群聊天场景，让网友与代表委员、政府部门负责人共处同一个微信群并进行互动，网友直呼这个群太"高大上"，上线 24 小时点击量便超 600 万，"人民日报"客户端跟帖 18 万，这一产品被称为"2017 年两会期间社交媒体刷屏最凶猛的新媒体产品"②。"人民日报"客户端的另一款 H5 产品《穿越时光，这是我保家卫国的样子》更是"现象级"产品，用户上传自己的照片便可生成属于自己的不同年代的军装照，在中国人民解放军建军 90 周年之际"燃爆"朋友圈，总访问量突破 10 亿次，创下业界单个 H5 产品访问量新高。

传统主流媒体在融合转型之前，以一对多的线性传播模式为主，在用户反馈方面非常滞后，而互联网直播服务的最大特色即为实时互动，可实现新闻生产、传播、互动的同步，让内容生产者即时获取用户的兴趣和关注点，在内容传播过程中真正做到"以用户为中心"，报道用户最关心的问题。2017 年 2 月 19 日，由人民日报社新媒体中心发起，新浪微博、一直播合作建设的全国移动直播平台——"人民直播"正式上线。该直播平台的建设旨在净化互联网直播环境，引导互联网直播行业发展，以时下最流行的新媒体形态传播和壮大正能量。首批加入"人民直播"平台的包括百余家媒体机构、政府机构、知名自媒体、文体名人等。

---

① 刘晓鹏. 迈向智能化的新型主流媒体 [EB/OL]. （2019 - 07 - 09）[2022 - 08 - 02]. https://www.sohu.com/a/325737058_100250753.

② 一年来媒体融合发展八大亮点：龙头昂起 融合升级 [EB/OL]. （2017 - 08 - 19）[2021 - 05 - 24]. http://media.people.com.cn/n1/2017/0819/c14677 - 29480737.html.

此外，人民日报社旗下的人民日报数字传播有限公司积极拓展 OTT 市场，于 2018 年 8 月宣布正式入驻酷开系统，将借助酷开网络在 OTT 领域的行业影响力来推动《人民日报》在 OTT 大屏端的布局。实践中，《人民日报》与酷开网络专门合作建设了《人民日报》的酷开网络版，它不仅能进行全局语音交互，而且有更多人性化的功能，可满足用户看报、听报、读报的各方面需求。此外，人民数字科技产业有限公司也不断探索与硬件厂商的合作，并于 2019 年 6 月与深圳艾比森光电股份有限公司达成战略合作协议，并先后在博鳌亚洲论坛等大型国际活动现场打造新闻中心演播室，对从开幕式到全会、分论坛、领导对话等活动进行多层次直播，全方位、立体化呈现论坛的精彩盛况。

第五章　案例研究

全媒体传播体系是各级各类新型主流媒体全方位协同的结果，单一媒体机构难以独立完成。各级媒体因自身资源禀赋和能力的差异，承担的使命和面临的任务也各不相同。经过多年的融合转型实践，我国主流媒体已经形成了全国性、区域性和基层性三个层次的体系结构。其中，全国性媒体平台以"打造新型传播平台"为己任，并为此配置全方位资源；区域性媒体平台以"建设新型主流媒体"为目标，围绕自主可控平台建设进行资源配置，为区域内各县级融媒体中心建设运营提供技术支撑及路径示范；基层性媒体平台如县级融媒体中心则以"主流舆论阵地、综合服务平台和社区信息枢纽"三大功能建设为目标，成为区域性新型媒体平台的服务端口和用户入口，使主流媒体连接起社会运行的方方面面。

本章选择全媒体传播体系中三个层级的五个典型案例，通过对个案经验的系统总结，描摹出更为生动具体的媒体融合实践。在分析视角上，本章与第二章互为补充。第二章以媒体融合的五个方面为线索，呈现我国主流媒体融合进展的"基本面"；本章以全媒体传播体系的三个结构为框架，集中展示近年间取得突出成绩的融合转型"试验点"。

第一节　建设全国性内容聚合平台

全国性媒体是指其活跃用户分布在全国范围内的主流媒体机构，其优势体现在资源整合能力、人才吸引力和资金储备等方面，能够快速形成建设互联网平台所需的技术能力和运营能力。但全国性媒体辐射用户范围太广，如果建设服务型平台，则需要在全国范围内广泛聚合生活服务提供商，打通线上线下生活服务，成本高且效果不一定好。因此，全国性主流媒体基于互联网打造的媒体平台主要为集内容生产、聚合、分发为一体的内容型平台。一方面，全国性媒体通过建设数据中台，面向各级主流媒体聚合内容，完善内容数据库建设，有利于集中力量建设并巩固网络舆论阵地；另一方面，全国性媒体平台也为资金及技术实力稍弱的基层媒体提供"互联网＋"发展所需的技术支持和平台支持。人民日报社的"全国党媒信息公共平台"和新华社的"媒体大脑"都是可以为各地媒体同行提供平台技术及资源服务的全国性媒体平台。本节将聚焦于人民日报社近年间的融合转型实践。

一、"中央厨房"：引领内容生产创新

人民日报社的"中央厨房"是在人民日报社编委会的领导下，由报社各相关部门和单位联合组建工作团队，并由人民日报媒体技术股份有限公司承建的新媒体项目。2016 年 2 月 19 日，人民日报社"中央厨房"正式上线，以内容的生产传播为主线，不仅服务于人民日报社旗下的各个媒体，更是为整个媒体行业搭建了一个支撑优质内容生产的公共平台，聚拢各方资源，形成融合发展合力。

"中央厨房"的实质是"全媒体新闻生产指挥调度中心"，因为其具备从内容生产制作到传播效果监测的一体化能力，具有内部采编资源的统筹调度能力，具有全媒体、全流程、全天候进行融合内容生产的功能。在党和政府的支持下，以人民日报社的实践为榜样，几乎所有中央和省级主流媒体及部分地市级媒体都建设了具有"中央厨房"功能的内容生产平台。

对于人民日报社内部的"报""网""端""微"各社属媒体来说，"中央厨房"不仅是一个"采编发"一体化稿库，还是一个全流程打通的、完整的媒体融合体系。总编调度中心作为"中央厨房"的指挥中枢，是策、采、编、发的核心层，负责宣传任务统筹、重大选题策划、采访力量指挥。由采访中心、编辑中心和技术中心组成的采编联动平台则负责执行指令、收集需求反馈，听从总编调度中心指挥，进行全媒体新闻产品的生产加工，生产出的所有新闻产品直接进入后台新闻稿库。报社总编室、人民网总编室、新媒体中心总编室可以从稿库取用稿件，将稿件直接发布到自己的端口，或进行二次加工后再发布。所有新闻产品在社属媒体首发后，再向国内外合作媒体推广。人民日报社"中央厨房"可提供 18 个语种的新闻产品，向全球 500 家主流媒体和新闻网站供

稿。依托"中央厨房",人民日报社就此实现了报纸业务的采编分离,地方部、经社部、政文部、体育部改为完全的采访部门,只负责为新闻稿库提供内容,原有的版面编辑任务移交总编室负责。

对于其他合作媒体来说,人民日报社"中央厨房"是一个大开放、大协作的全新内容生态。目前,人民日报社"中央厨房"已经与河南日报社、湖南日报社、四川日报社、上海报业集团、广州日报社、深圳特区报社等地方媒体建立战略合作,围绕内容、技术和传播等方面开展一系列合作。在内容上,人民日报社"中央厨房"与各地方媒体进行资源共享、协同生产、共建工作室,带动传统媒体利用大数据、云计算、数据可视化等技术进行内容创新;在技术上,人民日报社"中央厨房"帮助地方媒体少走弯路,快速建设中小型"厨房",并根据需要与人民日报社"中央厨房"接通,实现内容协作、资源共享、整合传播;在传播上,人民日报社"中央厨房"分别与贵阳、江苏、内蒙古等地开展重点活动的全媒体推广,实现一体策划、多元传播、全球覆盖。①

2016 年 10 月,人民日报社"中央厨房"启动了"融媒体工作室"计划,在媒体融合之路上展开了全新探索。为适应受众的不同需求,"融媒体工作室"以专业化、垂直化原则分类,内容覆盖时政、财经、国际、文化、教育、社会、健康、艺术等领域。为此,人民日报社打破原有部门设置,实现采编人员"跨部门、跨媒体、跨地域、跨专业"的自由兴趣组合。报社内部打破现有部门设置,人员采取"跨部门"的组织方式,全报社范围内的采编业务人员在不影响原部门、单位工作的前提下,根据个人兴趣、业务专长、资源等自由结合成内容主创团队;"融媒体工作室"还与报纸、广播、电视、门户网站等合作媒体机构,以跨媒体的组织方式开展内容生产合作;基于"中央厨房"的技术支援体系,"融媒体工作室"还可实现国内外跨地域组建、线上作业。"融媒体工作室"本着开放、合作、共享、共赢的基本理念,鼓励报社内外不同行业人士自由结合、共同策划、协同生产。②

---

① 叶蓁蓁. 人民日报"中央厨房"有什么不一样 [J]. 新闻战线,2017 (3):14-16.
② 李天行,周婷,贾远方. 人民日报中央厨房"融媒体工作室"再探媒体融合新模式 [J]. 中国记者,2017 (1):9-11.

二、"党媒平台"和"人民号"平台：探索内容聚合新路径

在中央级媒体中，人民日报社是内容聚合型媒体平台的典型代表。内容聚合型媒体平台的核心是通过强大的技术能力聚合全行业内容资源，并面向全行业提供内容服务。这些内容资源不仅包括由专业机构生产的专业内容（PGC），还包括一系列用户生产的内容（UGC）。人民日报社在媒体融合过程中建设了两个面向互联网的内容聚合与分发平台，即"全国党媒信息公共平台"（"党媒平台"）和"全国移动新媒体聚合平台"（"人民号"平台），内容聚合能力得到显著加强。"党媒平台"是以内容聚合为核心的综合运营服务支持平台，让入驻机构在保持独立后台的前提下与平台共享内容生产、渠道运营、盈利模式等方面的基础数据和技术。而"人民号"平台则将内容聚合的范围从主流媒体、政府部门拓展到自媒体、名人等，该举措反映了互联网传播具有的多元和开放特征。

（一）"党媒平台"：聚合各地权威资讯

2017 年 8 月 19 日，人民日报社在"中央厨房"基础上建成了"全国党媒信息公共平台"（简称"党媒平台"）。该平台以"百端千室一后台"为建设目标，基于"中央厨房"连接人民日报社旗下各类新媒体终端，并且与地方媒体、行业媒体以及党政机关、企事业单位新闻宣传部门建立合作关系，孵化出多个融媒体工作室。与商业互联网平台不同的是，"党媒平台"在保持各家入驻机构独立后台的前提下，打造一个共享的智能化数据后台，为各地入驻党媒提供相应的内容、技术、渠道、人才、盈利模式等共享机制。因此，该平台既可以解决各地媒体自建平台的成本及能力问题，又可以聚合优质内容，增强党媒党端的内容供给能力，有效突破传统媒体内容为商业互联网平台输血、为他人作嫁衣裳的困境，是使主流媒体摆脱对商业互联网平台的依赖性和依附性的有力举措。

"党媒平台"可以汇聚全国党媒优秀团队，激活全国党媒优质资源，联通全国党媒各类端口，整合全国党媒优质新闻生产力，增强主流媒体舆论引导力。截至 2019 年 4 月，已有包括新闻机构、政务信息平台、大型企事业单位在内的 260 家单位入驻"党媒平台"。"党媒平台"客户端中包括"推荐""热点""直播""百端千室"四个主要模块："推荐"模块采用了智能推荐引擎技

术;"热点"模块支持时政、财经、社会、国际、文化和体育等12个频道的个性化设置;而"百端千室"模块则是全国各地党媒资源的集中入口,客户端用户可以通过这个入口直接进入入驻媒体的官方网站或下载其客户端。"融媒体工作室"则整合了党媒从业者的优质自媒体内容,如人民日报社"中央厨房"的"麻辣财经""学习大国"。

(二)"人民号"平台:聚合优质原创内容

2018年6月11日,人民日报社的"全国移动新媒体聚合平台"(即"人民号")正式上线,该平台内嵌于"人民日报"客户端,聚合来自机构媒体、自媒体、名人、政务、学校、各类社会机构以及体育相关主题的内容资源。时任人民日报社副总编辑卢新宁在"人民号"上线时表示:"人民号"的关键词就是"平台"。只有开放有序的平台机制才能充分释放社会内容的巨大生产力,而优质内容成果和创作者的聚合又可以提升平台的传播力,增强主流媒体的舆论主导力、社会影响力。截至2019年6月,"人民号"平台累计申请账号数量超过18万家,正式入驻超过2万家。其中包括《光明日报》、中国青年网等2 000余家各类各级主流媒体,最高检、教育部、北京发布等6 000余家国家部委及省、市、县级党政机关和部门,十点读书、新世相、果壳等12 000余家各类创作领域头部自媒体。[①]

第二节 构建区域性生态级互联网媒体平台

区域性媒体包含省级主流媒体和经济发达地区的地市级主流媒体。区域性媒体的覆盖范围虽然不及全国性媒体广泛,但在打通区域内的政务服务、城市公共服务资源方面具有较强的号召力和协调能力,适合建立能够辐射一定范围的综合服务平台,平台的业务类型可涵盖新闻发布、政务服务及各类城市生活服务等。相对于基层媒体来说,区域性媒体的人力、物力、财力更丰富,在建设媒体平台时具备对外寻求合作、对内建立技术团队的实力,且能够通过为基层融媒体中心建设提供支持,打通区域性媒体平台和基层融媒体中心的数据资

---

① 人民号累计入驻超2万家 坚守主流价值汇聚优质内容[EB/OL].(2019-06-21)[2019-08-01]. http://media.people.com.cn/n1/2019/0621/c40606-31171652.html.

源，做到内容共享、用户数据联通，尽可能实现数据价值的最大化。湖北广电的"长江云"和浙报集团的"天目云"都是以省级媒体之力构建平台、整合省域内多个市县的媒体融合生产体系的典型案例。本节将对这两个案例进行深度分析。

一、区域性生态级传播集团——湖北"长江云"模式

作为省级媒体单位，湖北广电打造新型主流媒体的关键在于建设区域性生态级媒体平台。湖北广电集团以"媒体云"为起点，通过"长江云"大数据项目的建设完善，逐步形成"媒体云—政务云—商务云—产业云—区域云"的生态链。建设区域性生态级媒体平台是一个系统工程，需从平台、内容、渠道、经营、管理五大方面来进行全面规划。其中用户平台的建设是媒体融合发展的重中之重，内容、渠道、经营、管理四个方面的融合任务，皆需围绕用户平台的构建来展开。

（一）平台融合

在互联网时代，用户就是群众，就是阵地；用户就是消费者，就是市场。我们认为，国家提出传统媒体与新兴媒体融合发展，其实质是要实现传统媒体的互联网化，而衡量传统媒体是否完成互联网化的指标有两个：一是有没有基于互联网的用户入口；二是有没有将大数据进行整合、分析和应用的大数据平台。二者构成了媒体的用户平台。传统媒体的互联网化正是通过建设用户平台，汇集海量用户，形成用户数据库，来实现用户数据的采集、挖掘、分析及应用。所谓平台融合，就是要将由不同用户入口形成的用户平台有效地连接起来，也就是说，将不同的用户数据库有效地打通，形成一个更大的、普遍联系的平台。

1. 基于智慧政务平台构建用户入口

如何构建用户入口呢？就湖北广电现有的资源来看，可以依靠智慧政务平台的建设来推动用户入口的构建。

2015 年 9 月 10 日，全国首家省级新媒体云平台"长江云"正式上线。该平台聚合了湖北省内各级媒体的新媒体产品，带动、帮助全省各级媒体实现融合与转型，为省内各级媒体提供技术、内容和经营等支撑。该平台得到了省内市（州）县各级报社、电视台、政府部门等 50 多家单位的响应，共建单位的

陆续加入为湖北省构建新媒体生态圈打下了良好的技术基础。

2016年2月29日，时任湖北省委书记的李鸿忠主持召开省委常委会议，会议认为，建设全省统一的移动政务新媒体平台，是积极占领新媒体阵地、更好履行意识形态主体责任、维护网络意识形态安全的重要手段，是推进媒体融合发展、壮大网上主流思想舆论的重要途径，是实现治理体系和治理能力现代化、密切党委政府和人民群众联系的有效工具。会议决定，以湖北广播电视台"长江云"新媒体平台为基础，加快建设覆盖全省、功能完备、互联互通、运行通畅的"长江云"移动政务新媒体平台。这一举措背后意义深远，不仅推进了媒体融合发展，有助于传统媒体抢占新媒体阵地，而且为湖北广电获得海量用户数据、搭建用户数据库、建设真正的区域性生态级媒体平台奠定了良好的政治基础。

根据湖北省委以"长江云"新媒体平台为基础，加快建设覆盖全省、功能完备、互联互通、运行通畅的"长江云"移动政务新媒体平台的要求，首先"长江云"应当成为湖北广播电视台内各类新闻内容在互联网上的聚合平台和发布端口，实现对台（集团）内部资源的整合。其次"长江云"应当加速整合省内各类媒体的PGC资源和政务信息资源，并在条件成熟时建设和开发面向省域的UGC内容生产和发布平台。

"媒体云"平台的建设是通过汇聚全省的媒体内容资源来打造一个具有相当规模的内容数据库。然而，"长江云"项目的规划绝不止于"媒体云"，因为仅仅依靠内容平台难以汇集海量用户，用户活跃度也难以得到保证。"媒体云"平台只是"长江云"项目的第一步。根据湖北省委关于"建设全省统一的移动政务新媒体平台"，"是实现治理体系和治理能力现代化、密切党委政府和人民群众联系的有效工具"的指导思想，"长江云"平台还应积极参与湖北省智慧政务平台建设，将各级政府的各类智慧政务服务功能接入"长江云"大数据平台，通过智慧政务服务吸引更多用户，实现海量用户的聚合及大数据的汇集，打造用户数据平台。

2. 打造"媒体云—政务云—商务云—产业云—区域云"的生态链

"媒体云"是地方媒体共建、实现资源共享的平台，其核心是通过汇聚内容资源打造区域性的内容数据库；"政务云"即地方智慧政务服务平台，建设"政务云"将是传统媒体抓取用户的重大机会，也是媒体构建用户平台、形成用户数据库的最佳途径；"商务云"即在用户平台基础上形成的、聚合商业化服务、为媒体提供价值补偿的商务平台；"产业云"即当商务云平台发展到一定程度之后，必将形成多条以用户为核心、围绕媒体服务展开的新产业链；"区域云"即以行政区域为基本划分依据，将上述各平台的资源整合在一起，打造一个区域性生态级媒体平台。最终，各平台连通后即会形成一条"媒体云—政务云—商务云—产业云—区域云"的生态链。

用户入口和用户数据库建设是所有这些云平台构建的前提。如果只是搭建了平台，而不能聚集相当规模的用户，这些平台也没有任何价值。如何导入和吸引用户将成为区域性生态级媒体平台建设的重点和难点。在湖北省委的全力支持下，湖北广电作为湖北省唯一的省级广电媒体，有条件以"长江云"为技术平台和运营实体，通过与省内各大企事业单位的垂直系统合作，以及与地方政府的区域性合作，建构纵横交错的用户服务平台，为用户提供全方位的智慧政务和智慧民生服务，在服务中密切与用户的联系，适时发挥舆论引导作用，同时也为"长江云"平台创造更多的商业机会。

3. 基于社会资源整合构建数据库

在依托"长江云"完成主要基于互联网连接的用户平台建设之后，湖北广电还应提升自身的数据库能力，将用户数据库作为媒体平台的主要资产，通过数据挖掘、数据分析及数据应用，实现精准营销和数据库电商的新商业模式，实现个性化信息内容的生产，实现内容产品的智能分发。湖北广电可发挥自己联通各方、整合和打通能力强的媒体优势，通过与电力、水务、燃气、银行、通信等与民生密切相关的垂直系统的合作，既能实现数据资源的共享，以此生产全新的内容产品（数据新闻），又能通过与这些具有巨量用户数据的垂直系统的合作，建立用户入口和提升媒体平台的服务能力。

在整合社会信息资源方面，湖北广电面临双重竞争的局面：一方面，全国性生态级互联网平台运营商（如 BAT，特别是腾讯和阿里巴巴）正在借助智慧城市建设的契机，与地方政府合作，发展线下整合能力，力图建立更精准的用户数据库；另一方面，湖北省内其他省级传媒集团（如湖北日报传媒集团）亦有意于开展大数据平台建设，湖北广电在整合社会资源方面还需尽早形成明确的大数据中心建设和运营思路，以先发制人，抢占大数据整合的制高点。

湖北省委、省政府以湖北广播电视台"长江云"新媒体平台为基础，加快建设覆盖全省、功能完备、互联互通、运行通畅的"长江云"移动政务新媒体平台。此举使得湖北广电获得了强大的政策支持，从而在竞争中处于明显的优势地位。集团应在提升自身内容生产和互联网技术能力的基础上，积极推进移动政务新媒体平台的建设与运营，牢牢把握平台运营的主导权，提高服务水平，有效应用用户数据，维持用户平台的良性运转。

（二）内容融合

湖北广电作为一家省级广电媒体，其内容生产实力毋庸置疑，然而媒体融合要求传统媒体实现互联网化，这意味着未来的新型主流媒体不仅要守住自己原有的阵地，更要开辟互联网上的新平台。传统广电媒体的内容产品和内容生产机制都必须要进行变革。湖北广电应在原有的内容生产能力之上，打造基于互联网的新闻内容聚合与分发平台，创新内容生产流程和内容生产技术，并以北京长江文化股份有限公司（以下简称"北京长江文化"）为核心打造基于娱乐内容的 IP 产业链。

1. 基于移动客户端的内容产品创新

2014 年，湖北广电打造的"长江云"客户端和同名微信公众号同步测试上线。"长江云"致力于打造集新闻、服务于一体的湖北官方新闻政务客户端。它不仅汇集了湖北广电旗下所有电台、电视台的音视频节目，同时还汇聚了其他网络媒体发布的图文新闻。用户通过"长江云"客户端，可以直接在移动终端观看湖北广播电视台旗下所有频道的电视直播，也可以点播台内的大量视频新闻和视频广播。另外，"长江云"并不是一个单纯的新闻内容发布平台，它还可以为用户提供路况信息、火车查询、油价查询、预约挂号等公共服务，正朝着"新闻＋服务"的方向逐渐完善。

楚天交通广播于 2014 年底推出了移动客户端——"路客"，这是湖北广电广播频率里唯一一个手机客户端，其运营实体是楚天交通广播的新媒体部。由于交通广播的大多数听众是车主，"路客"除了为用户提供实时的广播内容，还推送路况信息、应急信息、汽车俱乐部活动等内容，同时也为车主提供爆料平台，以资讯类内容和服务吸引用户的持续关注。

湖北经视频道推出的移动客户端"经视摇摇乐"聚集了一定规模的湖北本地用户，这款 App 除了为用户提供湖北经视频道的资讯内容之外，还拥有丰富的互动功能，能实现用户手机屏幕与电视屏幕之间的"双屏互动"。用户在收看湖北经视频道时，可以根据电视角标的提示摇动手机来获取金币积分，凭金币积分即可免费兑换奖品；此外，用户还可以通过 App 参与节目中的报名和投票活动，参与广告商发布的活动等。截至 2016 年 3 月，湖北经视手机客户端"经视摇摇乐"本地装机用户数达到 300 万，每天黄金时段的用户互动突破 400 万人次。目前，"经视摇摇乐"已成为湖北本地用户量最大、活跃度最高的移动互联网入口，并实现了从电视互动应用平台向本地资讯娱乐生活服务平台的转变。

湖北综合频道推出的手机 App"笑啦"运行两年时间后，用户规模超过 30 万。这款 App 除了为用户提供电视节目直播和点播服务，通过"摇一摇""晒表情""戳笑脸"等互动形式提升用户的参与度，还有商城和爆料平台。"笑啦"将综合频道的品牌服务"帮女郎"置入其 App 中，让"帮女郎"给用户推荐商城的商品。

2. 新媒体云平台助力新闻采编融合

2015 年 9 月，湖北广电"长江云"新媒体云平台正式发布。"长江云"新媒体云平台致力于为新型媒体提供高品质、安全、低成本的技术支撑，构建"采编融合、内容汇聚、多渠道传播、多终端一体化"的区域新媒体运营平台。"长江云"新媒体云平台的建设对电视新闻中心的工作有很大帮助，扩充了新闻来源，缓解了新闻中心人力资源不足的问题。

湖北广电打造"长江云"新媒体云平台的目的在于集合湖北省内所有媒体单位的新媒体资源，建成一个内容资源库。这个内容资源库需要集合以下四个方面的内容：（1）湖北广电全台各频道（率）的新媒体资源；（2）与省内各市、县（区）级媒体建立合作关系，增加媒体云平台的省内内容来源；（3）与国内其他大型综合新闻平台合作，为平台增加有关国内外重大新闻的官方报道；（4）聚合社会资源，包括企业、事业单位及视频发烧友发布的内容。通过整合这些内容资源，打造一个在新闻内容方面以湖北本地新闻为核心、包含国内外重大新闻，在娱乐内容方面以湖北广电原创内容和购买内容为核心，包含社会各界组织与个人发布的娱乐性内容的综合型内容聚合平台。

3. 成立子公司带动娱乐内容产品创新

湖北广电在北京的全资子公司北京长江文化专注于"做更专业的视频内容提供商"，实现了对优质娱乐资源的有效聚合，形成了原创内容驱动下的视频全产业链交叉互动的运营发展模式。公司成立后陆续推出了一系列有影响力的品牌节目，如《大王小王》《我为喜剧狂》《星星的密室》等。除原创优质内容外，北京长江文化还注重创新节目样态。2015年11月13日，长江文化制作的《你就是奇迹》开播，前央视主持人张泉灵加盟，担任"神秘投资嘉宾"，前北京电视台主持人姚长盛担任该节目的"奇迹项目官"。北京长江文化以节目制作、广告营销、频道运营、影视投资四大板块为支撑，串联起电视行业全产业链的一体化服务，构建了包括创意研发、制作团队建设、艺人培养、广告运营、营销推广等环节的完整闭环。

(三) 渠道融合

渠道融合的关键在于把传统的媒体信息传播渠道改造成基于互联网的信息传播渠道。随着三网融合的发展，有线电视网络正在向宽带互联网方向发展。湖北广电可利用自身拥有广电网络的优势，将已有的广电网络观众转化为用户，同时紧跟网络传输技术发展的步伐，跳出传统思维定式，重视对移动互联网、电力线数据传输等新技术的利用，在渠道融合过程中取得先发优势。在手持移动终端方面，湖北广电可利用其"长江云"客户端逐步打开市场，扩大用户群；在家庭大屏端方面，湖北广电应利用手中的互联网电视内容服务牌照，整合产业链上下游的市场参与者，即通过"软硬结合"，布局湖北省互联网电视市场。

在智能手机终端的应用布局方面，湖北广电在开发、更新智能手机 App时，通过应用全新的终端技术，放大自身内容或服务的优势。在家庭大屏方面，双向化网络是实现家庭大屏互动性的前提。双向化网络的实现路径包括两种：其一，通过针对广电网的双向化改造来实现，湖北广电网络公司已投入大量资金用于下一代广电网双向宽带化建设项目；其二，通过与电信公司合作迅速形成网络回路。形成双向互动网络之后即可经营宽带业务，湖北广电就可以在自己的双向宽带网络中运行 OTT 业务。

湖北广电集团拥有互联网电视内容服务平台的牌照，可以聚集线上、线下优质内容资源，并可通过接入七大集成业务牌照方的平台触达用户。所以，湖北广电可以充分利用手中的内容服务牌照，搭建自己的互联网电视内容服务平台。由于商业网站不允许在互联网电视上自建平台，湖北广电可以利用自己的平台聚合优质的网络视听内容，并通过本地化内容的大量聚集尽可能地吸引湖北省内的用户。

（四）经营融合

经营融合需要做好两件事：商业模式创新＋体制机制改革。在媒体转型发展过程中，湖北广电在商业模式创新、经营体制改革、用人制度改革等方面都进行了探索和实践，也取得了一定的成绩。

在商业模式创新方面，湖北广电以市场为导向，通过"频道＋渠道""节目＋产业链"协同发展，聚合本地生活服务，探索"TV＋"产业发展模式。

早在 2012 年，以服务"三农"为主题的传媒企业"湖北长江垄上传媒集团有限公司"（以下简称"垄上传媒集团"）就已成立。集团采用"频道＋渠道"的模式向"三农"领域延伸，通过线上线下一体化运作，开创了全新的媒体经营发展模式"垄上模式"——"线上"精心策划"三农"服务节目，全方位地满足"三农"需求；"线下"通过农资销售、绿色农产品销售、农村信息咨询服务、农村金融保险等多项业务，整合现代传媒与现代农业的优势领域。垄上传媒集团采取的是"一个全媒＋N 家公司"的运营模式。"一个全媒"即湖北广播电视台垄上频道开办的《垄上行》《打工服务社》《垄上气象站》《村委会值班室》等一批特色鲜明的对农服务栏目。"垄上行"品牌已经成为全国"三农"媒体服务的一面旗帜。"N 家公司"则包括湖北垄上行新公社三农服务有限公司、湖北垄上行新农会信息科技有限公司和垄上优选名特优农产品交易平台。

湖北广电集团的"节目＋产业链"为 O2O 本地服务平台的建设奠定了基础，而本地服务在融合转型中的意义在于增强用户黏性。"TV＋"项目包括三个行业：汽车、中小企业服务和美食。其一，湖北交通广播借助在播节目的影响力，将汽车线下服务拓展为整车销售、汽车维修、用品销售、培训教育、二手车交易、汽车文化六大板块。楚天交通广播运营的移动客户端"路客"已聚集逾 30 万用户，通过广告和线下活动已实现盈利。其二，湖北广电开辟"中小微企业之声"，聚合所有为创业服务的政府部门、服务机构，通过线上广电节目、线下杂志、沙龙等多种方式，把政府部门、服务机构、中小微企业聚在一起，开展贷款居间服务、PE 融资服务、金融理财服务。其三，《好吃佬》是湖北经视频道与楚天交通广播联合打造的一档生活服务类真人秀节目，致力于挖掘地方特色餐饮文化，展现美食背后的人文故事。节目旗下的移动客户端为吃货们提供权威美食推荐、餐饮预订、优惠券申领、移动支付等个性化服务，月访问量达 30 万人次左右。

在体制机制改革方面，湖北广电的举措包括三方面。

其一，成立北京长江文化股份有限公司，带动娱乐性内容的跨越式发展。2012 年，湖北广电成立了北京长江文化股份有限公司，该公司实行市场化运作，借助北京的地缘优势，以湖北广电集团作为平台支撑，通过注入优质资产和团队，以此带动湖北广电娱乐类内容资源的商业化运作。北京长江文化有三个特征：一是两块"牌子"，既是湖北广电集团北京运营总部，又是公司化运营的市场主体；二是两个"总部"，身为湖北广电集团的全资子公司，却身处北京，与湖北广电形成南北呼应的"双总部"架构；三是两个"使命"，节目生产和广告经营一肩挑。北京长江文化自主经营、自负盈亏、自我发展，湖北广电作为大股东则给予充分的支持与信任，仅委派了一名财务总监。湖北广电采取的策略是建立一个对现有管理体制冲击最小、可以迅速操作的商业组织架构。正是基于更加灵活且独立的管理体制，北京长江文化仅用两年时间就从市场上整合了一批新闻团队、节目创意团队、综艺节目团队、大型晚会团队、电视剧团队、广告团队、新媒体团队、内容咨询评估团队，形成了完整的产业链，成为国内崛起速度最快的传媒公司之一。

其二，成立湖北长江云新媒体集团，统筹新媒体运营。湖北长江云新媒体集团将原有的新媒体以及与新媒体相关的所有部门都纳入其中，授权湖北长江云新媒体集团负责所有节目的新媒体版权运营，统筹对外新媒体合作事宜，运营新媒体业务。集团广告中心也成立了全媒体品牌运营中心，负责整合传统媒体与新兴媒体的广告资源，推出品牌、活动策划等增值服务。湖北长江云新媒体集团从服务部门转为市场主体后，大胆探索用市场机制处理好其公益性任务与营利性产业的关系，通过协议采购公益性服务和产品，激励被采购方不断改进服务质量，降低运维成本，提高市场竞争力。

其三，组织架构及管理机制创新。集团成立了媒体融合发展委员会，由台长任主任、领导班子成员任副主任；作为媒体融合的领导机构，设立以台总编辑为主任的融合内容编辑委员会，以台总工程师为组长的新媒体技术专家组，以及广泛吸纳台内外内容、技术领域权威专家的媒体融合专家顾问组，从组织架构上确保媒体融合的领导、规划、管理一体化。在员工管理方面，支持湖北长江云新媒体集团积极探索创业型互联网企业管理机制，通过"赛马制"鼓励创新探索，将产品经理作为核算单位充分授权，权责明晰，按业务规模和盈利能力动态管理，优胜劣汰。

（五）管理融合

湖北广电管理融合的任务，主要是根据中央关于媒体融合的新政策、新法规，建立适应新的传播环境的基于舆论导向管理的体制和机制，实现网上网下统一传播尺度和口径及舆论导向管控一体化。湖北广电基于传统电视平台的内容生产的导向管理体系已经比较成熟和完备，当下应着眼于未来建设内容聚合平台的需要，将导向管理的重点放在网络平台上，建立适合未来媒体平台的导向管理制度。

在保持对自身原创内容的导向管理体系的基础上，湖北广电应遵循中央关于实现网上网下统一传播尺度和口径及舆论导向管控一体化的要求，在现有的舆论导向管理基础上，坚持原来的方式方法，从前瞻性的角度去考虑，在生态级媒体平台的建设中，对媒体平台的所有内容进行统一的导向管理。首先，打造与区域性生态级媒体平台相适应的内容监管体系。区域性生态级媒体平台必须拥有能确保其正常运转的管理制度，湖北广电需对其媒体平台中的所有内容履行监管责任和义务，不仅包括原创内容，也包括对外聚合来的所有内容，尤其需要对用户上传的内容做好导向管理。其次，增强监管网上音视频内容的技术支持。湖北长江云新媒体集团目前负责湖北广播电视台所有新媒体业务的运营和管理，因而可以从新媒体集团的技术服务入手，增强其监控网络内容的能力。最后，增强对网络舆情的分析和预判能力。网络舆情有其特有的规律性特征。湖北广电可以与专业网络舆情分析研究机构合作，分析、预判网络舆情的动态和趋势，以在全面监控中实现重点监控。同时，要从技术上拓宽把关领域，提高把关质量和效率。

二、互联网枢纽型传媒集团——浙报模式

（一）浙报集团融合发展的战略目标

1. 构建互联网枢纽型传媒集团

浙报集团积极响应党和政府媒体融合发展的战略要求，深入观察分析并把

握互联网传播的发展规律，从自身实际出发，在实践中不断探索、总结、调整，使其媒体融合战略得以逐步清晰，日臻完善。影响战略规划形成的关键性因素包括三方面。其一，移动传播体系形成，国内外传媒格局和传播关系发生了重大变化，传统媒体所遭遇挑战之严峻前所未有；其二，媒体融合成为国家战略，浙报集团作为一家省级党报集团，肩负抢占互联网舆论阵地、巩固壮大主流舆论声音、全面提升舆论引导能力和科学发展能力的使命；其三，互联网上各类应用以及它们聚合的各类资源正在迅速聚集形成平台，这些平台可以向用户提供不同性质和功能的服务，浙报集团领导层认识到，这就是互联网平台的发展趋势和发展规律。

基于以上三方面关键性因素，浙报集团确立了构建互联网枢纽型传媒集团的战略目标。该战略目标的核心是通过用户数据库把握用户需求，调动集团所能利用的各种资源来满足用户的各类需求；在此基础上，将媒体的功能从以往单一提供信息服务，转变为能够提供以新闻信息为主的各种服务，形成枢纽型媒体集团。

具体而言，浙报集团通过新闻传媒、数字娱乐、智慧服务三大用户平台所生产的各类产品，为用户提供多样化服务。新闻传媒平台的内容资源汇总后形成了内容数据库，而新闻传媒、数字娱乐、智慧服务三大平台的用户数据都流入用户数据库，通过对用户数据的挖掘与分析，促进平台内的各类产品为用户提供更精准的资讯服务、娱乐服务、政务服务及社区服务等。在用户平台构建的过程中，文化产业投资平台不断为其引入技术、引进人才、导入资金和项目。此外，在大数据时代背景下，浙报集团将大数据产业作为其媒体融合战略升级的方向，从硬件和软件两方面布局，推进"互联网数据中心"和"大数据交易中心"项目。基于上述种种探索，浙报集团形成了独有的媒体融合发展战略模型（如图5-1所示）。

2. 传媒控制资本，资本壮大传媒

"传媒控制资本、资本壮大传媒"这一基本理念是浙报集团早在21世纪初就已形成的发展理念。它基于社会主义市场经济，深刻把握我国主流媒体的社会功能，从处理主流媒体的导向功能和自身产业化发展需要的高度出发，提出了处理传媒机构与资本之间关系的基本原则。具体来说，就是要求主流媒体集团的传媒企业获得资本、掌握资本而不是被资本力量所控制，然后通过运用资

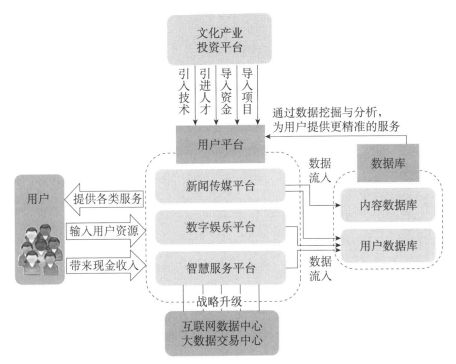

图 5 - 1 浙报集团战略模型图

本来壮大传媒的传播能力及综合实力。基于该理念的实践为浙报集团媒体融合战略的实施过程提供了坚实的资本支持，使浙报集团在技术升级和业务转型等方面厚积薄发，平稳度过了新媒体发展之初的蓄力阶段，顺利实现互联网业务对传统媒体业务的收入规模反超。

在传媒控制资本这条路上，浙报集团结合自身情况，主要通过三个方式实现主流媒体对资本的掌控：第一是借壳上市，搭建资本运营平台；第二是设立基金，增强对资本的掌控能力；第三是组建队伍，确立自身的投资策略。面对上市公司的规范治理要求，集团公司修订了 20 余项内部控制制度和 10 多份有关规范子公司运营、财务管理、人力资源管理的文件。通过推行全面预算管理、规范财务管理、健全内控制度、实行采编和经营分线运营等一系列改革创新举措，集团公司的治理水平大幅提高。

在资本壮大传媒方面，浙报集团始终认为，我国主流媒体控制资本是为了有充足的实力提升传媒的影响力和传播力。在实践中，近年来浙报集团在雄厚的资本实力支撑下，通过聚拢人才、集聚用户、搭建平台的方法全面推动新媒体业务扩张，推进媒体融合发展。具体举措包括：建设"三圈环流"新媒体矩阵；并购互联网企业，获得建设新型媒体平台所需要的用户、技术和互联网人才；增发股票，发展大数据业务；投资布局O2O，提升综合服务能力；运用资本获得IP，打造综合型文化集团。

3. "新闻＋服务"融合实践

浙报集团在打造互联网枢纽型传媒集团的进程中，提出了"新闻传播价值，服务集聚用户"的发展理念，即以优质权威的新闻服务形成品牌和公信力，同时增强其他各种服务的公信力，使服务提供者可以因为提供优质新闻内容而更受到用户信赖，产生聚合用户的能力，然后以服务去构建用户平台，实现用户价值变现。

在互联网时代，尽管传统媒体不再是全世界信息生产及传播的唯一中心，但是主流媒体集团的传播力、引导力、影响力和公信力仍然较高；浙报集团拓展各类服务，是基于其传播力、引导力、影响力和公信力进行用户价值变现，并不等同于社会上没有门槛的商业服务。浙报集团"新闻＋服务"的本质是将媒体当作一个社会信息中枢，基于其媒体平台的用户需求，运营一些需要公信力背书的、性价比较高的产品和服务，如金融、医疗等。

"新闻＋服务"，实际上就是用新闻信息服务来完成媒体本身的基本社会功能，积累公信力，提升传播力，从而以服务来解决与用户的连接问题，并通过服务来完成用户价值变现，实现媒体业务的价值补偿与增值。"新闻"给媒体带来品牌和公信力，使得媒体通过"服务"更能够被群众（用户）接受；优质的"服务"会强化群众（用户）对媒体的了解和信任，使媒体得以以服务聚集用户，增强用户黏性，为用户数据库的形成积累数据，从而在未来实现由信息总汇转变为数据总汇的战略转型。

浙报集团"新闻＋服务"的实践分为两个重要的方面：一是重塑传播逻辑，二是升级媒体变现方式。浙报传媒原董事长高海浩提出"以用户乐于接受的方式提供用户需要的内容和服务"。基于此观念，浙报集团构建了"三圈环流"新媒体矩阵，为转移到社交媒体及移动端的用户提供新闻服务。通过新闻服务聚合用户后，在互动关系的基础上实现增值服务，才是互联网条件下的媒体价值实现之道。经过五年的努力，浙报集团形成了政务服务、O2O电子商务、网络医院、养老服务、区域门户集群等多种立体式服务。

(二) 用户与平台的关系

1. 建立用户入口

用户是整个互联网应用的核心。在移动互联网时代，通过对数据的统计和关联分析，网络媒体特别是基于移动传播网络和终端所构建的移动传播体系，可以为信息的传播提供更精准、更智能的渠道，其目标消费群不再是以统计特征来呈现的一团模糊的群体，而是一个个鲜活、动态的个体。用户成为具有清晰人口统计学识别信息、行为数据、需求数据、消费数据的独立个体，是一个个清晰的、具体的存在（名址、人口统计学特征、行为特征）。

平台是媒体机构与用户相连接的互联网空间，也是媒体向用户提供服务的场所。平台的核心是用户，在用户平台的基础上，媒体将其他各项业务搭载在平台上运行。在平台上，媒体既要为用户提供信息服务，也要提供其他多种服务，不仅要让用户在端口看到信息内容，更要将用户吸引到平台上来享受电商、政务等各种服务，通过多种服务来丰富媒体与用户沟通的途径，增强用户黏性。用户平台是网络空间里主流媒体的阵地和市场的结合点，依托平台主流媒体既可以完成舆论引导，也可以实现规范的市场运作。

面对传统报纸作为用户入口的价值的快速丧失，浙报集团在实践中认识到，提供多种类的服务是聚集用户、建立用户平台的重要途径。具体而言，浙报集团聚集用户主要通过四种方式：一是将传统报媒读者转化为用户；二是通过游戏平台导入用户；三是通过参与智慧政务服务聚集用户；四是通过本地服务拓展用户。

2. 构建数据库

传统媒体适应互联网传播规律的关键在于构建一个能够聚集海量用户的用户平台，并在此基础上建设数据库，采集用户数据，然后通过数据分析为用户提供个性化的精准服务。浙报集团在以用户为中心的理念之上，构建了以两大数据库为核心的技术平台，一是内容数据库，二是用户数据库。

浙报集团构建的全媒体内容资源库承载了浙报集团各媒体的全部内容资源和信息数据，包括集团采编资源库、全媒体历史资源库、全网资源库以及即将整合或合作的各种战略接口资源等，最终将构建以浙报集团为主导的"新媒体云服务开放平台"。内容数据库不仅要有"媒体数字资产"和信息发布之后各种反馈所产生的次生性数据，它的更大价值在于利用平台整合一些关系国计民生的重要产业的原生性基础数据，形成大数据库，利用数据挖掘、数据可视化等技术对这些数据进行深度挖掘，从而生产出更多样化的内容。

截至 2016 年 11 月，浙报集团构建的用户中心管理系统（即用户数据库）已包含 6.6 亿注册用户的注册信息及行为数据，各类终端媒体产品可通过授权调取用户长期的行为数据。用户数据库可以让媒体了解公众真正感兴趣的话题和叙述方式，以用户最能接受的方式，提供用户真正需要的内容和服务。信息的精准分发建立在用户数据挖掘和用户标签化的基础上，只有掌握了大量的用户数据，才能为用户提供有针对性的精准信息分发服务。因此，建设用户数据库是实现信息精准分发的前提，也是为了适应未来以信息推送为主的移动媒体内容传播方式。

3. 建设业务运营平台

近年来，浙报集团坚持以用户为中心，以大数据统领新闻传媒平台、数字娱乐平台、智慧服务平台三大产业平台以及文化产业投资平台的建设，实现各产业平台之间数据的互联互通、各产业板块的协同发展。这些业务既是服务用户的平台，也是用户价值变现的平台。

（1）新闻传媒平台。

2014 年以来，浙报集团按照传统媒体与新兴媒体一体化转型发展的思路，打造了"三圈环流"新媒体矩阵，构建了以浙报集团为主导的"媒立方"新媒体云服务开放平台。"媒立方"是一个 SaaS 平台，顺应移动互联网的发展趋势，直接以移动端战略为核心，力争助推集团在 PC 互联网切换到移动互联网的时代实现弯道超车。以此项目为抓手引入的技术架构升级，使后台技术架构和互联网企业站在同一代的水平上，有利于面向互联网的进一步融合发展。

（2）数字娱乐平台。

围绕集聚用户这个核心思想，浙报集团利用上市公司作为融资平台，通过资本运营并购边锋、浩方游戏平台，并以此为依托，借助资本杠杆，将电子竞技业务注入游戏平台，整合线上线下各种资源，打造了一个数字娱乐平台。2015 年，数字娱乐平台在激烈的竞争下实现了较快增长，为数字文化产品的滚动开发和用户互动打下了基础，数字娱乐产业链日趋完整。

（3）智慧服务平台。

在媒体融合发展的过程中，媒体机构真正的价值实现还在于如何用汇集起

来的信息和数据以及自身的传播能力和社会资源的整合能力服务于社会生活的
运转，发展出具有媒体资源特色的产业平台。集团旗下的"钱报有礼"媒体电
商平台延伸了商业信息传播的价值链，创新了媒体商业模式。浙报集团的实践
在业内产生了较大的影响，引得多个媒体集团效仿，纷纷将"在新媒体领域打
造本地最大的民生服务平台"作为发展目标之一。①

（4）大数据产业平台。

为顺应大数据产业的发展趋势，浙报集团还把大数据产业作为全力打造的
主产业平台之一，积极争取省内大数据产业的重点项目。2016 年，浙报集团
紧抓机遇，布局并推进"互联网数据中心和大数据交易中心"项目，建立大数
据产业孵化园，支持大数据及互联网方面的创业创新，形成大数据产业集聚。
在此过程中，浙报集团向公众提供覆盖基础数据服务、数据挖掘与分析和数据
交易的全产业链服务，形成了一个覆盖大数据全产业链的开放性生态系统。

（三）产品与平台的关系

浙报集团提出的"新闻＋服务"概念，既体现了其媒体平台上产品种类的
多样性，也创造了一种新型商业模式。具体地说，就是在原来只有新闻报道的
单一产品结构上，增加新闻资讯、数字娱乐、智慧服务等新型产品。其中，新
闻资讯类产品向用户免费开放，用来集聚用户、黏住用户；而数字娱乐、智慧
服务类产品则作为付费服务，用来实现用户价值的变现。"免费新闻＋付费服
务"是浙报集团创立的新型商业模式，就是要通过不同层次的平台和产品以及
各个子平台之间的有机融合，实现"聚集用户—黏住用户—实现用户价值变
现"的循环。

1. 新闻资讯类产品：集聚用户、黏住用户

新闻资讯类产品是传统媒体的核心主业，是新闻传媒平台集聚用户、黏住
用户的具体载体。在产品形态上分为端口型产品和内容型产品，端口型产品是
浙江新闻客户端，这是浙江省委、省政府独家授权的移动信息发布平台，其定
位为浙江政经新闻第一平台。在新闻方面，浙江新闻客户端提供的内容涵盖浙
江省内外，包括省内各地市的时政、财经、文化、体育、民生服务各个领域，
是省级媒体中用户数量最多的新闻客户端；在服务方面，浙江新闻客户端已经

---

① 宋建武. 以服务构建用户平台是媒体融合的关键 ［J］. 新闻与写作，2015（2）：5-9.

实现浙江省 11 个城市的服务功能全覆盖,其"本地"页面汇集了全省 11 市的天气、交通、生活资讯,还包含智能挂号、违章查询、模拟驾考等政务服务及社会服务。内容型产品是各类新媒体报道形式。浙报集团旗下的各媒体积极探索运用图文、图表、动漫、音视频等形式,实现时政新闻和重大主题报道可视化,以使严肃的时政类、经济类报道变得更加精彩耐读,增强对用户的吸引力。在 2016 年 9 月 G20 杭州峰会期间,浙江在线推出的《昼与夜丨换个角度看杭州,你会发现不一样的美》,好评如潮;浙江新闻客户端重磅推出的《最燃倒计时丨期盼 G20,精彩浙江与你一起倒数》视频大片,短短一天点击量就达 600 万人次,转发量超 10 万人次;《浙江手机报》推出原创策划专题"喜迎 G20 VR 全景看杭州地标",以 VR 全景镜头和动态途径,使屏幕前的用户身临其境感受杭州的美好生活,得到广泛点赞。

2. 数字娱乐类产品:以娱乐产品为载体,变现用户价值

数字娱乐平台通过推出以游戏为核心的数字娱乐类产品,发挥变现用户价值的功能。作为浙报集团数字娱乐平台的核心,杭州边锋和上海浩方顺利完成了三年承诺利润,在行业保持领先地位。

在保持原有业务稳定发展的基础上,集团继续推动以边锋网络、浩方电竞平台为核心的数字娱乐平台的媒体化和社区化。媒体化是指浙报集团发挥主流传媒集团的内容生产优势,在充分考虑用户接受度和使用偏好的基础上,推出了为边锋用户量身定制的新闻产品。社区化是指将平台升级为线上线下相结合的互动娱乐社区。浙报集团有着丰富的活动资源。例如,通过推进边锋社区联赛、智力运动会等线下活动,强化并提升浙报传媒现有用户的黏性,促进传统媒体对读者的单向传播模式朝聚集用户、双向互动的运营模式演进。

3. 智慧服务类产品:以智慧服务为载体,变现用户价值

浙报集团以数据库为基础和纽带,强化本土化、社区化,大力推进网上用户的产业化开发和服务。在数字娱乐类产品之外,智慧服务类产品是集团为实现用户价值变现而打造的刚需类产品。

在政务服务方面,浙报集团一直致力于建设以政务服务为核心的智慧服务生态体系,从政务服务咨询、平台设计规划、平台运营等多个层面提升政务服务能力。集团旗下的瑞安日报社最早尝试参与智慧政务建设,依托自己的技术开发团队,为当地智慧政务建设搭建技术平台,并为政务服务平台提供运营维

护服务，以及线上线下活动策划服务，实现了借助政务入口集聚用户的目标，为自身构建新媒体平台奠定了用户基础。2015 年，浙报集团承接了浙江省政府门户网站和浙江政务服务网系列入口的内容运营等相关工作，组建了由一线业务骨干组成的"浙江政务服务网运营中心"，通过服务输出逐步构建浙江省政务服务的互联网入口体系。

在电子商务方面，浙报传媒旗下的《钱江晚报》通过打造"钱报有礼"媒体电商平台，探索用户价值变现新路径。在成立之初，"钱报有礼"是《钱江晚报》旗下的 O2O 电子商务平台，依托媒体品牌和数据库资源，成为《钱江晚报》重构商业模式的一个着力点。经过近几年的发展，"钱报有礼"开始承担浙报集团层面的网上用户变现，各种智慧服务产品正在向这个平台聚拢，"钱报有礼"正在发展成整个集团实现用户价值变现的总平台。现有的媒体电商平台多为"小电商"平台，销售各类实物商品；而"钱报有礼"致力于构建"大电商"平台，除了销售各类生活用品之外，还销售金融、房产、教育、旅游类产品。

（四）技术与平台的关系

浙报集团的技术创新一直围绕"内容""用户"以及二者之间的"连接"这三个要素展开。传统媒体的基本运营逻辑是，用内容吸引用户，建立和用户之间的连接，进而将二者再变现为广告收入。互联网时代的技术进步大大降低了信息沟通和分析的成本，使得这三个要素都出现了巨大变化。在内容方面，内容生产技术不断创新，内容呈现方式更加多元，内容产品形态也不断推陈出新；在用户方面，传统媒体面对的是模糊不清的受众群体，而新媒体面对的是一个个有具体人口统计学信息及行为信息的个体用户；在连接方面，大众传播时代以传播者为中心的传播关系逐渐瓦解，传统媒体的观众和读者也开始向互联网用户转化，互联网建立起来的是以用户为中心的、趋于平等、双向互动的传播关系。

浙报集团创新内容生产技术的核心项目"媒立方"融媒体传播服务平台以技术创新来应对互联网时代内容、用户及连接这三个要素的变化。"媒立方"融媒体传播服务平台分成三个子系统：内容数据库及其应用系统，解决内容要素方面的问题；用户数据库及其应用系统，解决用户要素方面的问题；新媒体云服务平台，解决连接方面的问题。内容数据库及其应用系统分为上层应用和支撑上层应用数据存储和挖掘的分布式大数据底层平台。其中上层应用主要包括三个部分：一是新闻和舆情热点自动化分析系统，二是全新的采编系统，三是稿件的影响力评估系统。用户数据库来自由"边锋通行证"改造而成的"浙报通行证"。用户数据库包括用户数据采集系统、用户数据挖掘分析引擎及底层大数据架构，其核心价值在于通过用户的人口统计学特征及用户的行为信息建立用户画像。连接的技术则是基于新媒体云服务平台。平台分为开放平台和产品插件应用两个部分。开放平台提供基础的面向微信公众号、百度直达号、新浪微博等互联网大开放平台以及 App、网站的自适配发布能力，支持多账号媒体权限的管理、运营维护等功能，支撑用户社群功能和相关公共接口的接入。

从技术与平台的关系出发，浙报集团的技术发展历程可以划分为三个阶段。三个阶段既有承前启后的联系，又都独立发展成集团媒体融合战略的不同重点领域。

1. 立足运营效率的技术支持

初级阶段的传媒技术革新主要是采用新媒体技术手段支持媒体核心内容的多元化呈现和传播，以及提升内容生产的质量和效率，这一阶段的最终形态是实现内容融合。2012 年，浙报集团自主设计并规划建设了"全媒体融合智能信息服务平台"，旨在实现由大数据分析和云计算技术支撑新闻生产。该平台最初由三个部分组成：一是 5 000 万量级的用户数据库；二是专业化、规模化的内容数据库，包括报刊资源库、图片资源库、网络资源库、微博资源库、微信资源库，涵盖了集团各媒体的全部内容资源，还有浙报集团合作单位的内容数据和接口资源；三是智能化的云服务开放平台。融媒体平台的这三个子系统分别解决了内容要素、用户要素和连接要素的问题。

2. 面向平台融合的技术创新

在完成媒体生产和传播技术的升级之后，平台融合成为媒体技术升级的必然选择。因为互联网环境中的传媒竞争考验的不只是内容竞争力，更是提供精准有效的服务的能力，以及对消费群体和连接渠道的掌控力。平台融合就是要将由不同用户入口形成的用户平台有效地连接起来，将不同的用户数据库有效地打通，形成一个更大的、普遍联系的平台。

2014 年，浙报集团基于多年来在新媒体发展中积累的互联网资源和产品开发经验，制定了"媒立方"融媒体传播服务平台建设规划。对于媒体运营来说，"媒立方"是中央指挥部，它包括大数据平台和传播服务平台，利用大数据优化内容制作、存储、分发流程，使新闻传播实现一站式生产、全媒体发布、智能化分析、精确化服务。对于内容生产来说，"媒立方"是"中央厨房"和中央稿库。在生产过程中，它可以为记者提供相关主题的所有已有稿件和研究报告；在稿件刊发后，它可以提供稿件阅读量（PV 和 UV①）的查询服务。"媒立方"以支持《浙江日报》、浙江新闻 App、浙江在线、《浙江手机报》等核心层媒体上的融合协同生产为目标，之后还将探索垂直内容领域的多渠道、多终端融合生产，最终目标定位于构建品牌内容生产线，从而将融媒体生产技术与媒体产品和服务无缝连接。

3. 探索价值变现的技术应用

基于对内容和用户资源进行数据化整合的经验，浙报集团正在逐步把大数据产业培育成新的业务平台。对于报业媒体来说，这在全国甚至世界范围内都是首创。浙报集团正在建设的浙江省大数据交易中心和互联网数据中心，集聚了大数据上下游相关企业，孵化优势创新企业，形成大数据产业集聚效应，最终将形成以交易中心为核心，集聚大数据供应方、需求方和加工服务商的大数据交易生态系统。这一举措将从数据层面统领公司"3＋1"大传媒平台的协同发展，通过对原各板块业务流程的再造，提升原有业务的经营水平，促进原有业务的发展；同时实现各业务板块间数据的互联互通，以后台大数据中心和云计算平台为支撑，全面推动现有内容数据和用户数据的共享，从而提升数据的商业价值。

（五）团队与平台的关系

浙报集团原社长高海浩将媒体融合的逻辑归纳为三个方面——重塑传播逻辑、重构商业模式和重建制度环境。其中的"重建制度环境"主要是指通过改革创新体制机制，实现全员融合、全员创新。高海浩认为，传统媒体人能不能实现转型是一切问题的关键。以互联网化为核心的媒体融合在人事制度变革上集中体现为"人的融合"。当媒体融合向纵深发展，传统媒体组织面对的人才

---

① PV 全称为 page view，即页面浏览量或点击量，通常是衡量一个网络新闻频道或网站甚至一条网络新闻的主要指标。UV 全称为 unique view，指访问某个站点或点击某条新闻的不同 IP 地址的人数。

结构问题不是商业和技术领域的人才缺失，而是人员观念无法充分适应互联网化运营。互联网化平台需要的是"用户需求发现型"而非"媒体资源经营型"的商业人才，是"研发型"而非"保障型"的技术人才。[①]

浙报集团的人才管理新措施包括针对技术人才施行的"P序列"计划、围绕"用户即阵地"的绩效考核和激励制度、发挥媒体组织作为"知识和学习型团队"的人员培训制度，以及响应"自主创新"政策号召和呼应互联网创新文化的内部创业机制。新的人才管理措施一方面横跨内容生产、商业运营和技术创新多个方面，另一方面纵贯资源整合、生产组织和渠道支持多个环节，是对平台化运营的集团战略的充分体现。

1. 以制度留住互联网技术人才

浙报集团依据2014年推出的《互联网技术人才管理办法》，在人才使用上建立了技术通道和管理通道双向通畅的职业发展通道；在薪酬与绩效考核上，分级设定年度薪酬标准，并实行末位淘汰。在这一办法的基础上形成的技术人才"P序列"计划又进一步细化了技术人才的考核标准，从而用更加灵活和公平的激励和考核体制来吸引人才，留住人才。

针对采编人员的考核和激励的变革体现在三个方面：产品评价、业务流程和技术专业。第一个方面的激励手段主要依靠科学有效的内容影响力评价体系。评价机制以核心层媒体为基础，同时将全媒体和全流程的产品影响力纳入考量。稿件成稿后进入统一稿件池，被媒体采用则给予基础分，并根据内容影响力系数和专家评价计算奖励分。第二个方面是贯通采编资源从生产到发布再到产业运营的全产业链价值。这一制度主要针对集团旗下具有品牌价值的内容生产线，鼓励品牌内容资源以品牌工作室的方式实现从核心内容产品到衍生媒体服务的价值链延伸。第三个方面是对专业技术人才"P序列"考核制度的支持，即在技术专业考评的基础上实行360度专业评价，建立针对采编专业序列的晋升制度，形成可上可下、可进可出的用人机制。

2. 以系列培训提升员工职业素质

浙报集团从2013年开始围绕"全媒体元年"战略主题实施一系列员工培训。首先，浙报集团的员工培训打破了不同专业领域的界限，强调新型传媒人

---

① 宋建武. 媒体融合时代的创新 [J]，新闻与写作，2014（8）：1.

才应该在核心专业技能的基础上具备互联网思维方式。2013 年集团组织了一场覆盖全员的全媒体专题培训，这是浙报传媒上市后首次组织的大规模全员培训，突出专业性和实战性，首次引入破冰、团队精神等拓展内容。2014 年第二轮媒体融合深化培训将重点转移到"技能全面提升"，促进员工对传媒前沿技术以及全媒体条件下的内容生产理念、方式创新的认识与应用。其次，集中化和主题化的培训与日常经验交流相结合，将互联网思维反映在常学常新的职业学习文化中。例如，新媒体中心每周二晚举行的分享会，以及浙报传媒公司不定期开放的"600633 咖啡馆"。

此外，集团投注资源建立专业化、成规模成体系的浙报学院，将员工培训上升到转型战略的高度给予支持。2016 年 3 月，集团明确提出打造专业化、系统化、科学化的新型学习培训体系，成立了由高海浩社长担任主任的集团学习委员会，同时成立了浙报党校、浙报学院，从而实现了学习培训从过去人力资源部兼职管理，变为有专门载体的专业化运营。

3. 鼓励内部创业，挖掘人才潜质

在浙报集团的发展历程中，具有创业性质的开拓精神始终被集团上下高度重视。时任集团传媒梦工场战略发展部总监的张德君在 2013 年就提出了用"产品经理思维把握用户需求"的理念。他认为产品经理与传统编辑记者的思维方式存在"建设性思维"和"批判式思维"的区别，产品经理有的是产品迭代更新的观念而非一次定稿的纸媒传播观念。[①] 时任浙报集团数字采编中心副总编辑、新媒体中心副主任的张宇宜在 2014 年也曾谈到，产品经理需要以用户行为数据而非主编意志作为新闻生产质量的判断标准，用户行为数据也就是指新闻信息产品在网络数字媒体中的打开率、日活跃度、停留时间和在社交媒体中的转发量。报人转型探路者总结的"产品经理思维"与"互联网思维"如出一辙："用户需求观念"和"产品迭代观念"都是两大重点。

无论是产品经理思维还是互联网思维，在浙报集团鼓励内部创业和坚持"用户即阵地"的人员考核理念中均得到了充分体现。集团参照中国新媒体创业大赛的赛制流程和创新选拔机制，从 2014 年开始推出创新孵化计划，投入 2 000 多万元进行孵化和扶持。在开发、运营新媒体项目的过程中，采编人员逐步形成并强化了互联网思维，成为推动融合发展的骨干力量。《钱江晚报》

---

① 张德君. 传媒转型的用户中心与产品经理思维 [J]. 中国记者，2013（9）：19-21.

从事采编工作近 30 年的老记者谷伊宁，创办了微信公众号"浙江名医馆"，致力于提供医疗健康服务，截至 2016 年 11 月已有 14 万多用户。这名资深新闻工作者在临近退休之际在"浙江名医馆"的运营中重新焕发了创业热情。

第三节 县级融媒体中心：打通服务群众最后一公里

一、湖南浏阳："微网格"创新媒体政务服务

湖南省浏阳市融媒体中心结合浏阳实际，致力于通过党建引领基层社会治理，开发了线上"党建＋微网格"社会治理平台。该平台将浏阳市委组织部微网格长工作（微网格长端口）与浏阳市委政法委矛盾调解工作（矛调端口）合二为一，打通服务群众"最后一公里"，成为媒体融合与社会治理同频共振的创新实践平台。

筑牢主流舆论阵地是"党建＋微网格"平台的基本要求。该平台覆盖面广，可以通过掌上浏阳 App、微信公众号、小程序等接口进入，充分考虑不同用户的使用习惯，矛盾调解端口已实现浏阳辖区人群 100％覆盖。平台内容发布时效性强，通过一键分发，实现资讯及时到达手机终端，牢牢把握住资讯发布的主动权。

夯实基层社会治理是"党建＋微网格"平台的核心功能。平台覆盖浏阳市域所有家庭，普通市民可以便捷地使用平台进行诉求反映、信息跟踪、评价打分，真正让群众"理有讲处、怨有诉处、难事有反映处"。微网格长一般由党员担任，主动联户了解群众诉求，在权限范围内解决问题，切实发挥微网格长政策法规宣传员、民情信息收集员、和谐稳定促进员、推动发展引领员的作用，使矛盾纠纷在萌芽状态下得到及时处理和化解。通过构建微网格长、党支部、社区（村）、街道（乡镇）、市五级联动机制和矛盾调解统筹处理机制，做到了群众诉求"有人记录、有人联系、有人办理、有人回复"，实现"微事不出格、小事不出村，大事不出镇"。

推动建设服务型政府是"党建＋微网格"平台的重要目标。平台通过提供党建服务和基层社会治理服务，将浏阳辖区各级党组织、微网格长、调解员以及广大居民、村民纳入进来，形成社会全方位参与的新格局，政令、民情上下

畅通，为行政部门民主决策、科学施政创造了更加有利的外部环境，推动政府转型升级。系统大数据实时更新各类纠纷和诉求统计情况，针对某一周期或某区域诉求提交或矛盾突然增多的情况进行提示预警，有利于主管部门进行统筹调度。此外，系统可以建立分析模型，对未来周期的纠纷和诉求进行提前预测研判，有利于提前部署相关工作，提升政务服务水平。

2020 年 7 月 1 日，"党建＋微网格"群众诉求服务端口率先在浏阳市集里街道百宜社区上线试点。两个月后，矛盾纠纷多元调解端口在浏阳市委政法委统筹调度下迅速在全市铺开。4 个月后，平台在浏阳大部分乡镇、街道落地，预计年底覆盖全市。截至 2021 年 11 月 25 日，全市合计注册微网格长 9 138 人，网格信息员 19 869 人，办理各类民生诉求 554 件，各类矛盾纠纷案件 2 225 件，化解成功率达 96.75%，满意度达 95.79%，相关政府部门工作压力在很大程度上得到缓解。

二、浙江安吉：客户端全面运营本地服务资源

浙江省安吉县融媒体中心整合各方资源，通过体制改革、流程优化、平台再造，实现了各种媒介资源、生产要素的有效整合，使新闻生产信息发布、公共文化服务、智慧城市建设、社会综合治理、公共应急指挥与大数据中心建设、跨区域产业联盟等融合发展，探索出县级融媒体建设的"安吉方案"。安吉融媒体中心自主研发的"爱安吉"综合新闻客户端自 2015 年 5 月上线至 2022 年 8 月，版本已更新 85 次。基于该客户端，安吉把县级融媒体打造成为基层群众离不开的美好生活"好管家""好帮手"。

"爱安吉"客户端通过融合渠道、整合信息、做精新闻主业，发挥主流舆论引导作用。一是融合传播渠道。大力实施移动优先策略，在客户端设立看电视、听广播、读报纸和直播等模块，实现一个平台实时收听收看各类资讯；开辟"即时新闻"栏目，实行 24 小时 50 条次以上滚动推送，用户可实时浏览中央和省、市媒体权威发布及本地图文资讯。二是整合县域信息。开设专门板块，归并呈现 15 个乡镇（街道）、50 个部门政务微信公众号发布内容，改变乡镇、部门信息传播各自为政的局面。三是丰富推介形式。探索 VR 全景视频创作，上线 AI 主持人，推出 Vlog、H5、动漫、海报等产品，使内容生产更加活泼、互动更为有效。借助直播系统，实时推送县域内各类大型活动，每年直

播达到 150 场以上，吸引了大量粉丝。如 2022 年 5 月 27 日，"新时代美丽中国县域窗口"安吉（上海）推介会开幕式直播观看量超过 36 万人次。

安吉融媒体中心积极整合本地资源，做深生活服务，提升便民惠民服务能力。一是便民服务"掌上选"。客户端上线扫码借车、智慧医疗、安吉美食、掌上公交、智慧 5189000 等 20 余个生活服务应用，基本覆盖本地群众的吃住行、游购娱。其中，"安吉美食"应用聚集了全县近 400 家商户，通过设立可兑现积分的云豆子，把企业、乡镇、部门工作人员餐补纳入，解决上班族就餐不便问题。2022 年 1 月—6 月，云豆子流量达 3 101 万元。二是产品购销"掌上通"。针对当地农特产品、旅游产品、日化商品等购销需求，陆续上线"两山优品""游视界""指惠家"等板块。截至 2022 年 7 月，"游视界"板块上架全国名特优产品 852 种，开展助产助农直播 160 余场；"两山优品"上线各村特色农产品 156 种，累计销售 900 余万元。三是文明实践"掌上享"。开发上线新时代文明实践中心"文明超市"智慧平台，建立群众点单、中心派单、志愿者接单、群众评单机制。截至 2022 年 7 月，已有 569 个各类志愿者组织加入"文明超市"，常态化提供生态环保、扶贫帮困、文化演出、法律咨询等各类公益服务 7 347 次。

三、江苏江阴：数据赋能媒体商务

江阴融媒体中心依托江阴"集成改革第一县"的优势，创新"前端集成、后端不变、配套到位"的方式，参与构建"1＋1＋N"的江阴"城市大脑"，即 1 个数据资产中心、1 个智能化城市大脑中枢平台和 N 个公共服务应用，打破部门壁垒和信息孤岛，打造了智慧医院、智慧交通、智慧社区等应用场景。截至 2022 年 7 月，已整合全市 63 个市级部门、2 000 多项服务功能，并把相关功能和数据信息等资源统一并入融媒体中心自主平台"最江阴"App。

"最江阴"App 主动回应群众关切，按照"刚需、高频、痛点"的应用要求，让群众"一端阅尽天下大事、一端解决民生百事"。疫情期间，江阴不少农户因为自产农产品销路受阻而陷入困境，"最江阴"App 推出助农公益项目"澄农帮"，对全市困难农户数据和农产品销售数据进行分析，以全媒体传播、记者现场采访、主播直播带货、报纸速递免费配送等方式，全媒体运作、全平台助农。这种"报道—销售—配送"全链路闭环式运作模式，使滞销农产品成为热销农产品，累计销售超 2 万斤，吸引 5 000 多名爱心市民积极参与，在互联网阵地展现了党媒力量。

为建设和运营大数据平台，2022 年 1 月，江阴融媒体中心联合 7 家国有企事业单位，投资 1 亿元成立江阴市大数据股份有限公司，其中，江阴市融媒体中心出资 5 000 万元，占股 50%，为第一大股东。作为江阴市委、市政府授权唯一可对全市大数据资源进行商业开发的单位，江阴市大数据股份有限公司积极推动全市信息化项目"一网统建"，即以项目统筹为根本，以集中建设为抓手，以资源共享为前提，以统一运维为保障，以数据运营为突破，形成政府投资信息化项目集中组织建设、运维、运营新模式，实现了对全市大数据高效采集、有效整合、深化应用，掌握了全江阴市最有价值的公共数据资源，推动了数据从"资源"向"资产"转变。目前公司已承接"为民服务'一件事'平台""教育缴费平台"等 40 余个各类信息化项目的开发，服务 10 多个政府部门。基于大数据资源，江阴融媒体中心深度参与智慧城市建设和运营，线上线下同部署同构架，不断推进城市管理和运营有机更新，为数智政府建设赋能。

主要参考文献

[1] 中共中央文献研究室．习近平关于社会主义文化建设论述摘编［M］．北京：中央文献出版社，2017.

[2] 习近平．习近平谈治国理政［M］．北京：外文出版社，2020.

[3] 郭庆光．传播学教程［M］．北京：中国人民大学出版社，1999.

[4] 宋建武．媒介经济学：原理及其在中国的实践［M］．北京：中国人民大学出版社，2006.

[5] 谷虹．信息平台论：三网融合背景下信息平台的构建、运营、竞争与规制研究［M］．北京：清华大学出版社，2012.

[6] 谭天．媒介平台论：新兴媒体的组织形态研究［M］．北京：中国人民大学出版社，2016.

[7] 陈威如，王诗一．平台转型：企业再创巅峰的自我革命［M］．北京：中信出版社，2016.

[8] 陈禹，王明明．信息经济学教程［M］．北京：清华大学出版社，2011.

[9] 曲炜，朱诗兵．信息论基础及应用［M］．北京：清华大学出版社，2005.

[10] 阿罗．社会选择与个人价值（第二版）　［M］．上海：上海人民出版社，2010.

图书在版编目（CIP）数据

中国媒体融合转型/宋建武，黄淼，陈璐颖著．--
北京：中国人民大学出版社，2022.9
（新闻传播学文库）
ISBN 978-7-300-30884-5

Ⅰ．①中… Ⅱ．①宋… ②黄… ③陈… Ⅲ．①传播媒
介-研究-中国 Ⅳ．①G219.2

中国版本图书馆 CIP 数据核字（2022）第 134808 号

新闻传播学文库

中国媒体融合转型

宋建武 黄 淼 陈璐颖 著

Zhongguo Meiti Ronghe Zhuanxing

出版发行	中国人民大学出版社				
社 址	北京中关村大街 31 号		**邮政编码**	100080	
电 话	010 - 62511242（总编室）		010 - 62511770（质管部）		
	010 - 82501766（邮购部）		010 - 62514148（门市部）		
	010 - 62515195（发行公司）		010 - 62515275（盗版举报）		
网 址	http://www.crup.com.cn				
经 销	新华书店				
印 刷	北京昌联印刷有限公司				
规 格	170 mm×240 mm 16 开本		**版 次**	2022 年 9 月第 1 版	
印 张	15.75 插页 2		**印 次**	2022 年 9 月第 1 次印刷	
字 数	249 000		**定 价**	59.80 元	